20대를 읽어야 트렌드가 보인다

1

D.I.O(Do It Ourselves)
대학생들, 자발적으로 나서다

스펙 쌓기로만 점철되었던 대학생들의 라이프스타일, 그로 인해 '스펙의 노예'로 전락했던 그들의 반란이 시작됐다. 이제는 우리가 한번 해보겠다는 야심찬 대학생들의 프로페셔널한 움직임을 살펴본다.

2

Where is Healing? All that Healing
청춘힐링의 모든 것

2011년, '괜찮다'고 다독여주던 청춘 위로붐에서 한 발자국 더 나아간 2012년 청춘들의 힐링 열풍. 무엇이 그토록 아프고 힘들어서 모두가 '힐링'을 외치는 걸까. 2012년 힐링열풍의 모든 것을 정리해 보았다.

3

20's Turning on to Politics
정치, 20대를 주목하다

정치를 불신했던 20대, 이제 자신들에게 닥친 청년실업과 등록금 문제에 직면하면서 정책적인 해결을 촉구하는 목소리와 함께 20대 자신들이 직접 바꿔보겠다는 의지로 정치에 참여하고 있다.

4

Homo Boundless
경계 없는 신인류의 탄생

학교 과제 제출과 대외활동 미션 클리어, 파티와 놀이, 개인 취향 및 브랜드 만들기 중 그 어느 것도 포기 할 수 없는 20대는 밤과 낮을 개의치 않고 시간을 사용하기 시작했다.

5

We Generation! Be Social!
디지털 네이티브, 진화된 '참여'와 '공유'

디지털 환경에서 태어나고 자라 디지털 환경의 패러다임에 익숙한 2012년의 20대 디지털 네이티브들은 시공간을 뛰어넘어 '함께 교감' 할 수 있는 것들에 열광하기 시작했다.

6

90 Retro
1990년대를 지나온 이들, 황금기를 추억하다

20대가 기억하는 짧은 90년대는 정치, 경제, 문화적으로 풍요롭고 낙천적이며 인간적인 가치가 살아 있는 아날로그적인 시대다. 덕분에 당시를 회상하며 여러 가지 위기가 도사리는 2012년을 위로할 수 있다.

7

Casual Love
쉽고, 편하게 우리의 사랑을 이야기하다

2012년, 좀처럼 간절하고 기나긴 사랑 고백은 찾아보기 어렵다. 바쁘지만 예민한 감수성을 지닌 20대들은 진정성 있는 만남보다는 쉽게 정복할 수 있는 것으로 사랑을 '이론화' 하고 있다.

8

No Money But Fun
부족한 돈, 최대한의 즐거움

돈은 부족하지만 그렇다고 가만히 있을 20대가 아니다. 2012년의 20대는 한 푼이라도 줄이면서 즐거움을 찾는 유쾌한 간장남녀로 거듭났다.

9

To Build what I'm by myself
20대, 스스로를 브랜딩하다

무한경쟁시대에서 살아남기 위해서 브랜딩은 기업과 상품뿐만 아니라 개인적인 차원에서도 필수적인 미션이 되어 버렸다. 요즘 20대는 자신을 브랜딩하기 위해 각고의 노력을 기울이고 있다.

20대를 읽어야 트렌드가 보인다

그들을 사로잡은 9가지 트렌드

대학내일20대연구소 저

HadA 하다

20대를 읽어야 트렌드가 보인다

그들을 사로잡은 9가지 트렌드

2012년 11월 30일 초판

글 대학내일20대연구소
펴낸곳 하다
펴낸이 전미정
디자인 남지현
교정·교열 이동익·방소은
마케팅 조동호
출판등록 2009년 12월 3일 제301-2009-230호
주소 서울 중구 필동 1가 39-1 국제빌딩 607호
전화 070-7090-1177
팩스 02-2275-5327
이메일 go5326@naver.com
홈페이지 www.npplus.co.kr
ISBN 978-89-97170-07-4 13320
정가 13,500원

20대를 읽어야 트렌드가 보인다

그들을 사로잡은 9가지 트렌드

서문

대한민국 20대의 트렌드를 읽어내며

금년 초에 『2012 캠퍼스 트렌드북』을 낸 지 엊그제 같은데 벌써 일 년이 흘렀습니다. 〈대학내일〉의 트렌드 기사를 기반으로 대학생들의 관심사를 엮어 냈던 『캠퍼스 트렌드북』은 청년층에 대한 이해가 필요한 많은 분들께 큰 사랑을 받았습니다. 올해는 주변의 조언을 받아들여 대학생에 국한하지 않고 20대들로 연구의 범위를 넓혔습니다.

갈수록 20대의 중요성이 더욱 커지고 있습니다. 바야흐로 20대 전성시대입니다. 세상은 20대를 중심으로 움직이고 있습니다. 그러나 아이러니컬하게도 세상에서 가장 소외된 계층이 바로 20대입니다. 그래서 20대는 우리 사회의 가장 뜨거운 이슈가 되었습니다. 상호 이율배반적인 20대는 문화적 소비와 생산, 기술의 사용 등에서도 타 세대와 다른 특징을 보여주고 있습니다. 세상의 풍파에 힘들어하면서도 나름의 멋과 분위기를 만들 줄 알며, 때로는 스스로 자신들의 미래를 개척할 적극적인 움직임을 보여주기도 합니다. 20대는 스펙보다 스토리가 중요하다는 것을 깨닫는 세대이며, 자신을 제대로 알릴 수 있어야만 취업이라는 과정을 넘길 수 있습니다. 이들은 자기PR에 능하며, 자기PR을 통해서 자신의 존재감을 나타냅니다.

20대들에게는 자신들이 유아기를 보냈던 1990년대에 대한 호기심과 호감이 함께 공존합니다. 그래서 그들에게 90년대의 복고는 새로운 의미이고, 남들과 다른 자신들만의 패션 코드입니다. 20대들의 문제이면서 또한 사회 전반의 큰 화두인 청년 취업난은 대졸자들에게 큰 어둠을 드리우고 있습니다. 20대들은 취업의 어려움뿐 아니라 다양한 상처와 멍에를 메어야 하는 시대적 아픔을 지니고 있습니다. 경제적 아픔도 있지만, 제대로 된 젊음을 즐길 심적 여유가 없는 상태에서 오로지 스펙 경쟁으로 쫓기는 아픔을 지니고 있습니다. 이러한 20대들의 어려움 속에서 20대만을 위한 치유와 리프레시 트렌드가 눈에 띄고 있습니다. 강연 열풍, 명상 열풍 등이 그러한 트렌드의 표출이라고 볼 수 있습니다. 하지만 경제적 어려움은 20대의 특권인 연애에까지 영향을 끼치지 않을 수 없었습니다. 연애는 점차 캐주얼화되어 가고, 무거움과 책임보다는 가벼움과 무책임의 자유로 그 무게감이 옮겨 가고 있습니다.

지속적인 경쟁에 노출된 그들에게는 자신을 알리고, 자신의 장점을 적극적으로 드러내는 것이 익숙합니다. 또한 어떻게 하면 남들과 비교해서 더 낫게 자기PR을 할 수 있는가를 잘 알고 있습니다. 삶이

어렵고 곤궁할수록 사람은 자신의 처지를 비관하거나 낙담하기 마련입니다. 하지만 20대는 다르다는 것을 알 수 있었습니다. 20대는 어려움 속에서도 자신들만의 쿨cool함을 나타내는 것을 주저하지 않았고, 20대의 방식으로 멋지고 세련된 라이프스타일을 만들어 내고 있었습니다.

20대의 문화 특성 중 하나는 여러 경계를 허무는 자유분방함에 있습니다. 문화와 문화 간의 장벽을 허물고 생각의 한계를 뛰어넘는 모습에서 우리는 20대의 가능성과 희망을 보게 됩니다. 20대의 긍정성은 정치 분야에서도 눈에 띄는 차별성을 찾아볼 수 있었습니다. 정치의 스펙트럼은 다양하지만 실제 그 정치를 지향하거나 정치적 신념에 대한 활성도는 높은 편이어서 대선을 비롯한 다양한 정치적 이슈에서 캐스팅 보트Casting vote를 쥔 세대로서의 영향력을 점차 높여가고 있습니다. 20대가 전 세대 중에서 스스로 자신의 영향력을 높여가고 있는 모습은 특히 IT와 디지털 분야에서 두드러집니다. 디지털 네이티브에서 스마트 네이티브로 진화하고 있는 20대는 경제와 기술 분야의 가장 강력한 오피니언 리더층이자 얼리어답터층으로 굳건히 자리매김하고 있습니다.

우리나라 인구 중에서 20대가 차지하는 비중은 그렇게 크지 않습니다. 하지만 20대가 차지하는 사회적 무게감은 결코 적지 않습니다. 늘 20대와 함께하고 20대를 고민하는 '대학내일20대연구소'에서 새롭게 펴낸 20대 트렌드북, 다소 부족한 면이 있더라도 독자 들의 궁금증을 해결하는 데에 큰 어려움은 없을 것이라 확신합니다. 20대를 알고자 하는 기업 마케팅 담당자, 언론 기자, NGO 실무자, 정책 담당자는 물론, 사회적 트렌드에 관심이 높은 모든 분들에게 특히 유용할 것으로 사료됩니다.

　　끝으로 그동안 바쁜 일정 속에서도 많은 노력을 기해준 '대학내일20대연구소'의 연구원, 에디터, 기자분들께 깊은 사랑을 담아 감사를 드립니다. 특히, 물심양면으로 연구소의 연구활동을 지원하는 〈대학내일〉의 대표님 이하 직원분들께 고개 숙여 감사드립니다.

대학내일20대연구소 소장 신 익 태

목차

D.I.O(DO It Ourselves)

1. 대학생들, 자발적으로 나서다

66

그들이 움직이기 시작했다. 학점, 토익, 자격증 등 오로지 스펙 쌓기로만 점철되었던 그들의 라이프스타일, 소위 '스펙의 노예'로 전락했던 그들의 반란이 시작된 것이다. 'No more slave!'를 외치며, 자신이 주체가 되는 일들을 스스로 만들어 가기 시작한 것. '스펙 쌓기'가 아닌 '스토리 쌓기'로 방향을 튼 것이다.

그들은 직접 대외활동에 나서면서 대학생을 대상으로 모집하기도 하고, 전문가 수준의 페스티벌을 기획해 한바탕 놀자판을 벌이기도 한다. 여기에 지방대생의 움직임까지 더해져 수도권 위주의 대외활동에 반기를 들기도 하였다. 2010년부터 차츰 시작된 이러한 움직임이 이전까지 '아마추어리즘 Amateurism'의 느낌이었다면, 2012년에는 그 수준에 만족하지 않고 '프로페셔널리즘 Professionalism'을 추구하는 방향으로 진화해 가고 있다.

2012년은 대학생 네트워크의 확대와 활발한 창업 움직임 속에서 '스타 대학생'이 배출되기도 하는 등 (당신들이 해주지 않으면!) 우리가 하겠다는 Do It Ourselves 야심찬 대학생의 움직임이 도드라졌던 한 해였다.

99

스토리의 압박과 대외활동의 진화

시인 사무엘 울만Samuel Ullman은 그의 시 「청춘Youth」에서 '젊음'이란 "소심함을 능가하는 탁월한 용기/안락함을 뛰어넘는 강인한 모험심" 이라 노래했다. 하지만 그동안 우리 사회에서는 대학생을 '시대의 희 생양', '아픈 청춘'과 같이 위로하고 이끌어 줘야 할 대상으로만 대했 다. 그도 그럴 것이 그들은 자아정체성을 형성할 시기에 입시를 준비 해야 했고, 자신의 꿈을 찾을 시기에 (사회가 원하는) 번듯한 직장으 로의 취업을 준비해야 했기 때문이다. '자신'은 사라지고 오로지 시 장에 내놓아야 할 '상품'만 남게 되었다. 그래서 학점, 토익, 자격증 등 스펙 쌓기 무한경쟁에 내몰릴 수밖에 없었다.

하지만 너도나도 돌입한 경쟁에 결국 그 변별력은 사라지게 되었 고, '취업 고시'라는 말이 나올 정도로 취업은 소수의 선택받은 인재 들만이 얻을 수 있는 특권으로 여겨지게 되었다.

이런 현실에서 조금씩 변화의 목소리가 나오기 시작했다. 그것은 더 이상 스펙으로는 경쟁력을 가질 수 없는 현실과, 내 자신을 스펙 으로만 평가받을 순 없다는 내면의 저항에서 비롯되었다. 그 변화의 중심에는 '스펙'이 아닌 '스토리'로 승부하자는 패러다임의 전환이 존재한다.

MYSC 김정태 이사는 2010년 그의 책 『스토리가 스펙을 이긴다』_{갤리온, 2010}에서 "결국 사회에서 선택받는 것은 스토리가 뛰어난 사람"이라며, "스펙의 싸움에 들어가면 다른 사람과 점수 몇 점을 가지고 치고받고 싸워야 하지만, 스토리에 초점을 맞추면 자신만의 특징을 강조할 수 있고 차별화된 포지셔닝을 할 수 있다"고 했다. 결국 '스토리가 스펙을 이긴다'는 거다.

이 책이 나왔던 2년 전만 하더라도 스토리는 낯선 개념이었으나

'슈퍼챌린저', 취준생들을 위한 서바이벌 "스펙 필요 無"

케이블 채널 tvN은 스탠다드차타드은행과 손을 잡고 〈슈퍼챌린저코리아〉를 방송할 예정이다. 〈슈퍼챌린저코리아〉는 스펙이 아닌 스토리를 통한 열린 인재 양성 프로젝트로서 단순한 취업 경쟁이 아닌 도전 자체가 곧 커리어가 된다. 또한 기존 채용과정에서는 볼 수 없었던 다양한 미션을 통해 도전자들의 인성과 숨어 있는 잠재력을 발굴한다는 점에서 큰 의미가 있다.

스펙보다 도전자의 스토리를 보겠다는 〈슈퍼챌린저코리아〉의 굳은 의지는 1차 서류 지원서에도 나타난다. 숫자적으로 표현될 수 있는 단순한 스펙이 아닌 '나의 인생 그래프', 자신의 특징을 표현하기 위한 '자기사용 설명서', 외계인에게 팔고 싶은 아이템과 이유와 방법을 설명하는 '자신만의 Creative' 등 도전자가 살아온 인생과 창의성을 보기 위한 장치만 존재하는 것. 한편 본선 진출자 16명 전원에게는 스탠다드차타드은행 국내 인턴십 자격이 주어지며 'Top 4' 진출자는 정규직 입사 혜택과 홍콩 및 런던 본사 탐방의 기회를 갖게 될 예정이다.

「티브이데일리」 2012.7.18.

2012년에 와서는 스펙 쌓기처럼 '스토리 만들기'가 대학생활의 버킷 리스트로 확대된 느낌이다. 많은 대학생들이 자신만의 스토리를 가지기 위해 고민하다 못해 이제는 압박에 가까운 절실함으로 느끼기 시작한 것이다.

이러한 '스토리의 압박' 아래, 대학생들의 대외활동이 진화하기 시작했다. 기존의 대외활동이 기업이 만들어 놓은 틀 안에서 수동적으로 활동하는 형태였다면, 이제는 스스로 활동을 조직하고, 그를 통해 자신만의 스토리를 만들어 가는 단계에 이른 것이다.

2010년 첫발을 내딛은 〈유니브엑스포Univ Expo〉는 2012년 들어 3회를 맞았다. '국내 최초 대학생 대외활동 박람회'라는 타이틀을 내건 〈유니브엑스포〉는 기획단부터 자원봉사단까지 모두 대학생들로 구성되어 있다.

그들은 자소서에 똑같은 대외활동, 공모전 경력을 열거하기보다 나의 미래, 꿈과 연결되는 활동을 지향하며 자신들과 같은 대학생들에게 '네비게이터Navigator' 역할을 하기 위해 출범했다고 한다.

2012년 유니브엑스포 공식 포스터

범람하는 대학생 대외활동 중에서 어떤 활동을 택해야 하고, 실제로 그것이 나의 커리어와 성장에 도움을 주는가를 알기는 쉽지 않다. 그래서 〈유니브엑스포〉는 먼저 경험해 본 대학생이 다른 대학생에게 실질적인 정보를 주는 형태로 진행된다.

2년 전, 첫발을 내디딜 때만 해도 '최초의 대외활동 박람회'라는 개념조차 인지시키기가 쉽지 않았다. 대외활동 정보를 얻기 위해 '굳이 발품을 팔아야 하나'하는 인식 때문이었다. 당시만 해도 대학생들이 참가하는 박람회라곤 취업박람회가 전부였다. 하지만 3회째를 맞으면서 〈유니브엑스포〉는 2만 명이 넘는 대학생들과 만났고, 대학생들이 만든 최대 규모의 행사로 자리매김했다.

〈유니브엑스포〉의 또다른 타이틀은 바로 '내 손으로 만든 축제'다. 〈유니브엑스포〉가 여타 박람회와 차별되는 점이 바로 이것이다. 주최와 주관이 모두 대학생이라는 점. 누군가 차려놓은 밥상이 아니라 스스로 차린 밥상이라는 것이다. 그들은 재료를 고르고, 밥을 짓고, 반찬을 만드는 일련의 과정을 누구의 도움 없이 제 손으로 해내는 것이다. 이 모든 과정이 그들에겐 '짜릿한 경험'이 된다.

주목할 점은, 대학생들이 주최가 된다고 해서 결코 허투루 하지 않는다는 것이다. 〈전국 대학생 재즈 페스티벌이하 전재페〉 역시 대학생들이 만드는 페스티벌이지만 결코 허접하지 않다. 기획부터 홍보, 섭

2012년 전국 대학생 재즈 페스티벌 공식 포스터

외, 스폰서십 유치, 무대 연출 등 페스티벌의 모든 부분을 대학생 기획단이 진행한다. 학업과 병행하며 이런 대규모 페스티벌을 준비한다는 것 자체가 무리일 법도 한데, 4회째 꾸준히 진행되는 것이 놀라울 정도다. 전재페는 기획팀, 홍보팀, 공연연출팀, 디자인팀 등으로 명확하게 업무 분장이 되어 있으며 각 팀은 해당 분야의 대학생 전문가들로 구성되어 있다.

거대한 자본이 투입된 페스티벌이 우후죽순 생겨나는 가운데 그들은 대학생들의 힘으로 기획한, 모두가 무료로 즐길 수 있는 페스티벌을 만들어 보자고 생각했다. 그래서 필요한 예산은 소셜 펀딩전재페는 '펀듀(www.fundu.co.kr)'를 통해 후원금을 모금했다을 통해 확보했고 공연을 통한 수익금은 전액 기부하여 초기 기획의도를 살렸다.

대학생들이 기획한 취업박람회 열린다

일자리 창출 동아리인 '부산청년일자리사업단(BJR)'은 8일부터 이틀간 경성대에서 '제1회 청년기업 엑스포'를 연다. '부산대', '부경대', '동아대', '인제대' 등의 학생 200여 명이 행사 전반을 진행한다. BJR은 지역 기업들이 경쟁력을 잃어가는 상황에서 지역 기업과 인재를 연결하기 위해 올 5월 '부산', '경남' 7개 대학 학생들이 만들었다. 수업이 끝난 뒤 모여 일자리 매칭 사업, 미취업 청년 네트워크 구축, 여대생 대상 특강, 청년 힐링 캠프, 갈맷길 토크 등 다양한 일자리 만들기 활동을 벌였다. (중략)

강동훈 BJR사업단장(27·부산대 4)은 "많은 대학생이 지역 기업의 우수성과 전망을 모르고 대기업만 바라보는 경향이 많다"며 "이들에게 지역 우수 기업의 정보를 전달하는 자리"라고 말했다.

「동아일보」 2012.11.2.

17

지방대생들의 유쾌한 반란

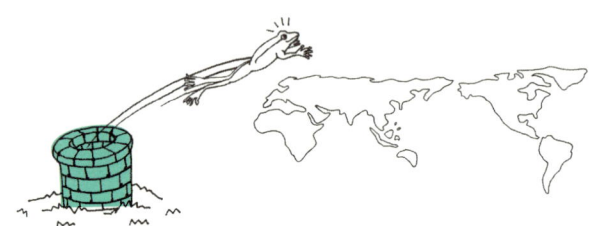

부산에서 대학을 다니고 있는 A양은 최근 온라인 사이트에서 마음에 드는 대외활동을 발견했다. 평소 그가 꿈꿔왔던 마케팅 분야에서 실무를 경험할 수 있는 기회를 준다고 했다. 주최사도 그가 평소 마음에 두고 있었던 B사였다. 하지만 공고문을 찬찬히 보던 그는 곧 마음을 접을 수밖에 없었다. '서울·경기지역 대학에 재학 중인 학생'으로 자격요건이 있었던 것. 아쉬운 마음에 운영사무국으로 연락을 취해봤지만 돌아오는 대답은 그리 희망적이지 않았다.

실제로 A양처럼 단지 수도권 지역 대학생이 아니라는 이유로 대외활동에서 제약을 받는 경우가 종종 있다. 주최사 입장에서는 활동 참여나 예산의 문제 등 여러 가지 고려사항들이 많기 때문이다. 왠지 억울하고 손해를 보는 느낌이지만 어쩔 수 없다.

어떤 이들은 이게 잘못되었다고 생각했다. 수도권 학생들은 더 많은 혜택, 더 많은 경험을 하게 되는 반면, 지방대생들은 그 기회조차 주어지지 않으니 점점 더 격차가 벌어질 수밖에 없는 것이다. 이대로 가만있을 수 없다고 생각했다. 같은 생각을 가진 대학생들이 모여 일을 냈다. 바로 '진대원' 이야기다.

진대원은 '진짜 대학생활을 원한다면'이라는 뜻을 가진 '지방대생의 유쾌한 반란 프로젝트'다. 3월 31일 전북대학교에서 첫발을 내디딘 진대원은 실제로 전북대학교에 재학 중인 학생이 수장을 맡아 간 크게도 전북대학교와 전라북도의 후원을 이끌어 냈다. 이들은 대외활동, 취업에 대한 정보가 부족한 지방대생들을 위해 대학생활 멘토링 특강, 나만의 핵심 경쟁력을 찾기 위한 드림오디션 등을 추진했으며, 앞으로도 지방대생만을 위한 지방대생 특화 프로젝트를 '폭풍 추진'할 예정이다.

정보의 격차는 경제적·사회적 불균형을 가져온다. 대학생들 사이에서의 정보의 격차는 취업의 격차, 나아가 삶의 격차를 가져온다. 비약하자면, 학교의 소재지로 인헤 그들의 미래가 결정될 수 있다는 이야기다. 근래 추세로 보자면 그리 비약이 아닐 수도 있다. 수도권 대학생들에게 취업이 낙타가 바늘구멍 통과하기라면, 지방대생들에겐 낙타가 바늘구멍을 통과한 뒤, 다시 공중제비를 돌아 완벽하게 착지하는 정도는 되어야 하기 때문이다.

일례로 2011년 중소 건설관리업체에 입사한 신입사원 김모(27) 씨는 부산에 위치한 4년제 대학교를 졸업했다. 김씨는 취업시즌에 채용설명회를 단 한 번도 가지 못했다. 그는 "건축학과를 다녔는데 대기업 건설회사에서 단 한 번도 채용설명회를 가진 적이 없었다"고 말했다. 김씨의 한 지인은 "채용설명회나 채용상담 등에 참여하면 어느 정도 입사에 있어서 혜택을 주는 게 일반적인 관례다. 하지만 우리는 그 혜택을 받을 수가 없다"고 아쉬움을 드러냈다. 또 "더 큰 문제는 정보력의 차이다. 입사를 위해 무엇을 어떻게 준비하는 것이 좋은지에 대한 정보를 우리는 전혀 모른다. 당연히 취업에 있어서 차이가 날 수

지방대생 울리는 취업설명회, '열린 채용'은 빈말?

취업 포털사이트 인크루트가 제공한 하반기 채용설명회·채용상담회 자료에 따르면, 7일 현재 예정된 하반기 채용 관련 행사는 9월 7일부터 9월 27일까지 총 1,149건으로 이 중 지방대에서 열리는 행사만 621건에 달한다. 그러나 대부분이 인천, 경기권 주요 대학과 지방의 최상위권 대학에 집중돼 있어 사실상 대학교 서열에 따른 기회의 불평등은 해소되지 않은 것으로 나타났다.

「헤럴드경제」 2012.9.11.

밖에 없다"며 고충을 토로했다.

'지방대생들의 유쾌한 반란'은 5월 22일 '디비고 프로젝트'로 이어졌다. '디비고'는 'DU대구대학교인들이여 비상하고 싶다면 고Go고!'라는 의미로 대구대학교 재학생들을 위한 프로젝트다. 디비고의 수장역시 동 대학 출신 학생이었다. 공모전, 창업, 여행 등 대학생활 전반에 있어 각각의 전문가들이 대구대학교 재학생들에게 멘토링을 자처했다. 기획단은 대구대학교 재학생들에게 더 이상 우물 안 개구리가아닌 '아웃캠퍼싱하라!'고 외쳤다. 이곳에 참가한 대학생들도 그간의목마름을 방증하듯 참가 열의가 대단했다고 한다. 눈에 보이지 않는 지방대생 차별에 대응하기 위한 그들의 저항이 진지하면서도 유쾌하게 펼쳐졌던 2012년이었다.

뭉치면 산다, 대학생 네트워크의 확대

자발적인 대학생들의 움직임, 거기엔 '뭉치면 산다'는 원칙이 있다. 나 혼자는 힘들지만 너외 니가 힘을 합치면 무엇이든 할 수 있을지니. 나의 부족함을 채워줄, 연인이 아닌 프로젝트 파트너를 적극적으로 찾아 나서기 시작했다. 온라인 커뮤니티를 통해 스터디 그룹 멤버를 찾던 시대를 벗어나 나와 뜻을 함께해 '큰 일'을 낼, '동지'를 찾는 것으로 진화하고 있는 것이다. 이들은 각 분야에서 재능을 가진 '능력자'들을 '소환'해 새로운 일을 추진하는 데 시너지를 내고자 한다. 직장인들의 그것과는 달리, 이들의 네트워크는 훨씬 더 끈끈하며, 열정적이다.

앞서 언급한 진대원, 디비고 프로젝트의 추진세력은 대학생 강연 기획 그룹인 '드림포레스트'다. '꿈을 나누는 숲'이란 뜻을 가진 드림포레스트는 블로그, 디자인, PPT, 외국어 등 각 분야의 재능을 가진 대학생들이 모여 만든 대학생 재능기부 모임이다. 이들은 전국을 다니며 무료 강연을 열고 자신만의 노하우를 거침없이 공개한다. 공모전 수상작을 공개하며 비법을 가감 없이 털어놓기도 한다. 이들은 스스로를 '재능을 나누는 강연가'로 칭하며 전국 단위의 대학생 강연가 네트워크를 구축하고 있다.

'20대를 대표한다'는 뜻의 'R20'은 그 이름처럼 '대한민국 최고 인재 모임'을 지향하며, 대한민국 0.001%의 경험에 도전하자는 목표로 다양한 활동들을 기획·실행하고 있다. 그들은 'VCAPS Volunteer, Culture, Academy, Project, Study'를 통해 다양한 분야에서 대학생 프로젝트를 진행하려 한다.

이들은 협동조합을 구성해 20대가 직접 운영하는 BAR를 만들자고 대학생들에게 제안하고, 여름에는 태풍 및 집중호우에 대비해 응급구호품을 제작하는 봉사활동을 추진하기도 한다. 또 학교폭력 방지를 위한 '전국 생명의 끈 잇기 물결 운동'과 같은 교육캠페인을 주관하기도 하는 등 장르에 구애받지 않는 다양한 경험을 추구한다.

대학생들이 이렇게 새로운 조직을 만들고, 인적 네트워크를 구축하는 것은 대학에서 배울 수 없는 새로운 경험들을 '함께' 찾아 나서고자 함이다. 혼자서 할 수 없는 것들도 함께라면 가능하기 때문이다. 새로운 것에 대한 두려움, 하지만 그보다 호기심이 더 크기에 그들은 힘을 합쳐 새로운 경험을 만들고, 이야기하고, 공유한다.

여기 기존 대학교의 대안대학교가 되겠다고 외치며 20대에 꼭 해야 할 20가지를 경험해 보자고 주장하는 '열정대학'이 있다. 초기 설립 당시 서른이었던 유덕수 씨는 자신의 삶에 다시는 돌아오지 않을 20대를 회상하며 여러 가지 문제로 고통받는 20대 친구들, 선후배들에게 꿈과 행복을 이야기하고 함께 고민을 나눌 수 있는 장을 마련하고 싶었다. 그는 "사업을 하면서 돈은 좀 벌었지만 행복하지 않았다. 세상이 '빌 게이츠, 스티브 잡스가 돼라'고 하니 그게 좋은 건 줄 알고 맹목적으로 따라왔다는 생각, 속았다는 생각이 들었다"며 "좀 더 어렸을 때 나에 대해 성찰할 기회를 얻었더라면 좋았을 것이라는 후회에 열정대학을 만들었다"고 말했다. '하고 싶은 일' 배우는 열정대학, 「연합뉴스」, 2012.7.8.

매년 30~50명의 인원을 선발해 독서의 즐거움, 천직여행, 얼리버드 프로젝트 등 필수과목과 무전여행, 단편영화 제작, 하늘의 별보기 등 선택과목을 이수하게 한다. 물론 정해진 과목을 이수하지 못하면 제적당하는 교칙도 있다. 열정대학의 임원진 역시 20대가 주를 이루고 있으며, 20~30대 초반의 열정적인 선배들이 부교수가 되어 20대를 이끌어 주고 있다.

대학생들은 이렇게 형성된 네트워크 안에서 자신의 역할과 책임을 가지고 이를 수행해 나가며 작은 사회를 경험한다. 재능을 발휘하거나 그 안에서 재능을 발견하기도 한다. 이렇게 스스로의 성장을 발견하며 다른 이의 성장을 돕는 만족감을 느끼기도 한다. 그것이 이런 활동을 추진해 나가는 원동력이 되는 것이다.

한 네트워크는 또 다른 네트워크와 협력하거나 교류를 통해 확장된 관계를 형성하게 된다. 그래서 대학생 네트워크는 서로 유기적으로 얽혀 있다. 가령, 〈유니브엑스포〉는 드림포레스트와 유기적인 협력관계에 있으며, 청년기업 엑스포가 탄생하는 데도 일조하였다. 서로 도움을 주며 상호발전을 기한다. 그들의 관계가 사회에서의 그것보다 더욱 끈끈한 것은 '이윤'이 목표가 아닌 '꿈'이 목표이기 때문이다. 꿈을 향해 함께 달려가는 끈끈한 동지애가 있기 때문이다.

한편, 이런 활동에서 두각을 나타내는 핵심 인물Keyman들은 대학생들 사이에서 '스타급' 대우를 받기도 한다. 안철수, 박경철, 한비야 등이 과거 대학생들이 만나고 싶어 했던 멘토였다면 이제는 20대 CEO 아무개 씨, 해외 공모전 수상자 아무개 씨로 변하고 있다. '가

'청년장사꾼' 양용수, 이성용, 김연석, 임윤규, 오단(왼쪽부터 시계방향)

까이 하기엔 너무 먼 당신'보다 '46cm 이하'[1]의 거리를 가진 이를 멘토로 삼고 싶은 것이다. 특히 2012년에는 주목받는 스타 대학생들이 많이 탄생했다. '청년장사꾼' 대표 김윤규 홍익대학교 06학번는 2012년에 두 개의 매장을 냈다. 바로 이태원 '사원 앞 카페 벗'과 경복궁역 감자튀김 전문점인 '열정감자'다. '총각네 야채가게' 최연소 점장 출신으로 유명한 그는 취업만을 꿈꾸는 20대들에게 '창업'도 할 수 있다는 것을 보여주는 모델이 되고, 또 그런 그들을 도와주기 위해 청년장사꾼 프로젝트를 시작하게 됐다고 한다. 두 개의 매장을 내면서 눈코 뜰 새 없이 바쁘게 살면서도, 그는 대학생을 위한 각종 강연과 인터뷰에 응하며 마르지 않는 열정을 뿜어내고 있다. 이미 대학생들 사이에서도 그의 열정과 스토리에 대한 소문이 퍼져 그의 강의를 듣기 위해 지방에서 올라오는 학생이 있을 정도.

2012년 SBS 최연소 아나운서로 합격해 화제가 된 장예원숙명여자대학교 10학번은 드림포레스트 강연가 출신이다. 그녀는 '국민은행 대학생 홍보대사', '하이트 대학생 홍보대사', 'LG드림 챌린저' 등 다양한 대외활동을 경험했고, 그 경험을 통해 얻은 자신만의 노하우와 자기소개서 작성 팁 등을 전수하는 미모 강연가로 이미 유명했다. 어렸을 때부터 간절했던 아나운서의 꿈을 이룬 그녀는 이제 더욱더 많은 대

1. 문화인류학자인 에드워드 홀(Edward T. Hall, 1914~2009)은 근접학(proxemics)에서 사람 사이 친밀감과 유대감이 형성되는 거리는 46cm 이하라고 하며, 이를 친밀함의 거리(Intimate Distance)로 규정하였다.

학생들의 롤모델이 될 것이다.

이들이 대학생 스타로 '칭송'받는 이유는 자신만의 명확한 꿈과 그 꿈을 향해 달려가는, 열정이 보는 이에게 감동적이기 때문이다. 나와 같은 대학생, 나와 같은 대학을 다니면서 그들은 나보다 한 발 앞서 나가고 있다.

이 외에도 '책쟁이'로 통하는 파워블로거 김종오, '나눔을 디자인 하는' 디자이너 박웅희 등 대학생들 사이에서 스타로 인정받는 이들이 점점 더 늘어나는 추세이며, 그들의 꿈을 이루어 내는 과정이 나머지 대학생들에게 좋은 본보기이자 카타르시스로 작용하게 될 것이다.

장예원 SBS 최연소 아나 알고보니..대외활동神 대학생 강사출신

SBS 사상 최연소 아나운서 공채에 최종 합격한 것으로 알려진 장예원 아나운서는 1990년생으로 올해 만 22세. 숙명여대 미디어학부 10학번으로 현재 3학년에 재학 중이다. (중략) 장예원 아나운서는 과거 인터뷰에서 "대외활동은 '대학생만 누릴 수 있는 특권'이다. 실무적인 경험을 할 수 있을뿐만 아니라 다양한 대학생들을 만나 장점을 배울 수 있다"고 말했다. 또 장예원 아나운서는 대학생 재능 나눔 공동체 '드림포레스트'에서 대외활동 노하우 관련 강의를 맡아 대외활동 종류와 같은 기본부터 자기소개서 면접 팁까지 가르쳤다. (중략)

「뉴스엔」 2012.10.25.

부르다 죽을 그 이름, 열정

국내에 버스킹²을 알린 인디밴드 중에 '좋아서 하는 밴드'라고 있다. 이름 그대로 정말로 음악이 좋아서 하는 밴드라고 한다. 단순하지만 진리를 담고 있다. 좋아서 하는 일이야말로 즐겁게, 잘할 수 있는 법.

그저 이런 열정 하나만으로 좋아하는 일을 벌인 이들이 있다. 바로 비빔밥 하나로 세계를 정복하고자 한 다섯 명의 청년들이다. 이들은 전 세계를 돌며 100번의 비빔밥 밥상을 차리겠다는 목표를 세우고 이를 실천해 나갔다. 2011년 4월부터 8개월 동안 세계 15개국을 돌며 진행한 99회의 비빔밥 시식행사와 한국에서의 100번째 비빔밥 시식행사를 성공리에 마치며 세계에 비빔밥의 맛과 한국의 문화를 소개하기에 이른다.

어쩌면 무모해 보이리만큼 맹목적인 도전이었지만 그들은 마침내 목표를 달성했고, 언론의 무수한 스포트라이트를 받았다. '비빔밥

2. 버스킹(Busking): 거리공연. 길거리에서 연주와 노래를 하며 지나가는 사람들에게 돈을 받는 행위를 말한다. 영화 〈원스〉(Once, 2006)를 통해 국내에 알려졌으며 홍대, 대학로 등지에서 활동하는 밴드를 통해 대중화되었다.

유랑단'은 소위 연봉이 높고 안정적이며, 잘 나가는 직장에 꿈과 열정을 바치고 있는 이 시대 젊은 청춘에게 감히 스펙 쌓기보다 더 중요한 자신의 정체성을 찾기 위해 도전하라고 말한다.

이들의 도전이 값진 것은, 누가 시켜서 한 게 아니라 스스로 계획을 짜서 실행에 옮겼다는 것이다. 국내에 많은 대학생 대외활동들이 있지만 대부분은 기업에서 정한 미션을 수행하는 형태로 진행된다. 이를테면, 기업에서 새로 출시하는 브랜드를 놓고 이를 홍보하기 위한 전략을 짜서 실행하는 형태인 것이다. 그러면 정해진 예산 안에서 대학생들은 계획을 짜고 그 계획에 대한 피드백과 최종 컨펌을 기업 담당자로부터 받는다. 결론적으로 컨펌받은 계획은 실행과정에 무리가 없는, 안정적인 계획이 될 테지만 그 과정에서 대학생들은 기업 담당자에 의존하는 수동적 사세가 될 수밖에 없다. 하지만 비빔밥 유랑단은 그 누구의 도움도 없이 스스로 계획하고 실행했으며, 그 과정에서 부딪히는 수없이 많은 시행착오를 거쳐 프로젝트를 완성했다. 그 자체로 박수 받아 마땅한 것이다. 설령 이 프로젝트가 실패했다고 하더라도 그들은 그 과정에서 돈을 주고도 살 수 없는 값진 경험을 한 것이기에 후회 따윈 없을 거라고 단언한다.

이들은 언론의 뜨거운 주목을 받으며 첫 프로젝트를 성공적으로 마쳤고, 두 번째 프로젝트로 2012년 7월부터 다시 6개월간의 대장정에 올랐다. 이번 프로젝트는 CJ의 재정적 후원 아래 미국 서부에서 동부로 횡단하며 하버드대, 매사추세츠공대MIT, 스탠퍼드대, 로스앤젤레스 캘리포니아대UCLA 등 주요 명문대에서 비빔밥 시식회를 개최하고, 이후 영국으로 건너가 런던 〈템스 페스티벌Thames Festival〉에 참가한 뒤 옥스퍼드대, 케임브리지대에서 시식회를 이어간다. 명문대 시식회를 계획한 이유에 대해 비빔밥 유랑단의 성엽(30) 씨는 "작년에 프로젝트를 해보니 대학생들이 중장년층보다 새로운 문화를 적극적으로 받아들이기 때문"이라고 말했다. 이어 "명문대 학생들은 미래 오피니언 리더가 될 가능성이 높아 이들에게 한식을 우선 소개할 필요가 있다고 생각했다"라고 덧붙였다. "우리는 청춘, 아직 비빔밥 유랑단의 도전은 끝나지 않았다"고 말하는 다섯 청년의 도전은, 청춘이 가진 열정의 힘이 얼마나 대단한가를 보여준다.

열정의 또 다른 의미는 '진심'일 것이다. 거짓이 없는 참된 마음, 진심.

대구시내에서 모금활동을 펼치고 있는 '청년봉Go' 기획단의 '청년봉Go' 프로젝트

여기 진심의 힘을 모아 지역사회에 기여하는 대학생들이 있다. 바로 '청년봉GO' 기획단이다. '청년들이여, 연탄나눔 봉사하러 고고 GOGO'라는 뜻이다. 초기엔 별다른 뜻 없이, 대학생 몇 명이 모여 '겨울에 혼자 외로이 지내시는 할머니, 할아버지들께 조금이라도 겨울을 따뜻하게 나실 수 있도록 우리가 직접 돈을 모아서 연탄이라도 나눠 드리자, 그러면서 우리도 좋은 추억을 만들어 보자'라는 생각으로 시작했다고 한다. 하지만 이 작은 불씨가 든든한 난로가 되었다. 지금은 어느덧 지역사회의 발전에 관심 있는 사회적 기업이 연대되고, 대구의 깨어 있는 청년들이 자발적으로 참여하게 되어 현재는 11명의 기획팀과 50명의 서포터즈를 보유하고 있는 큰 프로젝트로 성장했다. 사랑과 온기를 나누는 멋진 청년들의 인연이 이곳에서 이어지고 있다.

이들은 대구 각 지역에 혜성처럼 나타나 모금행사를 하고 '다음 아고라'를 통해 기부금을 모으기도 한다. 봉사활동이라고 해서 '좋은 게 좋은 거'가 아닌 철저한 기획 하에 진행한다. 후원팀, 장소팀, 홍보팀, 서포터즈 등으로 팀을 구분해 각자의 역할을 명확히 나눠 갖고 오리엔테이션과 기획회의를 거쳐 더 나은 활동을 위해 머리를 맞댄다.

'청년봉GO' 프로젝트는 단지 스펙을 위해서 봉사기관에 의무적으로 등록을 하고, 기업에서 운영하는 해외봉사 프로그램에 지원하는 여타 대학생들에게 분명 다른 교훈을 주고 있다. 이들에게는 '열정'으로부터 나오는 '진심'이 있다.

2013년 전망 :
스스로 진화하는 나만의 스토리 찾기

경험이 켜켜이 쌓이면 바로 스토리가 된다. 스토리가 강력한 힘을 갖는 이유는 경험을 통해 얻게 되는 '성장' 때문이다. 그것이 좋은 경험이든, 나쁜 경험이든 경험은 사람을 성장하게 만든다. 실패의 경험 또한 다음 단계를 위한 소중한 밑거름이 되기에, 엄밀히 말하면 '나쁜' 경험은 없는 셈이다. 청춘이 부러운 이유는 바로 나쁜 경험조차 성장으로 받아들일 수 있는 여유 때문이다.

2012년, 그들이 강해져서 돌아왔다. 『아프니까 청춘이다』쌤앤파커스, 2010로 위로를 받으며 마음껏 아파하던 2010, 2011년과는 사뭇 다른 모습으로 말이다. 자발적으로 기획단을 만들고, 행사를 기획했다. 개인에게 맞는 대외활동을 추천해 주겠다며 대외활동 박람회를 만들었고, 생소한 음악 장르를 친근하도록 알리겠다며 음악 페스티벌을 만들었다. 지방대생이라 채용설명회의 기회를 얻지 못했다며 채용박람회를 직접 만들기도 했다. 앞으로 얼마나 더 큰 프로젝트로 한국 사회를 놀라게 할지 기대된다.

한편 대인관계에서 '너와 나는 경쟁자'라는 개념에서 '경쟁자이지만 함께 가야 할 동반자'라는 개념으로 이동하고 있다. 자신이 가진 재능을 갈고닦아 다른 경쟁자들을 물리치기도 바쁜 판국에, 2012년의 대학생은 오히려 그 재능을 나누고 있었다. 얼핏 이해가 안 갈 법도 하지만, 나누는 경험을 통해 그들은 성장하고 있었다. 서로 나누고 배우면서 치열한 경쟁사회에서 서로를 격려하고 있었다. 아예 조직을 구성해 나눔을 실천하는 이들도 많아졌다. 이런 자발적 조직은 더욱 확대되고 더욱 막강한 인재들로 구성될 것이며, 이들의 프로젝트는 항상 이슈가 될 것이다.

성장은 곧 프로페셔널리즘과 연결된다. 더 이상 대학생들은 자신들이 아마추어라고 생각하지 않으며, 그렇게 되어서는 안 된다고 생각한다. 좀 더 완벽한, 완성된 형태로 사회에 나갈 준비가 되길 원한다. 각 분야에서 특출난 대학생들이 스타가 되어 여타 대학생들의 롤모델이 되는 현상은 이를 방증한다. 향후에도 '스타 대학생'들이 지속적으로 배출되어 대학생들의 워너비가 될 것이다.

이런 대학생들이 가진 힘의 원동력은 바로 '열정'과 '진심'이다. 이들은 힘든 프로젝트의 과정에서도 항상 즐겁다. 누가 시켜서 하는 게 아니라 스스로 하고 싶어서 하는 일이기 때문이다. 그리고 이러한 경험이 차곡차곡 모여 그들의 스토리가 될 수 있다고 믿기 때문이다. 똑같은 인재만을 양성하는 스펙사회에서 그들만의 스토리를 찾기 위한 대학생들의 치열한 자기와의 싸움은 계속될 것이다. 우린 조용히 그들을 응원하면 되는 것이다.

2012년 대학생 대외활동의
5대 트렌드

2012년 대외활동 트렌드 다섯 가지
1. 위로는 이제 그만! 이제는 우리가 멘토!
2. 대학생의 꿈을 현실로!
3. 축제도 우리가 스스로 만들어서 즐긴다!
4. 포스팅만 하는 대외활동은 가라! 대학생 전문가로 키운다!
5. SNS 전문가가 필요해! 파워페북커의 시대가 왔다!

'대학내일20대연구소'에서 자체적으로 진행한 설문조사에 따르면, 서울 및 수도권에 거주하는 대학생 중 45.5%가 2012년 한 해 동안, 1회 이상 대외활동에 참여했다. 대학생 참여형 프로그램이 더 이상 소수만이 참여할 수 있는 특별한 경험이 아닌, 대학생이라면 한 번쯤은 참여해 봤을 법한 기본활동으로 자리 잡아 가고 있는 것이다. 대외활동이 이처럼 많아지면서, 프로그램의 차별성을 갖기 위해 좀 더 다양하고 새로운 모습의 대외활동이 끊임없이 등장하는 추세이다. 2012년에 새로 등장한 프로그램의 특징은, 단순히 기업 이미지나 홍보를 위한 프로그램보다 대학생들에게 정말로 필요한 경험이나 혜택을 제공하는 활동들이 많았다는 점이다. 여기에 더불어, 대학생들이 대외활동의 주체가 되기 시작했다. 기업에서 운영하는 틀 안에 자신을 맞추는 것이 아닌, 능동적으로 자신의 역할을 찾아나가는 대학생들이 점점 많아지고 있는 것이다. 심지어, 자신이 원하는 활동이 없다면, 직접 프로그램이나 행사를 기획하고 운영하기도 한다. 대학생들과 기업이 대학생을 위해 새로 만들어 가는 대외활동은 어떤 모습인지, 2012년의 대학생 프로그램을 살펴보자!

하나, 위로는 이제 그만! 이제는 우리가 멘토!

서울대 김난도 교수의 저서, 『아프니까 청춘이다』와 함께 시작된 대한민국의 멘토 열풍이 사그라지지 않고 있다. 이런 열기에 힘입어, 멘토링과 관련된 대외활동 프로그램도 많이 생겨났다. 대학생들에게 직업 멘토링을 제공하는, 삼성의 'Gift For You'는 2011년 시즌1을 성공적으로 마치고, 2012년 새로운 시즌2를 시작했다. 첫해인 2011년에는 약 5,300명의 대학생이 참가했지만,[1] 시즌2에는 3만여 명의 대학생이 참가할 정도로 규모가 커지고 대학생들의 반응도 뜨거웠다.[2] 이노션은 대학생 멘토링에 사회공헌을 더한, '이노션멘토 코스'로 언론의 많은 관심을 받았다. 차세대 광고인을 꿈꾸는 대학생 멘티들과 이노션 내 광고, 마케팅 전문가 멘토들이 함께 팀을 이루어 사회적 기업을 위한 광고를 기획하고, 우수 3팀의 광고를 실제로 진행했다. 삼성의 'Gift for you'와 '이노션멘토 코스' 같이, 대학생들에게 진로와 관련된 조언부터 실무에 관한 노하우, 실질적인 멘토링까지 제공하는 프로그램들이 점점 늘어나는 추세이다.

한 가지 흥미로운 점은, 대학생들이 단순히 위로와 도움이 필요한 멘티 역할 이상을 원한다는 것이다. 대학생을 위한 멘토링 프로그램이 생기기 시작한 지 얼마 되지 않았음에도 불구하고, 벌써부터 스스로 멘토가 되기를 자청하는 대학생이 늘고 있다. 자신이 멘토들에게 받은 만큼, 다른 이들에게 돌려주고 싶어 하는 마음이다. 각 기업과 지방자치 프로그램들도, 이런 대학생들의 바람을 활동에 담고 있다. 신한카드는 2012년 6월부터 '대학생 북멘토'를 모집했다. 북멘

1. '삼성 직업 멘토링 시즌2 종료… 3만여 대학생 참여', 「연합뉴스」, 2012.7.17.
2. '삼성, Gift For You 삼성 직업 멘토링 시즌2 진행', 「프런티어타임스」, 2012.4.9.

출처: 기아자동차 기업 블로그 펀키아(fun.kia.co.kr)

토로 선정된 대학생들은, '신한카드 아름人 도서관'에서 지역 아동들에게 독서지도와 멘토링 워크숍을 진행한다. 해외탐방 프로그램도 대학생 멘토를 반겼다. 기아자동차의 '에코다이나믹스 원정대'는 2012년, 처음으로 대학생 멘토를 선발했다. 에코캠프 등 친환경 프로그램에 참여하기 위해 케냐 나이로비로 떠나는 이 프로그램은 작년까지 청소년만을 선발했지만, 2012년부터는 대학생 멘토 8명을 추가로 선발하여 청소년 원정대원들과 팀을 이루게 했다. 그 외에도, 각종 지방자치기관과 공공기관에서도 소외계층과 다문화가정 자녀들을 위한 대학생 멘토 프로그램을 운영하고 있다.

　대학생이 멘티로 참가하는 프로그램과 멘토로 참가하는 프로그램 모두 여러 측면에서 대학생에게 도움이 되고 있다. 잡코리아와 웅진싱크빅 조사에 따르면, 20대의 89.8%가 멘토를 필요로 하고 있었다.[3] 그리고 이들이 멘토에게 바라는 것은 단순한 위로보다는 진로와 인

---

3. '20-30대 앞날에 대한 두려움 "멘토가 필요해"', 「한국경제」, 2012.8.28.

생에 대한 리딩과 같이 실질적인 도움이었다. 따라서, 학교생활부터 진로, 인생 그리고 실무와 관련된 조언까지 다양한 멘토링을 제공하는 전문 멘토링 프로그램은 대학생에게 꼭 필요한 존재이다. 대학생이 스스로 멘토로 참여하는 프로그램 역시, 대학생들이 자신의 능력을 나눔으로써 대학생의 사회적 역할을 넓히고, 자존감을 높일 수 있다는 점에서 긍정적으로 평가받고 있다.

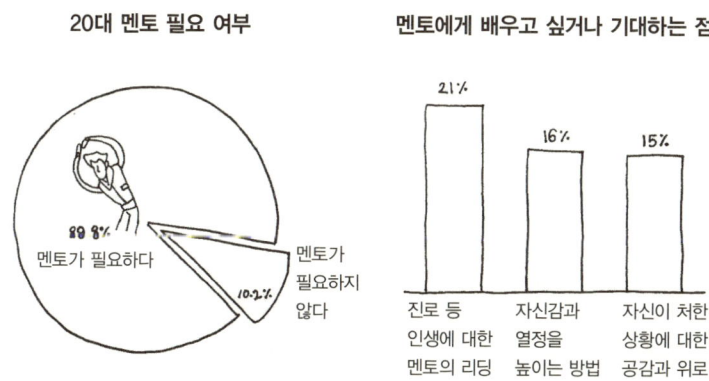

20대 멘토 필요 여부

89.8% 멘토가 필요하다
10.2% 멘토가 필요하지 않다

멘토에게 배우고 싶거나 기대하는 점

- 21% 진로 등 인생에 대한 멘토의 리딩
- 16% 자신감과 열정을 높이는 방법
- 15% 자신이 처한 상황에 대한 공감과 위로

둘, 대학생의 꿈을 현실로!

「한국대학신문」에서 진행한 '2012 전국 대학생 의식조사 및 인물선호도' 조사결과에 따르면, 대학생의 27.8%가 대기업을, 25.1%가 공기업을 취직하고 싶은 곳으로 꼽았다.[4] 한국 대학생 2명 중 1명이 대기업 또는 공기업 입사를 희망하고 있는 것이다. 이처럼 획일화된 대학생들의 모습은, 갈수록 치열해지는 취업난 속에서, 본인의 적성이나 하

....

4. '2012 전국 대학생 의식조사 및 인물선호도', 「한국대학신문」, 2012.10.23.

2012년 대학생 취업 희망기업

- 공무원/교사 11.8%
- 공기업 25.1%
- 대기업 27.8%

「한국대학신문」, '2012년 전국 대학생 의식조사 및
인물선호도 조사', 2012.8.24~2012.9.9

고 싶은 일보다 연봉과 안정성을 우선시하는 것으로 보여진다. 상황이 이렇다 보니, 대학생에게 꿈을 되찾아 주려는 움직임이 자연스레 많아졌다. 삼성의 '열정樂書_{락서}', CJ의 '꿈지기 사절단'과 같은 콘서트 형식의 강연에서는, 대학생이 한 번쯤 만나보고 싶어 하는, 내로라하는 멘토들이 대학생들에게 꿈을 가지라는 메시지를 던진다. 대학생 참여 프로그램 역시, 고용노동청의 '창조캠퍼스', 아시아나의 '드림윙즈' 등 대학생들의 꿈을 찾아주기 위한 프로그램이 많이 생겨나고 있다.

2012년에는 단순히 꿈을 찾아주는 기존의 형태에서 발전해 실제로 꿈을 실현시켜 주는 프로그램도 생겨났다. KT&G는 'KT&G 상상드림 프로젝트'를 통해 내부 임직원들이 모은 1억 원을 대학생의 꿈을 이루어 주기 위한 상상지원금으로 사용했다. 대학생들이 자신의

출처 : 노스페이스 홈페이지

꿈을 이루기 위한 계획과 구체적으로 필요한 액수를 'KT&G 상상 드림 프로젝트' 게시판에 적으면, 1차 선발 후, 댓글과 SNS를 통해 가장 많은 응원을 받은 주인공에게 해당 금액을 지원해 주는 방식 이다. 아웃도어 브랜드인, 노스페이스에도 2012년에 '드림장학금' 1기 와 2기를 모집해, 대학생들이 아웃도어 활동을 통해 그동안의 꿈을 이룰 수 있도록 1인당 100만 원씩의 비용을 지원했다. 대학생들이 현 실적으로 꿈을 이루기 힘든 사회적 현실 속에서, 단순히 꿈을 이루 라는 추상적인 메시지를 던지는 것보다, 실질적으로 그 꿈을 이룰 방 법을 고민하게 하고 지원해 준다는 점에서, 이러한 프로그램들이 대 학생들의 많은 관심과 지지를 받고 있다.

셋, 축제도 우리가 스스로 만들어서 즐긴다!

2012년은 〈여수엑스포〉, 〈부산국제영화제〉와 같은 국제행사부터, 대학생이 직접 기획한 〈전국 대학생 재즈 페스티벌〉, 〈유니브엑스포〉 와 같은 다양한 행사와 축제가 유독 많았던 해였다. 이와 함께, 대 학생의 참여를 필요로 하는 행사와 축제도 많아졌다. 국제적으로 많 은 관심을 받았던, 〈2012 여수엑스포〉는 대학생 홍보대사를 모집했 다. 대학생 홍보대사는 국내외 VIP 박람회 프리젠터 역할, 주요 행사 참가 및 홍보 등에 참여하며, 여수엑스포와 같은 국제행사에 대한 이해를 높이고 현장에서 행사를 직접 경험할 수 있는 기회를 가졌 다. 아시아 최초로 서울에서 공연을 가진, 〈하이네켄 센세이션 페스티 벌〉도 '센세이션 서포터즈'를 모집했다. '센세이션 서포터즈'는 행사운 영 스태프 역할을 수행하며, 페스티벌을 좀 더 가까이에서 경험했다.

대학생들이 서포터즈나 홍보대사로 참여하는 행사 외에, 대학생이 직접 기획하고 운영한 대학생들만의 축제도 많다. 〈대학로 문화축제〉, 〈대학생 재즈 페스티벌〉 그리고 〈유니브엑스포〉 등, 많은 축제가 기획부터 준비, 홍보, 행사운영까지의 전 과정이 대학생들의 주도적인 참가를 통해 이루어진다. 대학로 4차선 도로 곳곳에서 치러지는, 〈대학로 문화축제〉는 개성 없이 비슷하게만 닮아가는 거리의 모습이 안타까워, 전국에서 모인 대학생들이 대학로의 낭만과 추억을 되살리고자 해마다 여는 축제이다.[5] 2012년 10월 신촌에서는 〈2012 신촌대학연합축제〉가 열렸다. 일반 대학 축제와는 다르게, 지역 상권의 활성화와 새로운 지역 문화를 만들어 내기 위한 취지로, 대학생과 지역 주민들이 함께 만든 축제였다. 대학생들이 자발적으로 즐거움을 찾고, 그 과정을 통해서 사회에 도움을 주는 모습에 좋은 반응을 얻었다.

스펙 지향적인 프로그램이 대부분이었던 대학생 대외활동에 국제행사나 축제와 같이 대학생들이 즐길 수 있는 프로그램이 늘고 있다는 것은 분명 반가운 소식이다. 대학생들은 평소에 관심 있던 영화, 음악 등의 다양한 분야을 좀 더 가까이서 즐기면서, 사람들과의 소통, 행사 경험까지 일반 대외활동이 가진 혜택들을 얻을 수 있다. 하지만 자원봉사, 스태프라는 명목 하에 적절한 교육이나 혜택 없이

5. SUAF 대학로 문화축제, 〈대학문화네트워크(ucnetwork.org)〉.

대학생들의 노동력을 착취하는 것이 아닌가 하는 우려가 동시에 존재한다. 앞으로 여러 국제행사와 각종 축제 등에서 대학생의 역할이 점차 커질 것으로 예상되므로, 긍정적인 부분은 최대화하고, 부정적인 부분은 최소화하려는 노력들이 필요할 것이다.

넷, 포스팅만 하는 대외활동은 가라! 진짜 대학생 전문가로 키운다!

해마다 3,000개 이상의 대외활동이 운영되고 있는 가운데, 일부 프로그램의 책임감 없는 운영으로 인해 모든 대외활동이 대학생을 기업 홍보에 이용한다는 오해를 받기도 했다. 하지만 2012년에는 이런 부정적인 이미지와는 상반되는, 신입사원 교육에 견주어도 부족함 없는 전문가형 대외활동 프로그램들이 등장했다.

한국자본거래소, KRX는 2012년 하반기부터 'KRX 자본 서포터즈'를 통해서 대학생들이 금융전문가로 성장할 수 있는 기회를 제공하고 있다. 대학생 주니어들은 금융계 종사 경험이 있는 시니어 멘토들과 한 팀이 되어 자본시장 시장 감시와 신시장 개발 활동에 참여한다. 서포터즈 활동을 통해, 대학생들은 금융과 자본 시장에 대한 이해를 높이고, 실무 경험을 쌓아, 해당 분야의 전문성을 키울 수 있다.

팬택은 2012년 3월부터, 국내 최초로 세일즈 매니저 육성 프로그램 'Vega Sales School' 운영을 시작했다. 세일즈 매니저를 육성하기 위한 프로그램인 만큼, 모집에서부터 수치화된 스펙이 아닌 자신의 역량을 증명해 줄 친구와 동료들의 추천으로 참가자를 선발했다. 참가자들은 세일즈 마케팅과 관련된 정규교육을 제공받으며, 실제로 현장에서 3개월 동안 세일즈 커뮤니케이션 업무를 수행했다. 모든 참가자들은 팬택 공채에 지원하게 될 시, 가산점을 부여받게 된다. CJ 그룹 역시, 물류와 디지털마케팅의 전문인력을 양성하기 위해, 각각 'CJ GLS Internship Program'과 'CJ Lab 402'를 운영하고 있다.

많은 기업들이 대학생 대외활동 프로그램을 단순히 대학생들과 소통하는 기회로, 혹은 기업의 이미지를 높이기 위해 운영해 왔다. 하지만, 앞의 전문가형 대학생 프로그램을 통해서 기업들은 대학생 프로그램을 자사가 추구하는 인재상을 양성하고 자사의 미래 재원으로 키우는 과정으로 그 역할의 폭을 넓히고 있다. 이런 활동들은 대학생들에게도 학교생활이나 다른 프로그램에서 얻기 힘든 경험을 할 수 있다는 점에서 매우 매력적이다. 무엇보다, 자신이 미래에 일하고 싶은 분야를 미리 경험하고 전문성까지 기를 수 있다는 점에서 많은 대학생들에게 인기를 얻고 있다.

다섯, SNS 전문가가 필요해! 파워페북커의 시대가 왔다!

최근 SNS 마케팅의 중요성이 커지면서, 대학생 대외활동 프로그램에서도 SNS의 위치가 달라지고 있다. 기존 프로그램에서는 각 SNS 계정을 프로그램 운영, 참여 학생들과의 소통, 그리고 콘텐츠 확산 등의 부수적인 용도로 사용하여 왔다. 하지만 2012년에는 SNS 활동, 그 자체가 주목적인 프로그램을 많이 찾아볼 수 있게 되었다.

2012년 6월, G마켓에서는 패션에 관심이 많으면서 SNS 채널과 블로그에 익숙한 대학생 패션 마케터를 모집했다. 'G마켓 패션 마케터'로 선발된 학생들은, 2개월 동안 'SNS&블로그 마케팅으로 G마켓 패션을 redesign하라'는 미션을 통해서 채널 마케팅 실무를 경험했다. G마켓의 프로그램뿐만 아니라, '롯데호텔 소셜리어', '피지 관광청 SNS 서포터즈', '야후 인플루언서' 등 많은 활동들이 SNS를 운영하고 있으며, 이에 관심이 많은 학생들로 모집대상을 한정하여, SNS가 중심이 되는 활동을 진행한다.

많은 SNS 채널 중에서, 가장 주목받고 있는 채널은 바로 사용자가 가장 많고 확산력이 큰 페이스북이다. 2011년까지만 해도, 페이스북은 블로그에서 제작한 콘텐츠를 확산하기 위한 용도로 주로 사용되었다. 하지만 2012년에는 페이스북 자체를 기반으로 하여 콘텐츠를 기획하고 생산하는 프로그램들이 생겨나기 시작했다.

한화그룹에서 운영하는 '한화프렌즈'는 그동안 블로그에 콘텐츠를 작성해 왔다. 하지만 2012년부터는 '한화데이스'라는 한화그룹의 페이스북 계정에 콘텐츠를 바로 작성하는 활동이 많아졌다. 'LG글로벌 챌린저'의 경우, 대부분의 대외활동처럼, 여전히 블로그 포스팅의 링크를 제공하고 있지만, 페이스북 자체 이벤트를 진행하는 등, 페이스북 자체 콘텐츠의 비중을 높여 가고 있다.

이런 SNS를 기반으로 한 활동을 통해, 기업들은 대학생들에게서 기발한 SNS 아이디어와 콘텐츠 확산력을 얻고, 대학생들은 새로운 분야인 SNS 마케팅의 전문성을 키워 나갈 수 있다. 따라서 대외활동을 참여하는 학생들의 SNS 사용능력, 특히 페이스북과 관련된 이해와 관심 등이 더욱 중요해질 것으로 예상된다.

숫자로 살펴보는
2012년 대학생 대외활동과 공모전

01

귀하는 2012년 동안
대외활동 프로그램에 참가해 본
경험이 얼마나 있습니까?

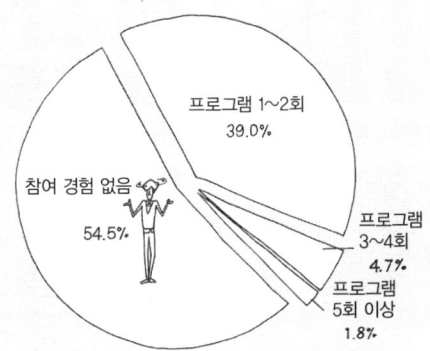

참여 경험 없음
54.5%

프로그램 1~2회
39.0%

프로그램
3~4회
4.7%

프로그램
5회 이상
1.8%

➡ 대학생 45.5%가 2012년 한 해 동안,
대외활동 프로그램에 1회 이상 참여함

02

귀하는 2012년 동안
공모전에 참가해 본 경험이
얼마나 있습니까?

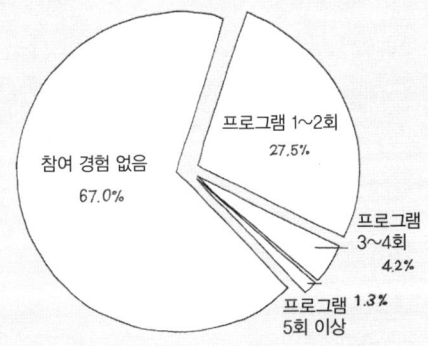

참여 경험 없음
67.0%

프로그램 1~2회
27.5%

프로그램
3~4회
4.2%

프로그램 1.3%
5회 이상

➡ 대학생 33.0%가 2012년 한 해 동안,
공모전에 1회 이상 참여함

03

귀하가 가장 선호하는 대외활동 프로그램 유형은 무엇입니까?

해외탐방	34.5%
봉사활동	27.6%
대학생 마케터	12.3%
서포터즈	11.8%
홍보대사	5.9%
기자단	2.3%
기타	5.6%

➡ 대학생이 가장 선호하는 대외활동 프로그램은 해외탐방 (34.5%), 봉사활동 (27.6%), 대학생 마케터 (12.3%) 순으로 나타남

04

귀하가 생각할 때 각종 대외활동에 참여하기 위해서 갖춰야 할 가장 중요한 능력은 무엇입니다?

열정과 노력하는 자세	38.4%
마케팅 아이디어/창의력	25.2%
의사소통 능력	14.8%
콘텐츠 확산 능력	11.8%
콘텐츠 제작 능력	8.9%
기타	0.9%

➡ 전체 응답 대학생의 38.4%가 대외활동에 참여하기 위해서 갖춰야 할 능력은 '열정과 노력하는 자세' 라고 응답함

05

귀하는 대외활동 프로그램이 대학생들에게 어떻게 도움이 된다고 생각하십니까?
(*2개까지 중복응답 가능)

다양한 친구와의 만남을 통해 인맥을 넓힘	42.8%
대외활동을 통한 실무경험이 진로 결정에 도움이 됨	38.4%
실무자에게 대학생활/취업과 관련된 조언을 얻음	34.5%
취업 과정에서 이력서 작성과 면접에 도움이 됨	25.0%
활동비나 활동지원혜택을 통한 금전적 도움을 얻음	7.1%
기타	1.6%

➡ 대외활동이 대학생들에게 도움이 되는 점은 다양한 친구들과 만남 (42.8%), 진로 결정에 도움 (38.4%), 실무자에게 얻는 조언 (34.5%) 순으로 나타남

※ 위 내용은 2012년 10월 26일, 대학내일20대연구소(www.20slab.org)에서 OPEN SURVEY에 의뢰하여 수도권 거주 4년제 남녀 대학생 1,000명의 대외활동 경험과 인식을 알아보고자 실시한 설문조사의 결과입니다

2012년에 운영된 대외활동 프로그램은 어떤 형태인가?

프로그램 구분	개수	비율
봉사활동	273	31.3%
서포터즈	148	17.0%
기자단	124	14.2%
마케터	106	12.2%
홍보대사	67	7.7%
교육/강연	39	4.5%
해외탐방	23	2.6%
기타	92	10.6%

➡ 2012년에 운영된 대외활동 프로그램 형태는 봉사활동이 3개 중 1개로 가장 많았으며 다음으로는
서포터즈 (17.0%), 기자단 (14.2%) 순으로 나타남

07

2012년에 운영된 대외활동 프로그램 운영기관은 어떠한가?

(*17개 산업구분 항목 중 상위 8개만 표시함)

프로그램 구분	개수	비율
민간복지단체	298	34.2%
화장품/패션	80	9.2%
정부/공공기관	67	7.7%
출판/언론사	67	7.7%
IT/전자통신	58	6.7%
지방자치단체	43	4.9%
보험/금융	30	3.4%
식품/외식	30	3.4%

➡ 2012년에 대외활동을 운영한 기관 중에는 민간복지단체가 34.2%로 가장 많았으며 다음으로는
화장품/패션 (9.2%), 정부/공공기관 (7.7%) 순으로 나타남

08

2012년에 운영된 공모전은 어떤 형태인가?

프로그램 구분	개수	비율
마케팅/아이디어	177	26.5%
디자인/건축	160	24.0%
UCC영상/사진	151	22.6%
정책방안/논문	56	8.4%
문학/수기	53	7.9%
네이밍/슬로건	25	3.7%
기타	46	6.9%

▶ 2012년에 운영된 공모전 4개 중 1개는 마케팅/아이디어 공모전으로 가장 많았으며 다음으로는
디자인/건축 (24.0%), UCC영상/사진 (22.6%) 공모전 순으로 운영 됨

09

2012년에 운영된 공모전 운영기관은 어떠한가?

(*17개 산업구분 항목 중 상위 8개만 표시함)

프로그램 구분	개수	비율
정부/공공기관	179	26.8%
지방자치단체	101	15.1%
민간복지단체	73	10.9%
IT/전자통신	49	7.3%
출판/언론사	37	5.5%
디자인/생활소비재	36	5.4%
화장품/패션	31	4.6%
식품/외식	31	4.6%

▶ 2012년에 공모전을 운영한 기관은 정부/공공기관이 26.8%로 가장 많았으며 다음으로는 지방자
치단체 (15.1%), 민간복지단체 (10.9%) 순으로 나타남

※ 위 내용은 2012년 1월부터 10월까지 모집이 진행된 대학생 대외활동 프로그램 872개와 공모전 668개를
대학내일20대연구소에서 취합/분석한 결과입니다

대학생과 대학교의 창업 열풍

'애드투페이퍼', '소셜엠씨' 등 대학생 창업 성공사례들이 많이 나타나면서 현재 대학생들 사이에서는 창업에 대한 관심이 꾸준히 증가하고 있다. 이에 따라 창업에 도전하려는 학생들이 많이 늘어나는 추세를 보이고 있으며 대학에서도 창업에 대한 지원활동을 많이 하는 경향을 보인다.

구체적으로 대학생들의 창업 열풍을 볼 수 있는 사례는 2012년 서울대학교에서 열린 〈대한민국 학생창업 페스티벌〉이다. 이때 창업에 관심 있는 전국 대학생 1,500명이 참가했다. 〈대한민국 학생창업 페스티벌〉에서는 창업특강, 창업 토크 콘서트 등을 진행함으로써 창업에

2012
대한민국
학생창업 페스티벌
2012 Korea Student Startup Festival

일시 | 2012. 5. 29 (화) 10:30~18:50
장소 | 서울대학교 문화관

대한 정보를 제공하였다. 또한 창업동아리가 대학가에 많이 생겨나면서 전국 11개 대학의 창업동아리가 모여 '전국학생창업 네트워크_SSN'를 만들었다. 많은 대학생들은 SSN을 통해 정보를 교류하며 인적 네트워크를 형성한다. 한동안 침체되었던 창업동아리 역시 점점 지원자가 늘어나고 있는 추세이다. 2010년 한국연구재단「2010 대학산학협력백서」, 교과부에서 조사한 대학의 창업현황에 따르면 창업동아리 수는 695개, 참여학생 수는

9,681명으로 2003년에 창업동아리의 수가 221개인 것과 비교해 보았을 때 3배가량 늘어났다. 2012년에는 더 늘어날 것으로 추정된다. 이처럼 학생들의 창업에 대한 관심은 과거부터 꾸준히 증가하고 있는 것을 확인할 수 있다. 이 밖에 대학생 주도 창업활동을 볼 수 있는데 대표적으로 '픽미업'과 '스타트 웨이브'가 있다. '픽미업pick me up'은 연세대·고려대 창업동아리 '인사이더스INSIDers'가 직접 기획하고 주최하는 대학생 창업경진대회이다. '스타트 웨이브'는 공동창업자를 매칭해 주는 프로그램으로 서울대 학생이 주축이 되어 있다. SSN, 픽미업, 스타트 웨이브 등은 대학생들의 주도적인 창업활동을 엿볼 수 있는 대표적인 사례이다. 또한 창업경진대회, 창업캠프 등의 창업을 위한 프로그램들이 많이 생겨 나면서 많은 학생들이 참여하고 있다. 창업 프로그램에 대한 대학생들의 적극적인 참여는 현재 대학가에 창업 열풍이 불고 있다는 것을 보여준다.

이렇게 많은 대학생들이 창업에 대한 관심을 가지고 다양한 창업활동을 펼쳐 나가고 있다. 그러나 대학가에 불어온 창업 열풍은 대학생에게만 국한되어 있지는 않다. 점차 대학교 강의에는 창업 관련 수업들이 늘어나고 있다. 서울대 '창업과 경제', 연세대 '신사업 모

델', 경희대 '디지털창업포럼'이 대표적인 창업 관련 강의다. '창업과 경제'라는 수업에서는 이론만이 아니라 실제 CEO인 멘토들과 함께 사업계획서를 짜보는 등의 활동을 한다. 나머지 강의들도 마찬가지로 더 이상 이론 중심의 강의가 아니라 실무 위주로 수업이 진행된다. 또한 건국대 벤처창업지원센터에서는 2012년 2학기 'CEO 창업특강'을 진행하고 있는데 강사진의 40%를 건국대 졸업생 CEO로 구성하여 여러 분야에서 활동하고 있는 CEO들의 특강을 실시한다. 이처럼 대학교에서는 창업과 관련된 강의를 배치함으로써 학생들에게 창업 교육지원을 하고 있다. 그뿐만 아니라 2011년 전국 132개 대학에서 281명의 대학생이 대학의 지원을 받아 총 253개의 기업을 창업하였으며, 대학에서 123억 원의 예산을 사용하여 학생들의 창업을 지원하였다.

대학생들이 학교를 통해서도 창업을 하고 학교에서도 전담인력을 배치하며 학생들의 창업을 적극적으로 돕고 있다. 2012년 들어 카이스트에서는 최장 2년인 휴학 기간을 창업 때문에 휴학을 하는 학생의 경우 최대 4학기까지 연장할 수 있도록 하였으며, 전주대에서도 2012년도 신입생 선발 시 '창업특기생전형'을 실시하여 20명의 학생들이 입학한 사례가 있다. 이러한 대학교의 지원에는 교과부의 정책과 맞물려서 진행되고 있다. 교과부는 2012년 대학정책으로 창업인재를 양성하기 위하여 산학협력대학교에 특성화된 창업교육을 실시하였고 창업휴학제 등의 창업에 대한 지원을 확대하고 있다. 특히 교과부에서는 학생들의 창업 관심을 높이기 위하여 벤처기업협회와 함께 학생 창업문화 로드쇼인 〈창업지락〉을 개최하였다.

창업이 더 이상 학교나 학생, 어느 한쪽에서만 하는 활동이 아니라 대학생들 스스로 창업을 위한 활발한 활동을 하고 있고 대학교에서도 학생들의 창업을 지원하고 있는 것을 보아 현재 대학가에 창업 열풍이 불고 있는 것은 무시할 수 없다.

대학생들이 창업을 선택하는 이유에는 취업난이 크게 작용한 것으로 보인다. 통계청 자료에 의하면 2012년 1월부터 9월까지 청년실업률은 평균 7.6%였다.[1] 이는 2012년 전체 연령 실업률 평균이 3.4%인 것과 비교해 볼 수 있다. 대학을 졸업하고 나서도 취업하기가 막막한 대학생들에게 창업은 취업난을 해결할 수 있는 하나의 방법이 될 수 있다. 또한 국가에서도 청년실업문제를 해결하기 위한 방편으로 창업을 적극 권장하고 있다. 앞서 살펴본 대학생 창업지원 형태를 보면 교과부에서 많이 지원하고 있는 것을 볼 수 있다. 교과부의 2012년도 주요 정책 중 하나가 대학생 창업을 지원함으로써 창업인재를 양성하는 것이다. 이에 교과부는 대학생들에게 많은 창업교육과 창업 기회를 확산시켰다. 교과부의 창업인재 양성정책으로 대학생들에게 창업에 대한 정보가 이전보다 쉽게 퍼질 수 있게 되었다.

또 창업이 열풍을 불게 된 이유는 대학생들의 창업의지 때문이다.[2] 창업에 대한 정보를 쉽게 얻게 되면서 학생들은 창업에 대한 관심을 많이 갖게 되었다. 창업에 대한 긍정적인 생각과 창업에 성공한 사례들을 보면서 관심을 가지고 창업에 도전하는 대학생들이 늘어나고 있다.

무엇보다 인적, 물적 네트워크가 구축되어 있다는 것은 대학생들의 창업 위험부담을 덜어준다. 이로써 창업에 대한 부담을 갖고 있는 학생들이 창업에 좀 더 쉽게 접근할 수 있도록 한다. 위의 사례에서

---

1. '20~29세 실업률', 통계청.
2. 김홍, 「대학생의 창업요인과 창업의지와의 관계 연구」, 『벤처창업연구 7』, p.270.

볼 수 있듯이 대학생의 창업활동은 동아리에서 그치는 것이 아니라 여러 대학의 동아리들과 연합하여 SSN이라는 전국학생창업 네트워크를 만들면서 확대되었다. SSN은 인적 자원이 중요한 창업활동을 하는 데에 효과적으로 작용한다. 또한 대학교나 정부, 나눔창업지원센터와 같이 대학생들의 창업비용을 지원해 주는 곳이 다양하게 생겨났다. 2012년 초 모태·엔젤펀드 내 대학전용펀드가 신설되었는데 창업지원을 위해 200억 원 투자를 확정했다. 창업에 대한 교육과 자금에 대한 지원이 많이 제공되는 상황에서 대학생들의 도전정신은 창업 열풍을 일으키기에 충분한 것으로 보인다.

학생들의 꾸준한 관심과 교과부의 꾸준한 지원으로 대학가의 창업 열풍은 당분간 지속될 것으로 보인다. 아직도 많은 대학생들이 취업을 위한 스펙 쌓기에 열중하고 있다. 그러다 보니 창업 열풍은 불고 있지만 창업이 대학가의 전반적인 모습은 아니다. 그러나 창업 프로그램들이 범람하고 있고 교과부의 지원이 늘어나면서 창업활동을 하는 학생들이 늘어날 것으로 보인다.

Where is Healing?
All that Healing

2. 청춘힐링의 모든 것

"

2012년 대세는 힐링Healing이다. 모두들 힐링을 외친다. 서점에서도, TV에서도, 심지어 캠퍼스에서도. 혜민스님의 책 『멈추면 비로소 보이는 것들』쌤앤파커스, 2012이 몇 개월째16주 베스트셀러 1위에 오르고, 내로라하는 명사들의 출연이 줄줄이 이어지던 SBS 〈힐링캠프, 기쁘지 아니한가〉는 2012년 '올해의 브랜드 대상'에서 특별상의 영예를 차지했다. 기업들은 20대를 위한 힐링강연과 캠프를 열고, 대학가 축제에서도 힐링이란 키워드는 빠지지 않는다. 이쯤되면 아파서 '치유'받는 것이 아니라 치유받기 위해 아파야 할 것만 같은 기분까지 든다.

이러한 힐링 열풍이 마케팅적으로 사용되면서 VIP 힐링시설이나 다양한 힐링 상품이 속속 출시되고 있다. 힐링 비즈니스가 소위 '돈'이 되면서 온전히 20대만을 위한 힐링의 진정성이나 원래의 목적이 퇴색되고 있다.

2011년, '괜찮다'고 다독여 주던 청춘 위로붐에서 나아가 2012년 청춘들의 힐링 열풍. 20대와 어울리는 수식어가 열정과 도전이 아닌 '힐링'이라는 사실은 아이러니하다. 무엇이 그토록 아프고 힘들어서 모두가 '힐링'을 외치는 걸까. 또 그들은 진짜로 힐링되고 있는걸까?

2012년 힐링 열풍의 모든 것을 정리해 보았다.

"

20대와 힐링, 그 어울리지 않는 조합에 대해서

'반항, 도발, 상상력, 순수, 열정'

청춘하면 떠오르는 단어들이다. 하지만 2012년 20대들에게 제일 많이 회자된 단어는 힐링과 멘토였다. 그도 그럴 것이 캠퍼스는 물론, 출판계, 문화계, 기업, 시장, 사회 전반적으로 청춘을 향한 힐링이 대세였다. 20대와 힐링이라는 어울리지 않는 조합은 어째서 생겨난 걸까.

요즘 20대는 힘들다. 아프다고 아우성이다. 20대가 겪는 문제는 크게 세 가지 정도로 구분할 수 있다. 집값이 비싸 월세조차 구하기 힘든 주거권 문제, 등록금이 너무 비싸 빚지지 않고는 공부할 수 없는 교육권 문제, 아르바이트 자리 구하는 것도 힘들고 졸업 후 취업은 더 힘든 노동권의 문제이다.[1] 하지만 이 모든 걸 통틀어 20대에게 가장 힘든 점은 '불안'하다는 것.

『불안증폭사회』위즈덤하우스, 2010의 저자 김태형 씨는 심리학에서는 불안을 만성화된 공포로 이해한다고 말했다. 즉 사회에 만연한 경

---

1. 조윤호, 『개념찬 청춘』, 씨네21북스, 2012.

쟁원리와 청년실업, 경제난은 대학생들에게 생생한 공포로 다가온다는 것이다. 이러한 불안감으로 인해 청춘들은 청춘다운 삶을 포기한 채, 개별적으로 뿔뿔이 흩어져 그저 세상에 순응하고 적응하려고 할 뿐이다. 그런 20대에게 힐링을 권유하는 것은 당연지사.

김난도 교수의 『아프니까 청춘이다』를 기폭제로 청춘을 위로해 주는 바람은 2011년 30, 40대 전 세대에게 확산되었고 사회, 경제적으로 불안한 이 시점에서 다시금 힐링 열풍이 30, 40대를 타고 다시 20대로 불고 있다.

본래 힐링의 사전적 의미는 몸이나 마음의 치유로 의학용어로 더 많이 활용되는 단어다. 몸을 건강하게 하는 웰빙 열풍이 심리적 안정과 치유로의 정신적 웰빙인 힐링으로 옮겨 오면서 힐링푸드, 힐링캠프, 힐링강연 등 여러 가지 형태로 힐링은 우리 삶 속에 자리를 잡았다. 힐링이라는 말이 우리나라에 처음 등장한 시기는 1990년대 후반. 1997년 11월 25일자 「동아일보」의 한 코너에 '힐링산업'이란 말이 처음 등장하는데 여기에서는 마음을 치료해 주는 산업으로 정의 내리고 있다.

1990년대 이후 일본에서 발달하기 시작한 힐링산업은 풍요롭지만 행복을 주지 않는 사회에 대한 좌절과 분노, 불안과 고독에 지친 사람들에게 평화와 안식을 제공하는 신종산업이었다.[2] 그 힐링 비즈니스가 2012년 대한민국 전체에 퍼지고 있다. 가히 신드롬이라 칭할 만하다.

----

2. '만화로 배우는 21C 시사용어', 「동아일보」, 1997.11.25.

Everyone says Healing

2012년 힐링 열풍에 가장 큰 수혜자는 문화계, 특히 출판계이다. 1월
에 빌간된 혜민스님의 에세이 『멈추면 비로소 보이는 것들』이 출산 7
개월 만인 8월 판매 100만 부를 넘어 16주째 2012년 11월 베스트셀러 1위
를 차지하고 있다. 인문·교양 단행본 중 최단기간 100만 부 돌파 기
록이다. 출판사인 쌤앤파커스 측은 "종교와 세대를 초월한 치유의
메시지를 던지며 힐링 열풍을 이끈 책"이라고 설명했다. 이후 정목스
님의 『달팽이가 느려도 늦지 않다』 공감, 2012, 법륜스님의 『방황해도 괜
찮아』 지식채널, 2012 등의 에세이가 이어져 '불교 힐링'이라는 트렌드를
만들어 내기도 했다.[3]

그 외에도 청춘 위로붐의 주인공인 김난도 교수의 『천 번을 흔
들려야 어른이 된다』 오우아, 2012, 청년 멘토를 자처한 김수영의 『당신의
꿈은 무엇입니까』 웅진지식하우스, 2012, 『멈추지마 다시 꿈부터 써봐』 웅진지식
하우스, 2010, 위즈덤경향의 『내 청춘의 힐링캠프』 2012 등 자기계발 서적에

....

3. '웰빙을 넘어… 힐링산업 판이 커졌다', 「아시아경제」, 2012.10.8.

위로나 힐링을 가미한 힐링북이 쏟아져 나왔다.

교보문고와 온라인 서점 예스24의 2012년 상반기 베스트셀러 집계에 따르면 상위권을 힐링 도서가 점령하고 있는 것을 볼 수 있다.

주요 온라인 서점에서 '힐링' 또는 '치유'라는 주제어를 검색하면 약 1,000여 종의 책이 나온다. 그 많은 책들 중에서 베스트셀러가 된다는 것은 여간 쉬운 일이 아니다. 단순히 저자의 콘텐츠나 출판사의 마케팅 전략만으로 만들어지는 것이 아니라 동시대의 독자들의 욕구와 콘텐츠가 맞아떨어질 때 베스트셀러라는 결과물이 나오기 때문이다. 결국 관건은 시대의 화두를 볼 줄 아는 혜안이다.

사실 힐링 열풍은 국내보다 미국 출판계에서 이미 오래전부터 시작되었다고 한다. 우리와 다른 점은 에세이류보다는 훨씬 구체적이고 세분화된 실질적 지침서들이 더 많다는 것이다. 미국 최대 온라인 서점 아마존에서 힐링으로 검색 가능한 책은 약 4만 종 이상이다.[4] 힐링이 이미 국경을 초월한 세계적인 트렌드라는 것을 보여 주는 대목이다.

경쟁, 취업난, 경제적 위기 등 불안한 사회의 분위기 속에서 괜찮다고, 조금 쉬었다 가라고 말해 주는 힐링북은 독자의 입장에서 잠깐이라도 마음을 편하게 해준다는 점에서 주목을 받고 있다. 남을 앞서기 위해 애쓰지 말라는 것, 느리게 가도 실패한 삶은 아니라는

4. '[힐링 열풍]세상은 왜 힐링에 목말라 하는가', 〈주간경향〉, 2012.10.9.

것, 당신만 힘든 것이 아니라는 서로 간의 유대를 통한 위로가 힐링 북의 주된 메시지이다. 하지만 감성을 자극하는 일회적이고 최면성이 짙은 내용들이 대부분이다.

10대 소녀이자 시위꾼인 공기는 힐링북 열풍에 대해 "진통제 같은 거죠. 책을 봤을 때는 위로를 받고 '그래, 괜찮아'라고 생각하는데 그 책을 덮고 나면 삶은 다시 비루해진단 말이죠"라고 일갈한다. 그들의 위로는 소모되고 금방 사라진다는 것.[5]

또한 트렌드에 편승해 부실한 내용의 힐링 관련 책들이 쏟아지고 있다는 점은 우려할 만한 부분이다. 이러한 책들은 자기계발서의 연장으로 주관적인 경험과 주장에 불과하며, 어떤 객관적인 내용과 입증할 만한 이론이 없다는 점을 비판하고 있다.[6] 하지만 그럼에도 불구하고 힐링북 열풍은 한동안 계속될 예정이다.

SBS 〈힐링캠프, 기쁘지 아니한가〉가 '2012 올해의 브랜드 특별상' 부문에 선정되었다. 공동특별상 수상: 에너지드링크, 싸이의 '강남스타일', 양학선 선수

평균 시청률 9.8%의 동시간대 부동의 1위 프로그램이 브랜드상에 선정된 이유는 그만큼 사회에 영향력을 끼쳤다는 것을 방증한다. 2011년 하반기에 방영을 시작한 〈힐링캠프, 기쁘지 아니한가〉이하 힐링캠프처럼 공중파 방송에서의 힐링바람은 '힐링Healing'이라는 키워드를 사회적으로 확대재생산하는 데 기여를 했다. '힐링'이라는 수식어를 단 캠핑 프로그램이나 여행상품이 기하급수

5. 최지영 외, 『청춘을 반납한다』, 인물과사상사, 2012.

6. '[힐링 열풍]세상은 왜 힐링에 목말라 하는가', 〈주간경향〉, 2012.10.9.

방송가 힐링 프로그램

KBS1 〈강연 백도씨_100℃〉(2012.5.18~) _ 금요일 밤 10시
물이 끓듯이 인생을 변화시키는 결정적인 한순간! 유명인사들만 하는 강연
이 아닌 누구나 할 수 있는 강연을 지향한다. 평범하지만 열정이 가득한 진
짜 인생에는 진솔함이 있다. 인생을 치열하게 살아온 다양한 사람들이 만
드는 살아있는 강연
– 강연자: 남북한 통합 한의사 1호, 장애 극복한 하버드생, 고등학교 은행
   공채합격자 등

CBS 〈세상을 바꾸는 시간 15분〉_ 월~수요일 오후 3시
TED형식의 한국형 미니 프리젠테이션 온오프라인 결합 프로그램
트렌드, 교육, 경제, 청년, 평화 등의 주제
– 강연자: 우리가 연애를 할 때 알아야 할 이야기들(김태훈), 미움극복(조성
   기 교수), Why not?(최승원 테너) 등

KBS2 〈이야기쇼 두드림〉_ 토요일 밤 10시 5분
착한 예능인 '두드림'은 강의와 토크를 결합한 형태다. 짧은 강의를 진행
한 뒤 자리를 옮겨 못다한 이야기들을 나눈다. 청춘 멘토 4명(김용만, 김C,
이해영, 노홍철)이 인생선배가 되어 후배들과 소통하는 콘셉트.
– 강연자: 울랄라세션, 이종범 선수, 구자철 선수, 컬투, 모델 혜박, 김기덕
   감독 등

tvN 〈스타특강쇼〉_ 수요일 밤 9시
전형적인 강의쇼로 출연자가 몇 가지 주제를 정해 강의에 나선다. 매회 달
라지는 게스트에 따라 프로그램 색깔도 조금씩 달라진다. 냉정하고 가혹한
현실을 사는 대한민국 청춘들에게 바치는 맞춤형 신개념 버라이어티 특강.
– 강연자: 구글러 김태원, 유수연, 박경림, 손대식&박태윤, 김수영, 이준석 등

기타) KBS2 〈대국민 토크쇼 안녕하세요〉, KBS2 〈스타 인생극장〉(밀착다
큐), EBS 〈학교란 무엇인가〉의 시즌2인 〈학교의 고백〉에서는 힐링다큐 콘셉
트의 '말해줘서 고마워' (11월 29일 방송 예정)

적으로 늘고 있다는 것을 보면 잘 알 수 있다.

'우리들의 지친 마음을 달래 줄 신개념 토크쇼, 당신의 마음을 충전합니다'라는 슬로건을 단 〈힐링캠프〉는 경치 좋은 야외나, 텐트를 친 공간에서 출연자들의 진솔한 고민을 공감하고 함께 치유한다는 콘셉트로 진행하고 있다. 안철수, 문재인, 박근혜 등 정치권 유력 인사는 물론이고 법륜스님, 김정운 등 다른 프로그램에서 쉽게 볼 수 없는 청춘 멘토들도 출연해 자신의 이야기를 들려줬다. 〈힐링캠프〉의 성공으로 '힐링' 혹은 공감, 멘토 등의 키워드를 단 프로그램이 속속 선보이고 있다. 특히 청년을 대상으로 한 힐링+멘토링 강연 프로그램이 강세를 보이고 있다.

방송 관계자들은 방송가 '힐링앓이'의 원인으로 팍팍해진 우리 사회를 꼽는다. 누군가로부터 치유를 받고 싶어 하는 시청자들의 욕구가 높아졌다는 것.

KBS 〈강연 백도씨100℃〉의 안진 PD는 "청중들이 주로 20~30대이다. 사람들은 강연을 통해 삶의 지혜를 얻기도 하고 힘든 과정을 겪어 본 사람들에게는 위안을 주기도 한다"고 분석했다.[7]

물론, 최근 방송과 스마트폰 콘텐츠가 결합하면서 젊은층이 강연 프로그램에 접근하기가 더 쉬워졌다는 장점도 있다.

2011년 당시 안철수 서울대 융합과학기술대학원장과 박경철 경제평론가 등이 이끄는 〈청춘콘서트〉로 시작된 '청춘특강' 열풍은 2012년 들어 '힐링'이라는 키워드를 통해 더 다양해졌다. 강연문화콘텐츠 기업 '마이크임팩트'에서는 멘붕녀들을 위한 〈원더우먼 페스티벌〉, 〈청춘 고민상담소〉, 〈청춘페스티벌〉을 계속해서 기획했다. 마이

......

7. '힐링과 스마트폰 열풍 타고 강연 프로그램 약진', 「아시아투데이」, 2012.8.21.

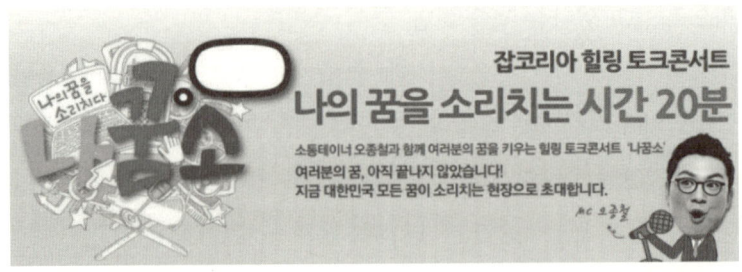

크임팩트의 한동헌 대표는 한 인터뷰[8]에서 "몇 천 명 대상의 강연을 기획하면 일방적인 소통이 돼 버린다든가, 추상적인 메시지만 던지고 끝나는 아쉬움이 있었다"며 "소규모의 강연, 내밀한 이야기와 고민을 나눌 수 있는 직접적인 자리를 만들고 싶었다"고 최근 이슈가 된 〈청춘 고민상담소〉의 기획취지를 설명했다.

잡코리아에서도 〈힐링 토크 콘서트 나꿈소 나의 꿈을 소리치는 시간 20분〉 등 지속적으로 청춘들을 위한 강연을 계속 이어나가고 있다. 롯데백화점에서는 〈힐링 멘토 혜민스님과 함께하는 힐링캠프〉 강연을 전국적으로 진행했다. 20~60대까지 다양한 연령의 참가자들로 매회 좌석이 모자랄 정도였다고. 방송인 김제동 역시 평화재단과 함께하는 〈김제동이 어깨동무합니다〉 힐링강연을 전국 39개 대학에서 진행 중이다.

그 외에도 〈정호승 시인의 힐링강연〉, 〈김정운 박사와 함께하는 힐링블루〉 등 크고 작은 강연들이 '힐링'이라는 타이틀을 달고 청춘들을 찾아가고 있다. 예전엔 전통적인 형태의 강연 일색이었다면 최근에는 페스티벌형, 토크 콘서트형, 퍼포먼스형 등 새롭게 변형된 형태의 특강으로 진화하고 있다는 점이다. 또한 대학생들이 자발적으

----

8. 북하니-한겨레TV 공동기획, [현주의 책#9]2030 여성들을 위한 감성토크, 〈청춘 고민상담소〉 마이크임팩트 한동헌 대표 편.

〈레알캠프〉, 〈청춘여행〉, 〈한대협〉 포스터

로 만들어 가는 힐링캠프나 특강도 점차 늘어나고 있다는 것도 주
목할 만한 부분이다.

　사람이 몰리는 곳에 '돈'이 몰린다. 청춘특강 열풍이 지속적으로
계속되자 기업들도 강연 비즈니스에 너도나도 뛰어들고 있다.

　2011년 처음 시작해 벌써 시즌3을 맞이한 삼성그룹의 〈열정樂書
락서〉 토크 콘서트도 2012년 들어 상반기에만 총 4만 5000명이 몰렸
다. 서울, 부산, 광주 등 11개 도시에서 전국 단위로 진행되고 있는
〈열정樂書〉에 대한 참가자들의 반응은 뜨겁다. 공식홈페이지에는
'많은 것을 얻었다'는 긍정적인 후기가 가득하다.

　이런 강연 열기에 힘입어 CJ그룹도 2012년부터 〈CJ꿈지기 사절단〉
특강을 시작했다. 대형 강연장이 아닌 CGV영화관에서 강연해 20대
들에게 인기를 끌었다. 5월 말 시즌1이 마무리되었지만 20대의 뜨거
운 반응으로 앞으로 2차, 3차에 걸쳐 지속적으로 강연을 열어 소통
할 계획이다. 이 밖에도 현대카드의 〈슈퍼토크〉, 삼성생명 〈청춘불패〉,

〈열정樂書〉 현장

롯데백화점의 '샤롯데 드리머즈'
가 함께하는 〈새내기 공감콘서
트〉 등도 강연 대열에 합류했다.

수익사업도 아닌 청춘특강
에 기업들이 열을 올리는 이유
는 무엇일까. 마케팅적으로 브랜
드 가치를 높이는 데 톡톡히 효
과를 볼 수 있다는 게 관계자들
의 공통된 의견이다.[9] 20대의 꿈
을 응원한다는 콘셉트가 사회적
가치를 생산하는 기업의 이미지
를 전달하기 때문이다. 또한 당
사 CEO 등을 연사로 섭외하기도 하는 등 직간접적으로 기업홍보에
도움을 주기도 한다고.

힐링은 기업/산업계에서도 중요한 화두였다. 특히 20대 마케팅에
서 '힐링'은 소위 먹히는 전략이었다. 강연 비즈니스에 이어 기업들은
발빠르게 움직였다.

KB국민카드는 파워 재충전 프로젝트 〈엔돌핑Endorphin+camping〉으
로 몸과 마음의 재충전을 위해 신개념 캠핑 프로그램을 진행하며 대
학생들에게 캠핑장비와 먹을거리, 힐링 콘서트를 제공하는 브랜드체
험 이벤트를 벌였다. 단순히 놀고먹는 캠핑이 아니라 자연에서의 힐링
과 멘토링 등 다양한 콘셉트로 진행된 이번 이벤트는 700:1의 경쟁
률이 보여 주듯 많은 참가자들의 관심을 모았다.

....

9. '소통 아이콘으로 떠올라… 강연 생태계 '구축 중' ', 「한국경제」, 2012.6.30.

최근 다양한 콘셉트로 진행되고 있는 기업들의 채용설명회에서
도 힐링 콘셉트는 빠지지 않았다. 종합광고대행사 이노션월드와이드
는 '꿈을 나누는 소풍'이라는 주제로 국립수목원에서 채용설명회를
진행하는 파격을 선보였다. 자연과 함께하는 힐링소풍 콘셉트로 카
피라이터, 광고기획자 등 이 회사 출신 선배 10여 명과 대학생 35명
이 수목원을 거닐며 취업과 진로에 대한 이야기를 나눴다. 이 프로그
램을 기획한 김기룡 인사팀 대리는 "도심 속 딱딱한 건물에서 벗어
나 자연에서 대화를 하다 보니 더 속 깊은 이야기가 오간 것 같다"
고 전했다.[10]

CJ그룹은 2012년 초 CGV청담시네시티에서 토크쇼 방식의 채용
설명회 〈CJ힐링시티〉를 운영하며 화제를 모았고, 2011년 9월에는 영

KB국민카드 〈엔돌핑〉, 채용설명회 〈이노션〉

....

10. '캠퍼스 리쿠르팅은 가라…기업들 튀는 채용설명회', 「한국경제」, 2012.9.3.

기업뿐만 아니라 공공기관, 지자체에서도 비슷비슷한 콘셉트의 힐링캠프 프로그램이 쏟아졌다.

• 힐링로드_ 역사와 힐링을 결합한 멘토링 프로그램인 경남지역 대학생 하계 리더십 트레이닝 '힐링로드'

• 조이올팍 페스티벌_ 국민체육진흥공단에서 마련한 No.1 힐링축제 조이올팍 페스티벌은(부제: 힐링 길을 묻다) 문화 트렌드인 '힐링Healing'을 주제로 힐링음악, 힐링북 페스티벌, 멘토링 강연 등 무료로 다채로운 행사를 진행했다.

• 템플스테이 10주년 기념 템플스테이 대학생 광고 공모전_ 힐링을 소재로 공모전도 진행되었다. 쉬면서 치유하자는 취지의 힐링으로 다시 경쟁을 한다니 조금 아이러니하기도 하다.

등포 CGV타임스퀘어에서 하반기 예비지원자를 대상으로 〈CJ컬쳐레시피Culture Recipe〉를 개최했다. 영상 시사회 및 선배들과의 멘토링, 축하가수 공연 등의 구성으로 5시간 가까이 진행되어 예비 지원자들의 실질적인 만족도를 높였다.[11] 이처럼 '힐링'은 기업의 브랜드 이미지를 긍정적으로 만드는 데 마케팅적으로 사용되기에 안성맞춤인 콘셉트였다.

---

11. ' 'CJ힐링시티' 취업 토크쇼 빅 히트', 「뉴스핌」, 2012.10.19.

정치권도 힐링으로 20대와 소통 시도

정치권도 20대와 소통하기 위한 콘
셉트로 힐링을 선택했다. 등록금 문
제, 청년실업 문제 등 산재한 문제
를 다루기엔 '힐링'만한 것도 없다
는 후문이다. 대학생들의 실제 목소
리를 듣고 공감하고 정책으로 치유
해 주겠다는 공식이 성립하기 때문
이다.

2012년 8월, 김두관 민주통합
당 당시 대선예비후보는 수도권 주
요대학 20개 총학생회장 및 학생들
과 함께 최근 문제가 되고 있는 대
학등록금, 청년실업, 대학가 주거난,
진로 등에 대한 다양한 의견을 나
누고자 〈힐링토크〉를 개최한 바 있

김두관 〈힐링토크〉

황우여 전 새누리당 대표

67

다.[12]

새누리당 황우여 전 대표 역시 7월 이정현 최고위원과 함께 여수시청이 운영하는 테크니션 스쿨을 방문해 20대 학생들과 문답을 주고받는 '힐링 토크 콘서트'를 진행했다. 캠퍼스에서 직접 커피서빙을 하는 등 대학생들에게 친근한 모습을 보이며 공감을 위해 노력하는 모습을 보였다.[13]

문재인 대선후보 역시 캠퍼스에 대학생들과 직접 소통에 나섰다. 10월 국민대 학생들에게 물과 김밥을 나눠 주며 이른바 간식토크 시간을 가졌다. 사회 양극화, 연애 비결, 검찰 개혁, 취업과 스펙 쌓기, 사시합격 비결 등 다양한 질의응답이 오갔다.[14]

노무현재단에서도 대학생 캠프 〈힐링캠프, 청춘이지 아니한가〉를 봉하마을에서 1박 2일 일정으로 진행하기도 했다.

사실 선거철마다 정치권의 20대 챙기기는 계속 있어 왔다. 20대가 만드는 언론인 「고함20」에서는 이러한 말뿐인 정치권 행태가 반갑지 않다고 말한다. 하지만 이 같은 정치권과 20대의 소통바람이 힐링을 타고 긍정적인 화학적 반응이 되기를 기대하는 부분도 있다. 일회성 보여 주기 행사에 그치지 않고 정책적으로 반영되는 등 지속적인 소통 및 교류의 장으로 거듭날 수 있기를 바란다.

캠퍼스에도 힐링바람은 불었다. 성균관대학교는 10월 11~12일 양일간 수원 자연과학캠퍼스 삼성학술정보관에서 '독서'와 '캠핑'을 결합한 '독서 힐링캠프'를 열었다. 100여 명의 참가학생들은 도서관에서 텐트를 치고 하룻밤을 보내면서 초청된 연사와의 대화, 청춘의 고민

12. '김두관 후보 대학생과 함께하는 힐링캠프', 「이뉴스투데이」, 2012.8.18.
13. '여수서 힐링 토크 콘서트', 「광주일보」, 2012.7.13.
14. '문재인 후보 대학생들과 간식토크 서면브리핑', 민주통합당, 2012.10.24.

토크쇼, 독서 등을 통해 진로와 가치관에 대한 고민을 공유했다.

성균관대 학술정보관장은 "진로, 가치관 문제 등 많은 고민으로 힘들어 하는 우리 학생들이 하루쯤 도서관에서 캠핑하며 편히 쉬다 갔으면 하는 바람으로 본 행사를 기획했다"고 밝혔다.[15]

상지대학교 학생심리상담센터에서도 방송인 권영찬이 진행하는 행복재테크 '젊은이들여 꿈을 꾸고 그 꿈을 이루기 위해서 자신을 마케팅하라' 특강을 주최하기도 했다.[16]

시끌벅적 즐거움만 가득할 것 같은 캠퍼스의 낭만, 대학교 축제까지도 힐링이 필요한 걸까. 서울여대 총학생회가 주최한 가을축제는 '힐링캠프어스Healing Camp Us: 우리를 힐링한다'라는 콘셉트로 다양한 힐링 프로그램이 진행되었다. '나만의 버킷리스트 만들기', 산악인 엄홍길 씨의 '불굴의 도전정신', 이명길 강사의 '연애 특강' 등으로 꾸며져 학우들의 참여를 이끌었다.[17]

대학생들의 자발적인 힐링 움직임도 보인다. 세종사이버대학교의

15. '대학 캠퍼스에서 '독서힐링캠프'', 「뉴시스」, 2012.10.12.
16. '권영찬, '꿈을 꾸고 자신을 마케팅하라'', 「경제투데이」, 2012.10.29.
17. '서울여대, '힐링캠퍼스' 가을축제', 「아시아투데이」, 2012.10.23.

상담심리학과 동아리 '힐링캠퍼스' 같은 힐링 동아리나 소셜을 이용한 대학생 치유놀이터 '유니힐링20'이 그것이다. 아직은 걸음마 단계지만 이러한 움직임은 또래 준거집단이 만들어 간다는 점에서 긍정적이다.

"요즘 가슴이 너무 답답하고 누가 저의 이야기를 아무 말도 하지 않고 들어줬으면 싶었는데 다른 사람에게 말할 수 없었던 얘기를 할 수 있어서 마음이 후련했답니다." 대학교 상담센터를 이용한 한 학생의 소감이다.

2010년을 넘어서면서 대학가 상담센터에서는 심리적성검사와 개인상담을 요청하는 대학생들로 북새통이라고 한다. 연세대 상담센터 이용현황에 따르면 2009년 1학기 2,660건이던 개인상담 건수가 2011년 1학기에는 2,861건으로 증가했다. 성격진단·대인관계에 관한 심리검사 이용자는 2010년 135명에서 2011년에는 201명으로 늘었다. 정혜진 중앙대 상담센터 팀장은 "1~2학년은 주로 대인관계나 개인사와 관련된 상담이, 3학년 이상은 진로와 취업 관련 상담 요청이 많다"고 밝혔다. 연세대 상담센터 관계자는 "학업이나 진로보다는 성격·심리, 대인관계 문제로 상담센터를 찾는 학생들이 많다"고 전했다.

서울디지털대도 온라인 대학 최초로 재학생을 대상으로 한 상담

센터의 상담 수요가 늘어나자 2011년에는 일반인을 대상으로 상담센터를 서울 압구정동에 개설했다. 마포센터는 2012년 9월 기준 전년 대비 30%, 압구정센터는 전 분기 대비 3배 가까이 이용자가 늘어났다.[18]

건국대 학생상담센터에서는 대학생활에 대한 고민 해결을 위해서 '또래 상담'을 운영 중이다. 각 단과대학별로 선발된 30명의 또래 상담자 학생들이 학우들의 대학생활 적응을 돕고 전문적인 도움이 필요한 학우들을 학생상담센터로 연계하는 역할을 수행하게 된다. 아무래도 같은 연령대에서 통하는 것들이 있어 상담을 통해 심리적 장벽을 허물 수 있다.[19]

카이스트는 2011년 캠퍼스 내 자살로 사회적인 충격을 받은 이후 대학교 내 상담센터 운영을 강화해 왔다. 사실상 부용지물이었던 상담센터가 이제 학생들이 자주 이용을 하고 있는 것으로 나타났다.

이 같은 캠퍼스의 변화는 20대에게 힐링의 의미에 대해서 다시 생각해 볼 수 있게 만든다. 상담센터를 찾는 등 조금 더 적극적으로 현재의 상황을 해결하려는 움직임은 자기 치유라 할 수 있는 힐링의 긍정적인 변화이다. 또 한편으로는 그만큼 고민을 나누고 해결책을 찾는 인간관계가 상대적으로 줄어들었다는 방증이기도 하다.

서동진 계원디자인예술대 교수 사회학 는 힐링을 자기계발 코드의 변종으로 본다. "자기계발이 의료의 언어를 빌려 대중문화 안에서 등장한 게 힐링"이라는 것이다. 그의 논법에 따르면 '치유하는 주체'가 순종적 존재가 아닌 제 앞가림은 알아서 하고 시키지 않아도 제

---

18. '일반인도 심리학에 열광…치유 카페 20~30대로 가득', 「매일경제」, 2012.10.15.
19. '건국대 학생상담센터, 대학생활 고민해결 '또래상담' 운영', 「경향신문」, 2012.8.28.

단풍 여행상품 구매자 연령대별 비중

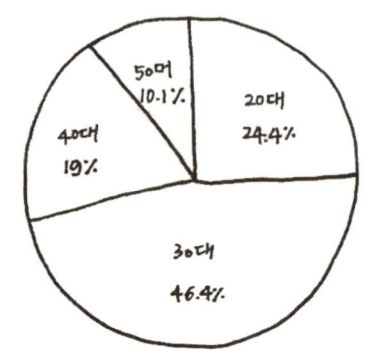

50대 10.1%
20대 24.4%
40대 19%
30대 46.4%

* 인터파크투어 2012.10.1~10.21 판매데이터 기준

할 일을 찾아 하는 '자기계발하는 주체'의 다른 이름일 뿐이라는 설명이다.[20]

힐링백, 힐링투어, 힐링특가상품, 힐링슈즈, 힐링케어까지. 힐링은 산업, 유통계에서도 중요한 키워드였다. 2012년 힐링산업의 부상은 특허청 브랜드 출원건수로도 확인된다. 특허청에 따르면 7월 말까지 힐링 관련 브랜드 출원건수는 86건으로 2009년 40건에 이어 꾸준히 증가세를 탔다.[21]

힐링 열풍 초반에는 힐링을 테마로 한 여행·휴양 패키지가 특수를 누렸다. 한 여행업체 관계자는 "젊은층을 중심으로 일정이 정해진 패키지 상품보다 마음껏 쉴 수 있는 힐링 관련 여행이 증가한다고 볼 수 있다"고 말했다. 중장년층의 소유물로만 생각했던 등산도 20대 사이에서 인기를 끌었다. 2012년 20대 단풍여행객 비중이 40대를 앞질렀다는 점은 이런 힐링 열풍을 반영해 준다.[22]

이렇게 넘쳐나는 힐링 홍수 속에서 우리 청춘들은 진짜 힐링되고 있는 걸까.

사회 전반에서 힐링을 외치고 있지만 정작 진짜 치유가 되고 있는지는 되돌아봐야 할 필요가 있다.

『청춘을 반납한다』의 저자는 책의 머리말에서 유명 멘토들이 전하는 따뜻한 위로와 포근한 희망의 메시지가 주는 것은 잠시의 현

20. '아프냐? 나는 '힐링'이다', 「한겨레21」 제915호, 2012.6.18.
21. '피로 쌓인 대한민국… 힐링에 빠져들다', 「천지일보」, 2012.10.15.
22. '여행도 이제 '힐링' 이 대세..관련 상품 '봇물' ', 「뉴스토마토」, 2012.8.28.

'힐링' 타이틀 달면 가치 소비?

기존에 판매되던 제품에도 힐링이라는 수식어가 붙어 다른 가치로 재생산
되었다. 매년 하던 마라톤에도 힐링이라는 수식어가 붙으니 치유와 자기계
발을 위한 하나의 수단으로 보여지고 가방, 신발, 화장품에도 '힐링' 이라는
수식어가 붙어 '당신을 위한' 가치 있는 소비로 보여지는 효과를 더했다.

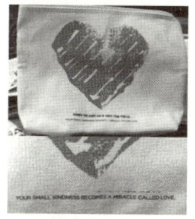

• 에코 힐링백
월드비전과 GS, 빅앤드가 함께하는 그린쉐어링
캠페인으로 구매하면 수익금이 저소득층 아이들
에게 기부되는 형태의 나눔상품도 '힐링백' 이라는
이름으로 재탄생되었다.

• 힐링슈즈
다른 사람의 이목보다 건강한 내 발을 위해 신는 편안한 신발을 힐링슈즈
라고도 부른다. 최근에는 지구와 나 사이 2mm라는 콘셉트로 인기를 끌고
있는 스페인 친환경 슈즈 One Moment원모먼트는 아마존 원주민이 아마존
숲속을 걷던 느낌을 살려 내추럴 워킹을 할 수 있게 하는 신발이다. 게다가
환경까지 신경 쓴 친환경 슈즈로 주목을 받고 있다.

• 힐링케어
각종 광고, 미용/의료계, 이벤트에도 힐링이라는 상술 이용, 힐링이라는 키
워드가 상업적으로 남발되었다.

실도피일 뿐이라고 한계를 지적한다. 청춘들은 달콤한 조언을 소비했을 뿐, 현실의 사회적 구조는 여전히 바뀌지 않고 있다는 것이다.

힐링이란 상업적 목적에 의해 탄생한 마케팅 용어에 불과하다는 점을 지적하는 목소리도 있다. 미국의 긍정 마케팅 실태를 고발한 작가 바버라 에런라이크Barbara Ehrenreich는 그녀의 책 『긍정의 배신』부키, 2011에서 사회적 문제를 개인적이고 개별적인 문제로 치부하는 이 같은 시선은 자칫 사회적 문제 해결을 위한 공동의 노력과 합의보다 문제를 개인에게 전가하여 결국 갈등을 더 깊게 만든다고 말한다. 그리고 그 배후에는 베스트셀러를 노리거나 기업 교육시장 등 상업적인 의도가 있다는 것이다.

국내의 경우도 예외는 아니다. 서울불교대학원대학 명상학과 정준형 교수는 "힐링 상품의 대부분은 자연과학으로 증명하기가 어려운 것들이다. 안정감과 행복을 느낄 수 있다고 하나 그 효능은 주관적이고 심리적인 면에 그치고 만다"며 힐링 상품의 범람에 대해 우려를 나타냈다.[23]

----

23. '[힐링 열풍]세상은 왜 힐링에 목말라 하는가', 〈주간경향〉, 2012.10.9.

2013년 전망 : 위로, 힐링… 그 다음은?
액션이 필요해!

'88만원 세대'로 대변되는 20대의 현재를 돌아보면 한마디로 '버티기'와 다름없다. 등록금을 벌기 위해 아르바이트는 물론, 스펙 쌓기를 포함한 어학연수도 다녀와야 한다.

한국 특유의 경쟁문화를 어린 시절부터 체득해 왔고 입시경쟁을 통해 대학을 들어와도 취업이라는 또 다른 경쟁에 내몰리게 된다. 물론 여기가 끝이 아니다. 현재가 아닌 미래를 위해 살아가는 20대

2012 대한민국, 힐링이 필요해

한 여론조사에서 우리 사회의 힐링 열풍에 대해 3명 중 1명이 위안을 준다고 답했고, 20.5%는 거품이라고 응답했다. 힐링이 필요한지에 대해서는 51%가 필요하다고 답했다. 힐링 열풍 원인에 대해서는 경쟁사회로 인한 스트레스라고 답한 응답자가 32%로 가장 많았고, 사회 양극화 심화, 공동체 해체, 개인주의라는 답변이 뒤를 이었다. 힐링이 우리에게 주는 의미는 절반 이상인 59%가 정신적 치유를 꼽았다.

KTV- 리얼미터 10대 이상 남녀, 700명 대상, 전화설문

는 그래서 즐거울 틈이 없다. 힐링의 주 수요층이 50대가 아닌 불확실한 삶을 사는 20대라는 그런 점에서 이해가 된다. 극심한 취업난과 생존경쟁에 내몰린 젊은층의 절박함을 반영하고 있다는 것이기 때문이다.

책에서든, TV에서든, 캠퍼스에서든 잠깐 내려놓아도 괜찮다고, 멈추고 돌아봐도 좋다고 말해 주는 경쟁사회와 반대의 메시지를 전하는 사회 분위기는 어떤 방식으로든 도움이 된다. 힐링 열풍에 대해 절반이 긍정적이라고 응답한 설문조사 결과를 봐도 그렇다.

다만 상업적으로 과도하게 사용되고 있는 힐링 열풍에 대해서는 비판적으로 보고 구분할 줄 알아야 한다. 또한 수동적인 힐링보다는 자신에게 맞는 주도적인 힐링 방법을 찾는 것도 필요하다.

일본에서는 1990년대 후반부터 이 같은 개념의 힐링 비즈니스 시장이 급속도로 팽창해 현재 일본 인구 5명 중 1명꼴로 힐링 서비스를 이용할 정도로 시장이 성숙했다. 일본 『관광산업미래백서』 2011년 판에 따르면 힐링을 테마로 하는 산업은 2020년까지 12~16조 엔 규모로 성장할 것을 예측하고 있다.[24] 우리나라도 이런 상태라면 힐링 비즈니스의 규모가 더 커질 것으로 보인다.

『개념찬 청춘』의 저자 조윤호 씨는 그의 책에서 『88만원 세대』우석훈 저, 레디앙, 2007의 출간 이후 20대라는 세대에 사회적 관심이 쏟아졌고 이는 객관적으로 20대를 불쌍한 존재로 만들었다고 말한다. 그이후 어른들이 20대들에게 희망을 주고 상처를 치유해 주는 힐링붐이 불었다고.

사회에 만연한 완전경쟁 승자독식 시스템이 개인이 아니라 사

---

24. '대한민국 '힐링'에 빠졌다', 「이데일리」, 2012.8.9.

회 전반의 문제라는 것을 인식하
기 시작한 이후부터. 한편에서
는 최근의 힐링 열기를 2000년대
의 첫 10년을 풍미한 자기계발 열
풍과 연결짓는다. 이동연 한국예
술종합학교 교수_{문화이론}는 힐링을
"신자유주의적 약육강식, 승자독
식 사회에서 탈락하고 좌절한 사
람들이 다수가 되다 보니 공감의
교집합이 커져 나타난 트렌드"라
고 분석한다.

한순간에 경쟁사회가 없어지
거나, 경제침체가 당장 해소될 수도 없다. 그렇다면 이대로 두어도 괜
찮을까. 힐링 열풍을 다른 긍정적인 방향으로 이끌어 가는 것이 필
요하다.

20대 정치인 윤주진 씨는 한 인터뷰에서 20대가 겪고 있는 불안
을 해결하려면 우선 개인이 바뀌어야 한다고 주문한다. 386세대가
만들어 놓은 프레임에서 벗어나라고, 20대는 이미 잘하고 있으니 용
기를 가지라고 말한다.[25]

그 다음 스텝은? '액션_{Action}'이다. 타인의 위로_{2011년 위로 열풍}, 자
기 치유_{2012년 힐링 열풍}에 더 나아가 행동이 필요하다. 공동적인 행동
이 수반되지 않는 치유는 파편에 지나지 않기 때문이다. 조한혜정
교수는 힐링 산업이 이렇게 막강해진 것은 개인이 무력해졌기 때

25. ' "20대, 불안과 불만은 이제 그만" 젊은 보수 윤주진과의 인터뷰', 「고함20」, 2012.9.19.

문이고 개인이 무력해진 것은 고립되어 있기 때문이라며, 결국 서로 아끼고 돌보는 준거집단을 만들 때 해결이 가능하다고 말했다. 『불안증폭사회』의 저자 김태형 역시 불안은 개인의 문제가 아니라 사회불안에 따른 부작용이라며 무한경쟁의 틀에서 벗어나 공동체를 복원하려는 사회적 의지가 있어야 해결가능하다고 전했다.[26]

반값등록금을 실현하기 위한 20대의 움직임이나 얼마 전 서울에서 열린 'Occupy Seoul' 시위처럼 준거집단의 공감이 타 세대에까지 공감할 수 있도록 만드는 것, 그것이 용기이고 20대의 변화를 이끌어 내기 위한 진정한 힐링이라고 믿는다.

26. '아프냐? 나는 '힐링'이다', 「한겨레21」 제915호, 2012.6.18.

20's Turning on to Politic

3. 정치, 20대를 주목하다

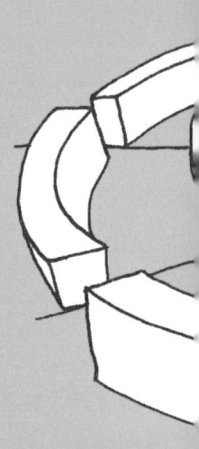

"

'20대는 정치에 관심이 없다'라는 명제가 점점 힘을 잃어가고 있다. 정치에 불신했던 20대가 자신들에게 닥친 청년실업과 등록금 문제에 직면하면서, 정책적인 해결을 촉구하는 목소리와 함께 20대 자신들이 직접 바꿔 보겠다는 의지로 정치에 적극 참여하기 시작했다. SNS와 〈나꼼수〉의 등장은 20대가 정치에 관심을 갖게 되는 데 큰 역할을 했다. 19대 총선에서 '서울 20대 투표율 64.1%'라는 결과로 나타났고, 이런 선 경험을 통해 각 정당에서는 19대 총선을 앞두고 새로운 얼굴들을 영입하려는 움직임으로 분주했다. 새누리당과 민주통합당은 20대 정치인을 내세워 20대를 대변하는 '젊음'의 아이콘을 만들었다.

18대 대선의 행방도 20대 표심이 중요하다고 정치계는 판단하고 나섰다. 여야를 막론하고 20대 청년을 위한 공약을 내기 시작했고, 대선후보들은 젊은 표심을 잡기 위해 20대와 스킨십을 할 수 있는 행보를 거듭 보이고 있다.

"

20대, 정치에 눈을 돌리다

이명박 정부의 등장 이후 한국 사회는 억눌린 시민들의 목소리가 커지고 있다. 이명박 정부가 들어서면서 진행되었던 반민주적인 정책들과 일방적인 상명하복 방식의 소통이 시민들을 각성하게 만들었다. 국민들이 정치에 관심을 갖게 되고, 정치에 냉소적이었던 20대도 풀리지 않는 청년실업 문제와, 끝없이 치솟는 대학 등록금 문제 등에 직면하면서 정치에 대해 이야기하기 시작했다. 20대에게 직면한 문제는 크게 등록금, 주거권, 노동권, 이 세 가지다. 등록금이 너무 비싸다 보니 돈을 벌기 위해 노동시장에 뛰어들면서 아이러니하게도 교육혜택과는 점점 멀어지고 있다. 등록금을 위해 돈을 벌지만 월세와 생활비가 너무 비싸서 돈을 모으기가 쉽지 않다. 이렇게 돈을 벌면서, 휴학과 복학을 반복하다가 겨우 졸업을 해도 취업은 하늘에 별따기다.

비정규직 노동자가 1년 동안 버는 돈은 1,000만 원 남짓. 대학생이 학업을 하면서 학자금과 생활비를 마련하기 위해 돈을 번다는 건 쉽지 않은 일이다.

대학 등록금 인상률은 최근 몇 년간 급경사를 그리며 올랐다.

통계청 자료를 보면 2001년 5월부터 2010년 5월 10년간 소비자물가가 36.4% 올랐지만 대학 등록금은 이보다 2배 전후로 인상됐다. 국공립대학교가 88.2%, 사립대학원이 82.1%나 뛰어 소비자물가보다 2배 이상 올랐다. 그 다음은 전문대학 70.9%, 국공립대학원 69.3%, 사립대학 63.3% 순으로 뛰었다. 전체교육물가 상승률 53.3%보다도 훨씬 높다. 대학생들은 등록금을 내기 위해 학자금 대출을 받으며 부채금을 떠안고 살아간다. 2007년 3,785명에 불과했던 대학생 신용불량자가 2011년 4월 무려 3만 57명으로 7.94배나 늘어났다. 사회생활도 시작하기 전에 신용불량자가 된 것이다.[1]

17대 대선에서 이명박 대통령 후보가 '반값등록금'을 공약으로 내걸었지만 그 공약이 현실로 이루어지지는 않았다. 대학생들은 생존하기 위해 대학교 반값등록금 투쟁을 하기 시작했다. 등록금 인하, 동결, 환불로 대학생들 성토에 대한 반응이 있었지만 그 영향은 미비한 수준이었고, 근본적인 해결책은 아직 구체적으로 나오고 있지 않은 상황이다.

게다가 이명박 정권의 고환율 정책으로 수입물가 상승에 따른 생활물가 폭등이 대학생들에게도 상당한 영향을 끼치고 있다. 저렴하기로 유명한 학교 부근에서는 이제 5천 원짜리 밥은 찾기 힘들다. 말 그대로 먹고살기에도 빠듯해졌다. 안 그래도 힘든 주거문제는 전세대란으로 더욱 힘들어졌다. 기숙사에 들어가는 것은 하늘의 별따기고, 자취방, 하숙집은 학기가 바뀔 때마다 보증금과 월세를 올리고 있다. 전세파동으로 신혼부부들이 대학교 부근 원룸으로 거처를 옮기면서 밀려난 대학생들은 더 싼 방을 찾아 헤매고 또 헤매고 있다.

----

1. '고물가—전세난이 등록금 투쟁 불렀다', 「프레시안」, 2012.9.3.

등록금 1,000만 원 시대에 학자금 대출은 쌓여 있지만 취업은 여전히 어렵다. 2012년 10월에는 20대 취업자가 5개월째 감소해 6만 명 가까이 줄었고, 고용률 또한 20대만 하락세를 보였다. 20대 후반의 경우 2012년 2월 이후 줄곧 증가해 오던 상용직이 2011년 11월 감소세로 반전되면서 고용의 질도 악화되고 있는 현실이다.

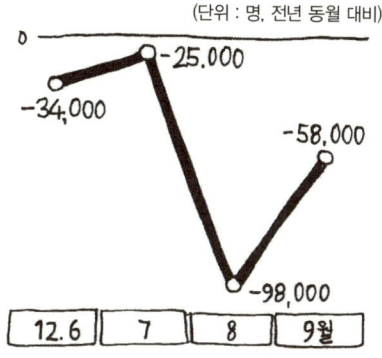

20대 취업자 수 증감
(단위 : 명, 전년 동월 대비)

-25,000
-34,000
-58,000
-98,000

12.6 7 8 9월

자료 : 통계청

기획재정부와 통계청에 따르면 전체 취업자 수가 안정적으로 증가하는 것과 반대로 20대 취업자 수는 빠르게 감소하고 있다. 2012년 9월 20대 취업지 수는 진년 동월 대비 5만 8,000명 줄어는 357만 5,000명을 기록했다. 20대 취업자 수는 올 하반기 내내 감소했다.[2]

20대의 팍팍한 현실을 SNS로 자유롭게 공론화하기 시작했다. 최근 20대의 커뮤니티나 트위터 등 SNS를 보면 그들의 고민과 현실을 쉽게 알 수 있다. 정치에 대한 관심도 커뮤니티를 통해 서로 공유하고 있다. 수많은 조롱과 풍자 속에 정치 코드들이 그대로 들어 있다. 20대만의 많은 스펙트럼을 만들어 내면서 다양한 정치적 견해와 생각으로 새로운 장을 만들어 내고 있다.

특히 〈나꼼수 나는 꼼수다〉의 등장은 20대에게 정치를 쉽고 친근하게 만들어 준 계기가 되었다. 사람들은 정치의 사기 속성을 알고 있기에 정치에 무감각해져 버렸고 정치가 주장하는 모든 가치에 냉소적이었다. 그런데 〈나꼼수〉는 돌려 말하는 정치계 언어를 쓰지 않고,

2. '힘겨운 사회 첫발… 서러운 20대', 「서울경제」, 2012.10.24.

쉽고 속 시원한 표현으로 젊은 세대들에게 큰 호응을 얻었다.

20대의 움직임은 2011년 '10·26 서울시 보궐선거'에서 보다 뚜렷이 드러났다. SNS를 통한 투표 인증샷 찍기가 유행처럼 번지면서 20~30대의 투표율도 어느 때보다 높은 수치를 달성했고, 무소속 출마자였던 박원순이 시장으로 당선되었다. 박원순 시장은 취임하자마자 반값등록금을 성사시켰고, 얼마 안 가 서울시 비정규직 1,054명을 정규직으로 전환하는 것을 보면서 투표하면 세상이 바뀔 수 있다는 인식을 심어 주었다는 분석도 있다.

정치, 이거 좀 재밌는데?

20대의 정치적 관심은 투표율에서 객관적 증명을 얻을 수 있다. 20대 유권자의 경우 이제까지 치러 왔던 선거에서 50대 이상 기성세대보다 낮은 투표율을 보여 왔던 게 사실이다. 17대 대선에서 20대의 평균 투표율은 47.0%로 전체 투표율 63.2%보다 낮았다. 특히 17대 대선에서 장년층 이상인 50~59세의 투표율이 76.6%, 60세 이상이 76.3%였던 점에 비춰 본다면 20대 투표율은 30% 포인트 이상 낮아 대선 후보 당락에 변수가 되지 못했다. 18대 총선에서도 20대 유권자의 투표율은 28.1%에 그쳤다.

연령대별 투표율

(단위 : %)

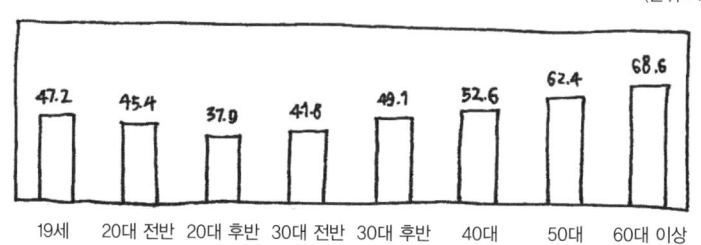

출처 : 선거관리위원회

그러나 2011년 10월에 실시된 서울시장 보궐선거는 트위터를 통한 유명인사들의 투표독려 및 투표 인증샷 캠페인 등의 영향을 받아 20대 유권자의 투표율은 44.1%를 기록, 전체 투표율 48.6%에 거의 근접했다. 19대 총선에서도 20대 전체 투표율은 41.5%로 18대 총선보다 약 10% 포인트 증가했다.

또한 20대 스스로 목소리를 내고 변화하려는 움직임이 활발해졌다. 2010년 만 15세부터 39세 이하의 구직자와 비정규직 노동자 등이 연대해 세대별 노조가 되겠다며 설립된 조직인 '청년유니온'은 서울시로부터 노조설립허가를 받고 더욱 활발하게 활동하고 있다. 아직은 지역 노조에 머물러 있지만 사실상 국내 노조사에 첫 합법적 비정규직 노조가 설립됨으로써 실업에 좌절하는 청년들, 열악한 환경에서 근무하는 비정규직, 알바생의 권익을 위한 목소리를 내고 있다.

19대 총선에서는 적극적으로 정치 현장에 뛰어든 20대들의 움직임이 돋보였다. 기존 정치 질서를 거부하고 스스로 새 판을 짜겠다는 목소리를 높이며 총선 출마, 정당 창당, 기성 정치권 압박 등 다양한 방식으로 정치에 참여했다. 20대들이 일상 속의 정치 이야기를 하자며 뭉친 온·오프라인 모임인 '20's Party'는 19대 총선에서 전국 국회의원 후보들을 모니터링, 20대를 위한 정책을 내는 후보자에게 '청년인증후보'를 부여하고 적극 지지하는 방안을 모색했다.

또한 18대 대선을 앞둔 시점에서 대선 후보들을 검증하기 위해 문제의식을 갖기 시작한 대학생들이 나섰다. 2012년 대선에서 대학생들이 안고 있는 4대 문제에 대한 학생들의 요구안을 모아 후보들에게 전달하고 해결해 줄 것을 촉구하는 모임 '네 가지 없는 대학생들의 모임'이 출범했다. 네 가지 모임은 산재한 문제들을 해결하기 위해 대학생과 대선후보 간 소통을 중심으로 여러 활동을 준비하고 있다. 4가지 의제에 관한 대학생 요구안 전달, 릴레이 1인 시위, 대선 후보와의 간담회 및 학교 현장 투어, 반값등록금 실현과 투표시간 연장을 위한 108배 등을 계획하고 있다. 경희대, 동국대, 서울여대, 성공회대, 성균관대, 한양대 학생들이 모여 만든 단체로 앞으로 더욱 많은 학교들 참여를 이끌어 낼 계획이다.

청년단체들의 20대를 위한 정책 제안도 활발하다. 한국청년유권자연맹은 2011년 두 차례에 걸쳐 정부기관과 대기업은 5%, 중소기업은 3%의 정규직 청년신규채용을 의무화하는 '청년고용할당제', 국가재원 4조 2,000억 원 마련을 통한 등록금 30% 인하, 취업 후 학자금 상한제의 전면개정 등의 정책을 주문하고 나섰다.

20대의 고민은 20대가 잘 알죠! 20대 정치인 등장!

20대가 정치에 관심을 갖기 시작하면서 정치도 20대를 관심대상으로 분류했다. 투표참여율이 높아지고 있고, SNS 소통 파급력까지 갖춘 20대 표심을 잡아야 선거에서 승리할 수 있다는 것이다. 2011년 서울시장 재보궐 선거에서 20대의 파워를 맛본 정치계에서는 20대 표심을 잡기 위한 정책을 쏟아냈다. 이어 젊은이들의 목소리를 대변하는 20대 정치인을 내세웠다.

새누리당은 비대위원장으로 1985년생 이준석을 발탁했고, 부산 사상구 공천 후보에 1985년생인 손수조를 내세웠다. 민주통합당은 만 25~35세의 청년대표 4명을 선발해 19대 총선에서 비례대표 국회의원 후보로 발탁했다.

'박근혜의 남자'라고 불리는 이준석의 등장은 모두를 놀라게 했다. 1985년생 이준석 클라세스튜디오 대표는 서울과학고와 하버드대학을 졸업, 젊은 벤처사업가로 새누리당 비대위원장으로 발탁되었다. 국회의원실 인턴 1개월 경

이준석 前 새누리당 비상대책위원

험밖에 없었던 그에게 많은 사람은 우려 섞인 호기심을 보냈다. 우려와는 달리 이 비대위원은 트위터와 TV 토론회, 비상대책위원회 등을 통해 소신껏 발언을 이어갔다. 이에 각종 인터뷰와 시사토론 프로그램에 초대되는 등 유명한 예비 정치인이 되었다. 그의 발언과 행보는 실시간으로 뉴스화가 되며 정치계의 샛별로 떠올랐다.

이준석의 여러 가지 토론 중에서도 '고대녀와 맞짱토론'은 지금까지 회자될 정도로 20대들이 주목했던 이슈다. 고려대 교육방송국 KUBS 주최로 열린 토론회에서 '고대녀'로 알려진 김지윤(28) 고려대 전 문과대 학생회장과 이준석 비대위원은 대학가 현안뿐 아니라 정부의 복지정책 등 다양한 주제로 열띤 공방을 벌였다.

이준석은 비대위원장에서 물러나며 비대위 경험을 녹여 『어린 놈이 정치를?』중앙M&B, 2012이라는 제목의 책을 발간하기도 했다. 책에서 그는 박근혜 위원장 대선가도에 힘을 보태겠다는 뜻과 교육감 도전

어린 놈이 정치를?

> '젊은 보수'가 말하는 25가지 불편한 진실!
> 이준석이 말하는 ISSUE 25 『어린 놈이 정치를?』. 2012년 3월 말까지 새누리당 비상대책위원회 위원으로 활동하며 스물일곱 젊은이의 소통을 보여준 하버드 엄친아 이준석이 3개월 '임시직' 정치인으로서 변혁의 정치판을 직접 체험한 경험을 바탕으로 젊은 청춘이 바라보는 정치, 언론, 교육, 경제 등 25가지 이슈를 통해 한국 정치, 사회의 현실과 미래를 자신만의 시각으로 파헤쳤다. 총선과 대선의 향방과 그 결과가 가져올 사회적 변화를 조심스럽게 예측하고, 기성 정치인이나 진보 세력이 말하지 못한 한국 정치의 불편한 진실을 살펴본다. 더불어 파워 트위터리안으로 활동하는 저자가 바라본 SNS와 진정한 소통의 문제, 〈나꼼수〉 열풍에 대한 의견, 청년 정치 시대에 부족한 것은 무엇인지 등 최근 사회적 이슈로 부각된 주제에 관해 자신의 의견을 제시하였다.

손수조 現 새누리당 미래세대위원장

의사를 실어 정치를 계속할 것이란 의사를 내비쳤다.

새누리당은 19대 총선에 당시 문재인 민주통합당 상임고문에 맞설 후보로 만 25세의 청년후보 손수조를 공천했다. '사상의 딸'로 비유되는 손수조는 이준석 전 비대위원과 동갑이다. 부산 출신으로 삼덕초등학교, 덕포여자중학교, 주례여자고등학교를 졸업했고, 이화여자대학교에서 국문학을 전공했다.

손수조는 후보로 공천되며 당차게 선거운동을 진행했지만 '카퍼레이드' 선거법 위반 논란, 3,000만 원 전세금 선거운동 공약 파기 등의 한계를 노출하기도 했다. 손 후보는 여론의 비판 섞인 관심 속에서도 완주했지만 개표결과 문 상임고문에 1만 3,000여 표 차이로 낙선했다.

이준석 비대위원과 손수조 후보 공천으로 새누리당이 주목을 받자 민주통합당도 반응했다. 만 25~35세의 청년대표 4명을 선발해 19대 총선에서 비례대표 국회의원 후보로 발탁하는 '청년대표 국회의원 선출안'을 내놓았다. 공개 오디션 프로그램 〈슈퍼스타 K〉 방식으로 청년들이 직접 선출하는 방식을 제안했다. 오디션을 표방하는 방식에 논란이 일기도 했지만, 민주통합당 청년비례대표 서류접수에 총 389명의 청년이 지원했고, 4·11 총선 청년비례대표 후보로 김광진(31), 안상현(29), 장하나(35·여), 정은혜(29·여) 등 4명을 확정했다.

19대 총선 예비후보자에서도 20대가 4명이나 등록했다. 부산 사하 갑에 출마하는 무소속 박주찬(28)를 비롯해 경기 안성 미래연합 정선진(26) 씨, 경북 구미 무소속 김찬영(29) 씨, 충남 부여청양 무소속 김기한(28) 씨 등이 출마했다. 이들의 출마는 당락의 여부를 떠나 20대의 목소리를 내는 것만으로도 많은 의미를 부여하고 있다.

20대가 정치를 한다고? 과연……

새누리당의 대표 20대 정치인 손수조와 이준석 전 비상대책위원은 바쁜 정치 일정을 진행했다. 19대 총선이 끝난 후, 정치인으로서 두 사람의 행보는 더욱 바빠졌다. 이준석 비대위원은 라디오 인터뷰에서 "총선에서는 제 시각이 많이 반영될 수 있고 도움을 줄 수 있지만 대선은 다양성이 위험할 수 있어서 지금은 약간의 거리를 두려고 한다"고 말했다. 부산 사상에 출마해 석패했던 손수조도 곧바로 지역구 관리에 들어갔다. 낙선 이후 자원봉사단 조직을 추스르고 지역구를 돌며 인사를 하는 등 바쁜 일정을 소화했다. 손수조는 "대선에서 청년들을 대표할 부분이 필요하다고 생각한다면 당에 20대의 목소리를 전하는 데에 노력하겠다"며 "정치 도전도 계속할 것"이라고 적극적인 정치 참여 의지를 강조했다.

통합민주당 청년비례대표 후보로 나섰다가 고배를 마신 20대 정은혜, 안상현 씨도 계속적인 활동을 약속했다. 정씨는 총선 직후 트위터에 "내공을 많이 쌓아서 꼭 필요한 사람이 되겠다"며 정치에 대한 재도전 의지를 밝혔다. 안씨 역시 "앞으로도 계속해서 사회적으

로 유의미한 활동을 펼쳐 나가겠다"고 의지를 다졌다.[3]

　20대 정치인의 등장에 대해 여러 시선이 있다. 20대의 의견을 듣기 위해서 20대를 내세우는 것은 전시성을 겨냥한 일종의 '쇼'라는 의견이 적지 않다. 그동안 20대를 대변할 인물이 없어서 20대의 고민과 문제를 몰랐던 것이 아니다. 꼭 20대라야만 20대를 잘 대변할 수 있는 것도 아니다. 이미 일상화된 인터넷에서는 댓글과, 그들의 의견이 집약된 수많은 사이트와 토론방에서 20대의 의견을 충분히 얻어낼 수 있다. 또 페이스북, 트위터, 집회 등을 통해 그들의 생각을 생생하게 표출하고 있다. 나이를 불문하고 우리나라의 등록금, 청년실업, 비정규직 문제 등을 가장 잘 대변할 수 있는 사람, 그들의 목소리에 귀 기울이고 그들과 수평적으로 소통할 수 있으며 그들로부터 신뢰와 존경을 받는 그런 인물이어야 한다는 것이다.[4]

　20대는 아직 사회 경험이 부족하고 인생의 여러 가지 곡절을 겪어보지 못한 나이다. 국정을 다루려면 상당한 사회적 경험과 성취, 그리고 실패와 좌절의 극복을 통해 경륜과 지혜를 갖출 시간이 필요하다는 지적도 있다. 또 아직 연륜이 부족한 20대 젊은 인재들을 갑자기 기성 정치판에 끌어들여 감당할 수 없는 권력을 주게 되면 그들에게도 부정적인 영향을 끼칠 수 있다는 것이다.

　젊음이 가질 수 있는 열정과 순수한 신념이 정치계에 활력을 불어넣을 수 있는 장점도 있다. 또 20대 정치인의 정치적 능력 또한 무시할 수 없다. 친구 같은 20대가 대변하는 정당은 젊은층에 한 걸음 더 가까이 다가갈 수도 있을 것이다.

....

3. '20대 정치인 도전은 계속된다', 「헤럴드뉴스」, 2012.4.17.
4. '20대 정치인 발탁, 어떻게 볼 것인가?', 「한겨레」, 2012.1.6.

대통령, 20대의 손에 달렸다!
18대 대선 20대 표심은 어디로?

18대 대선에서도 20대를 주시하고 있다. 20대의 표심과 투표율이 18대 대선의 향방을 가름할 주요 변수로 부각되고 있다. 유력 대선 후보들도 반값등록금, 취업난 해소 등 대학생들을 겨냥한 공약을 앞다퉈 내놓고 있다. 그리고 젊은 표심을 잡기 위해 20대와 스킨십할 수 있는 행보를 거듭 보이고 있다.

박근혜 후보는 국회의원회관에서 열린 반값등록금 토론회에 참여했고, 홍대 앞에서 열린 〈프린지 페스티벌〉, 한양대 〈잡 페스티벌〉, 고양원더스 야구단에 방문했다. 그중 가장 이목을 끈 것은 〈빨간 파티〉다. 2030세대와의 소통을 위해 자택까지 개방하는 것을 검토하고 있다. 〈빨간 파티〉는 2030세대가 모여 정치 현안을 논의하는 행사다. 약점으로 꼽히는 2030세대와의 소통에 강한 의지를 드러내고 있다.

문재인 민주당 후보는 2030세대와 대화에서 대통령 취업준비생으로 변신해 고졸 구직자, 취업준비생, 학자금 대출자, 대학생 자취생, 사회적 기업 대표, 생애 첫 투표자 등 6명의 면접관 앞에 서기도 했다. 또 인기 오디션 프로그램 〈슈퍼스타 K〉 리허설 현장을 찾기도

2012년 19대 대선 유력 후보들이 20대들과 소통의 시간을 갖고 있다. 맨 위부터 새누리당 박근혜 후보, 민주통합당 문재인 후보, 무소속 안철수 후보

하고, 정책 및 선거전략 제안 등을 함께 할 20대 남녀를 대상으로 '20′s Choice 트웨니스 초이스' 선대위원을 모집했다.

27회에 걸친 〈청춘콘서트〉로 20대와 소통해 온 안철수 무소속 후보는 대선후보 출마 선언 후에도 주로 강연을 통해 20대들과 만났다. 우석대, 대구대, 청주교대에서 학생들을 대상으로 강연했다. 전주 한옥마을에서 열린 지역현장 청년전문가들과의 간담회에 참석하고, 스리랑카에서 코이카 청년봉사활동 중 불의의 사고로 사망한 청년들의 빈소를 방문해 조문하기도 했다. 또 안 후보 캠프 내 정책전문가와 만남과 토론을 통해 의견을 개진하는 20대 청년자문단도 모집했다.[5]

또 20대의 고통을 덜어주겠다며 대선후보들마다 공약을 내세우고 있다. 새누리당 박근혜 후보는 학력이나 경력이 아니라 특정 분야에 대한 잠재력과 열정을 평가해 청년을 선발한 뒤 실질적 직업 교육을 시키고, 연수자들을 공기업이 우선 채용하도록 하는 방

5. '대선후보들, 20대와 어떻게 소통하고 있나', 「고함20」, 2012.10.23.

안을 제시했다. '스펙을 중시하는 채용시스템'과 '실제 일과 연결되지 않는 직업 교육'을 문제의 원인으로 판단했기 때문이다. 그리고 'K-MOVE'라는 이름을 붙여 스스로 일자리를 만들어 내는 창업과 해외 취업을 활성화시키겠다고 공약했다. 해외에 있는 일자리를 국내에서 청년들이 잘 찾아보고 지원할 수 있도록 정보공유 데이터베이스를 만들 계획이다.

민주통합당 문재인 후보는 공무원이나 공공기관, 공기업, 300인 이상 대기업에 전체 피고용인의 3%에서 5%까지 매년 29세 이하 청년을 고용하도록 할당하겠다는 '청년 고용비율 할당제'를 공약했다. 현재도 청년 고용비율을 지키도록 노력하여야 한다는 규정이 있지만 불이익 규정이 없었던 것에 불이익을 주는 규정을 추가해 강제성을 높이겠다는 것이다. 또 입사 과정에서 불평등이 존재한다는 인식에 따른 해법안으로 '블라인드 채용제'를 공약했다. 출신학교 삭제를 시작으로 다른 불평등 요소가 있다면 추가할 예정이다.

무소속 안철수 후보는 '청년고용 특별 조치'를 5년간 한시적으로 만들어 시행하겠다는 계획이다. 정부-민간-청년이 다 함께 청년고용 문제 해결을 위한 대타협을 해서 기존의 근로시간을 줄여 일자리를 늘이고 그만큼 청년들에게 나누어 주자는 공약이다. 대신 대기업들이 청년 채용비율을 얼마나 지키고 있는지 공개하여 사회적으로 압력을 가하겠다는 방침이다.

또 학벌이나 시험 성적 위주의 스펙 쌓기에서 벗어나기 위해 사회공헌활동을 경력으로 인정해 주는 제도를 만들겠다고 공약했다. 일명 '청년 헬프 코리아 봉사단'이라는 것인데, 저소득층 공부방 봉사활동이나 독거노인 주거환경 개선사업 등 각종 사회봉사활동을 1년간 하면서 이 기간에 산재보험 같은 사회보험혜택을 취업한 사람들

과 똑같이 받게 하고 실비를 지원한다는 것이다.[6]

그러나 20대들은 이런 대선후보들의 행보와 공약에 대해서 큰 신뢰를 하고 있지는 않다. 그야말로 '정치적'인 움직임일 뿐이지 20대와 진심으로 소통하고 있다고 생각하지는 않는 것이다. 이는 고질적인 정치에 대한 불신에 기인한다. 과거 서민과 소통하기 위해 전통시장에 들러 악수를 하고 국밥을 먹는 것은 퍼포먼스에 불과했다는 것을 과거의 경험을 통해 지켜봐 왔기 때문이다. 과연 20대를 향한 대선후보들의 러브 사인은 어떻게 실현될까?

6. '청년 일자리 해결, 적임자는?', 「SBS 뉴스」, 2012.10.26.

2013년 전망 :
상하좌우, 20대에게는 이제 중요하지 않다.

정치에 참여하지 않았던 20대가 중요한 유권자로 급부상하면서 2012년 현재 정치에서 20대 청년층이 갖는 의미는 꽤 크다. 청년문제가 곧 사회문제와 직결되고 있기 때문이기도 하다. 등록금 문제는 당사자인 대학생들뿐만 아니라 등록금을 실제로 부담하는 50, 60대 부모들에게 큰 부담이자 걱정거리고, 취업문제는 경제성장과도 관련이 있다.

정치계, 언론계 등 사회적으로 2030세대 청년들이 주목받고 있지만 실질적으로 청년들의 힘이 커졌냐는 의문의 목소리도 나오고 있다. 실제 대학생들 사이에서는 아직도 정치에 냉담한 반응을 보이는 학생들도 적지 않다는 분위기다. 2030세대가 SNS를 통해 활발히 자신들의 생각을 공유하지만 정치적인 입장과 의견까지 공유하는 청년들은 드물다. 정치계도 잠깐 표심을 얻기 위해 청년 정치인을 등장시키고, 20대를 위한 공약을 내세우는 일시적인 퍼포먼스일지도 모른다.

하지만 SNS, 〈나꼼수〉 등 여러 가지 자극으로 20대가 정치에 관심을 가지고 목소리를 내기 시작한 것은 일시적인 현상은 아닐 것이다. 의견을 보고, 듣고, 나눌 수 있는 다양한 채널들이 많고, 20대는 이런 환경이 생활화되어 있다. 뿐만 아니라 앞으로 유권자가 될 10대 또한 디지털 세대로 통하며 끊임없이 디지털로 소통하며 그 파급력 영향권에 속해 있다. 이들의 의견을 모아 행동으로 옮기는 크고 작은 움직임 또한 무시할 수 없는 네트워크를 형성하게 될 것이다. 사회를 좌우, 보수와 진보로 바라보는 기성세대와는 다른 시각으로 접근하는 양상을 보이기도 한다.

설문조사에서 많은 20대가 자신의 정치 성향을 중도43.8%와 진보41.9%로 규정했다. 「한국일보」 신년 여론조사에서도 박근혜 한나라당 후보에 대한 20대 지지도는 24.9%로 가장 낮았다. 하지만 구체적인 정책에서는 오히려 보수적인 모습을 보였다. 20대의 정치 성향을 기존의 이념적 틀에 맞추기 어렵다는 얘기다.[7]

20대는 정치를 좌우와 보수로 나누어 이야기하지는 않는다. 정당정치, 시민운동이라는 측면에서 20대의 삶을 바라본다면 그들에게서 정치성을 찾을 수 없을지도 모른다. 하지만 정치란 생활 속에도 존재하며 다양한 접근 방법이 있다. 모든 20대가 스펙 쌓기에 열을 올리고 대기업을 못 들어가서 안달이 난 것은 아니다. 광장에서 반값 등록금 운동을 하고, 대안학교에서 새로운 교육을 꿈꾸기도 하고, 소수자를 위해서 의미 있는 일을 하기도 한다. 기존의 권위주의적인 문화와는 다르게 20대만의 문화를 만들고 즐기면서 창조하고 있다.[8] 이런 모든 과정과 행동이 정치가 될 수 있다. 이런 점에서 20대의 정치적인 토론을 기존의 정치틀에서 해석하는 것을 피하고 이들의 자

7. '등록금, 취업–문제는 정치야 자각… 20대 투표율 50% 예측도', 「한국일보」, 2012.1.2.
8. 박연주, 「잘한다 청춘」, 리더북스, 2011.

연스러운 행보를 인정하고 받아들어야 한다. 청년들이 만들어 내는 정치 패러다임을 판단하는 것이 아니라 인정하고 함께 새로운 장을 만들어 나가는 것이 중요하다.

신조어/유행어로 돌아본 2012년 20대

2012년 주간지 〈대학내일〉을 통해 소개된 20대들만의 신조어와 유행어를 정리해본다.

HMU

'Hit me up지금 당장 만나'라는 뜻의 줄임말이다. 이 말은 페이스북에서 사람들끼리 지금 당장 만나고 싶을 때 쓰는 말로 히트를 친 말이다. 이 HMU를 이용하여 〈대학내일〉과 온라인 소개팅 서비스 업체인 이음에서는 솔로 독자들을 위해 '이 주의 가이&걸과 소개팅시켜 주기 프로젝트'를 진행하였다. 이를 통해 이 용어는 좀 더 널리 알려졌다.

올클

'올클'은 '올 클리어All clear'의 줄임말이다. 이 용어는 게임을 하는 어린 학생들 사이에서도 사용되지만, 대학생들 사이에서는 수강신청 시 주로 사용된다. 대학생들이 수강신청을 할 때 정해진 인원이 모두 꽉 차거나 수강신청 서버의 오류로 인해 수월하게 하지 못하는 경우가 많은데, 이러한 오류 없이 자신이 원하는 과목들을 성공적으로 수강신청을 하면, 친구들에게 문자를 보내거나 페이스북에 "수강신청 올클"이라는 말을 쓴다.

똥망시간표

올클이라는 용어가 수강신청을 성공했다는 의미였다면, 똥망시간표는 수강신청에 실패한 학생들이 어쩔 수 없이 자신이 원치 않는 과목을 수강하게 됨으로써 자신의 이번 학기 시간표가 좋지 않다는 의미에서 '똥망시간표'라는 말을 쓴다.

길냥이

'길냥이'는 길에 다니는 들고양이를 합친 합성어다. 이전에는 길에 버려진 고양이에게 '도둑고양이'라는 용어를 사용했는데, 도둑고양이라고 하기에는 정말 귀여운 고양이들이 많아서 '길냥이'라는 다정한 이름을 붙인다. 이 길냥이에 대한 관심이 많아지면서 '길냥이에게 손 내밀다'라는 네이버 카페의 회원 수는 만 명을 훌쩍 넘겼으며, 길냥이와 만났던 이야기들도 꾸준히 올라와 인기를 올리고 있다.

헌내기

'헌내기'란 대학교 1학년이었던 신입생들이 1년이 지나 2학년이 되고 나서 이제 자신은 풋풋한 새내기가 아닌 헌내기라고 칭하는 말이다. 보통 헌내기란 말은 신입생들이 자신의 선배를 부를 때 사용하는 것이 아니라 이제 2학년이 된 학생들이 자신을 칭할 때 사용한다. 대학교 3, 4학년들은 고학년의 이미지가 있는데 2학년은 고학년이라고 하기에도 애매하고 1학년 새내기라고 하기도 애매해서, 2학년인 자신을 헌내기라고 부르고 있다.

썸남, 썸녀

'썸남', '썸녀'란 썸씽Something과 남녀를 합친 의미로 남녀가 사귀기 전의 좋은 관계를 맺고 있을 때 보통 쓰는 용어다. 다른 세대보다 상대적으로 소개팅을 많이 하는 대학생들이 소개팅에서 만난 괜찮은 상대와 조금 잘되는 느낌을 받았을 때 사용하며, 이전에는 이런 관계가 있는 상대방을 호감 있는 사람, 괜찮은 사람, 더 알고 싶은 사람 등으로 표현하였는데 이런 모든 것을 포함하는 것이 썸남, 썸녀이다.

섹드립

성적인 드립의 줄임말 + 영어 혼용어로서, 주로 성적인 언행을 하였을 경우, 쓰인다. 자칫하면 언어적 성희롱이 될 수도 있지만 재치가 있고 유머가 있어서 가볍다고 느낄 때 사용한다. 섹드립이란 용어가 많이 알려진 계기는 평소 방송에서 성적인 농담을 자주하는 개그맨 신동엽 씨가 방송에서 재치 있는 섹드립을 하면서 많이 알려지게 되었다

제제언니

'제제언니'란 트위터 이용자들이 CJ제일제당 트위터에게 붙여준 별명이다. 트위터에 툭하면 '퇴근하고 싶어요', '야근이 많다'라는 등 평범한 직장인의 트위터를 가장해 자신의 기업 치부를 낱낱이 털어놓는가 하면, 팀장님의 문책 따윈 두려워하지 않는 패기까지 지녀 트위터 이용자들에게 많은 공감과 관심을 얻게 되었다.

CJ제일제당
@CJcheiljedang
" '국물도 없어' 라는 표현은, 그래도 국물은 쉽게 나눠 주었다는 뜻으로 해석할 수 있습니다. 주재료는 조금 넣고 거기 물을 가득 넣어 여럿이 함께 배고픔을 이겨낸 지혜. 제제언니는 이 말이 참 좋습니다. 저희에겐 국물이 있습니다."

"전은 부치고, 연근은 조리고, 메주는 띄우고, 간장은 달이고, 죽은 쑤고, 버섯은 볶고, 밥은 짓고, 감자는 찌고, 콩은 튀기고, 국은 끓이고, 면은 삶고, 나물은 무치고, 오이는 절이고… 팀장님은 구워삶아야 합니다."

천고대비

'천고대비'란 가을 하늘은 높으니 말이 살찐다는 뜻의 천고마비의 사자성어를 본떠 만든 용어로서 이제 다이어트 스트레스를 받는 여름이 지나가고 이제 조금 안심인 가을이 되었으니 그동안 참았던 식욕을 풀기에 대학생들이 가을에 살이 찐다는 의미이다.

바퀴베네

'바퀴베네'란 프랜차이즈 카페들의 번식력이 바퀴벌레처럼 빠르다고 해서 붙여진 별칭이다. 카페베네를 필두로 탐앤탐스나 할리스 등의 프랜차이즈 커피숍들이 대학가를 차지해 가면서 기존의 상권들도 많이 사라졌다. 특히

30년 동안 한자리에서 '만남의 빵집'으로 유명했던 홍대 '리치몬드 제과점'은 롯데 엔젤리너스에게 그 터를 내주는 등 바퀴베네란 용어는 현재 프랜차이즈 카페들의 무분별한 확장을 비꼬는 용어로 쓰인다.

이제동맥경화

프로게이머 이제동에게 '이제동맥경화'라는 새로운 별명이 생겼다. 2012년 1월 28일 벌어진 SK플래닛 스타크래프트 프로리그에 출전한 이제동은 신재욱과의 경기 도중 본진 지역 입구가 드론으로 막힌 것을 알지 못한 채 10분가량 경기를 펼쳤다. 드론 세 마리에 막혀 움직이지 못한 유닛들이 수십 마리에 이르렀고, 이 화면이 비춰질 때마다 팬들은 안타까운 마음에 탄성을 터트리기도 했다. 특히 이제동은 과거 "맵핵을 사용하는 게 아니냐?"는 우스갯소리까지 나왔을 정도로 경기 상황을 잘 체크하는 선수로 정평이 나 있었기에, 이러한 실수에 대해 팬들의 답답함은 더욱 커져만 갔다. 결국 10분 후 자신의 실수를 알아챈 이제동은 힘겹게 승리를 거뒀지만, e스포츠 역사상 가장 답답했던 경기로 평가받으며 '이제동'과 '동맥경화'를 합친 '이제동맥경화'라는 별명을 얻게 된 것이다.

비용견인인플레이션

최근의 인플레이션에 대해 전문가들은 일명 '비용견인인플레이션Cost-Push Inflation'이라고 해석한다. 쉽게 말해 사람들이 소비를 많이 해서 가격이 오르는 게 아니라 석유, 금, 농산물 등 원재료 비용가격이 올라서 발생한 인플레이션이라는 것이다. 따라서 이런 상황에서는 인플레이션의 원인이 된 원자재상품에 투자한다면 최소한 물가상승률 이상의 수익률을 챙길 수 있다. 소액으로 가능한 원자재 투자는 우리가 앞서도 살펴봤던 상장지수펀드ETF를 활용하면 된다. ETF는 특정 지수벤치마크를 정해 놓고 이 지수의 등락률만큼 움직이도록 설계된 투자상품으로 거래소에 상장돼 있어 주식처럼 거래할 수 있다.

인바디다이얼

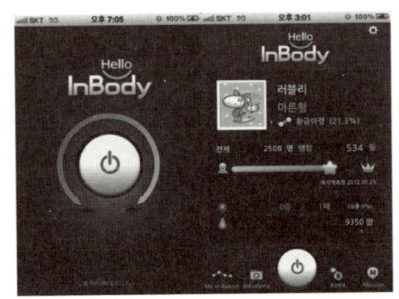

가정용 체지방 분석기로 전자 체중계와 비슷하게 생겼지만 인바디 측정이 가능하다. 병원이나 헬스장에서 볼 수 있었던, 전문가용 인바디의 기술을 집적시켜 만들었다. 다이얼 버튼으로 키를 입력하고 기기에 올라서면 체중, 체지방률, 근육량, 내장지방 레벨이 측정된다. LCD에 표시된 결과를 스마트폰 카메라로 찍기만 하면 문자인식방식으로 다이어트 앱 '헬로우 인바디'와 연동되어 다이어트 콘텐츠로 이용할 수 있는 것이 특징이다. 앱을 이용하면 측정결과를 지속적으로 관리할 수 있는 것은 물론, 사용자들 중 자신의 신체 등수 '인바디 랭킹'을 확인하고 측정결과를 바탕으로 전문가 상담에게 건강관리 방향을 무료 컨설팅 받을 수 있다.

트레일러닝(trail-running)

'trail-running'에서의 'trail'은 산길, 오솔길 등을 말한다. 포장된 길은 아니지만 사람들의 왕래가 많아서 걷거나 뛰기 편하게 다져진 길. 유럽과 북미 등지에서 시작된 운동이다.

88만원 세대

고용불안에 시달리는 2007년 전후 한국의 20대를 지칭한다. 비정규직 평균 급여 119만 원에 20대 평균 급여에 해당하는 73%를 곱한 금액이 88만 원이다. 이 말은 2007년 8월 출간된 책 『88만원 세대』에서 처음 쓰였다. 또한 기성세대에게 저임금노동으로 착취당하며, 비정규직 노동자가 대부분이라 직업시장을 떠돌아다녀야 하는 20대의 현실을 '88만 원 세대'로 통칭하기도 한다.

멘붕

최근 등장한 신조어로서 게임, 커뮤니티, 실생활 등 온·오프라인에서 두루 쓰이고 있다. 뜻은 영어와 한글이 합쳐진 단어로 영어의 멘탈 mental: 사전적으로는 마음의, 심적인, 정신적인과 붕괴崩壞: 허물어져 무너져 버림가 합쳐진 것이다. 정확한 뜻은 '정신이 무너져버림'이라는 뜻으로 너무 심한 충격을 받아서 아예 자포자기하거나 막 나가는 상황에 주로 쓰인다.

내로 캐스팅(narrowcasting)

브로드캐스팅broadcasting에 상대적인 개념으로, 브로드캐스팅이 방송

放送이라면 내로캐스팅은 협송狹送이다. 공중파 방송이 다수의 시청자를 대상으로 무차별 방송을 하는 방송에 비해 지역적·계층적으로 한정된 시청자를 대상으로 하는 정보 서비스를 말한다. 케이블 텔레비전이 한정된 지역을 대상으로 하거나, 많은 채널을 수용하는 케이블의 특성을 이용하기 때문에 각 채널의 서비스 내용을 세분화하여 전문 채널로 사용할 수 있다. 특히 온라인 매체의 등장으로 말미암아 정보가 모든 독자나 시청자를 위한 단일생산물이 아니라 다양한 사람들을 위한 다양한 생산물로 바뀌고 있다. 브로드캐스팅이 내로캐스팅으로, 그리고 대량 전달과 일방통행에서 선택과 쌍방향으로 변화하는 것이다.

필터링(Filtering)

본래 '검색조건'이란 뜻이다. 취업난으로 수많은 지원자들이 몰리면서 기업이 스펙조건을 입력해 그 이하의 지원자는 자기소개서를 읽어보지 않고 자동으로 서류심사에서 탈락시키는 것을 지칭하는 말로 통용되며, 서류전형을 통과하는 것이 '하늘의 별따기'이다 보니 서류통과를 한 구직자를 '필터링에서 살아남은 자'라고 지칭한다.

감정노동

실제 자신이 느끼는 감정과는 무관하게 직무를 행해야 하는 감정적 노동을 '감정노동'이라 하며, 이러한 직종 종사자를 '감정노동 종사자'라 한다. 배우가 연기를 하듯이 직업상 속내를 감춘 채 다른 얼굴 표정과 몸짓으로 손님을 대하는 직종으로, 보통 감정관리활동이 직무의 40% 이상을 차지하는 경우를 일컫는다. 자신이 느끼는 감정을 억누른 채, 자신의 직무에 맞게 정형화된 행위를 해야 하는 감정노동은 감정적 부조화를 초래하며 심한 스트레스를 유발한다. 이를 적절하게 해소하지 못하는 경우 좌절, 분노, 적대감 등 정신적 스트레스와 우울증을 겪게 되며, 심한 경우 정신질환 또는 자살로 이어질 수 있으므로, 감정노동 종사자들은 이에 대한 대비가 필요하다. 한편, 앨리 러셀 혹실드Arlie Russell Hochschild 캘리포니아 주립대 사회학과 교수가 1983년 『감정노동』이라는 저서를 통해 처음 언급한 개념으로, 혹실드는 인간의 감정까지 상품화하는 현대사회의 단면을 감정노동이라는 말로 표현한 바 있다.

고나리질

'관리'라는 단어를 빨리 타자할 때 발생하는 오타와 접미사 '질'이 합쳐져 '고나리질'로 사용된다. 하지만 원래 뜻인 관리와는 다르게 고나리질은 정말 무엇을 관리한다기보다는 쓴소리를 하거나 이것저것 간섭하고 가르치려고 할 때, 또는 이유 없이 비평하는 것을 표현한다. 페이스북이나 트위터에서 자주 이용되는 단어로 SNS를 활발하게 이용하는 20대들 사이에서 유행처럼 퍼져 나가고 있다.

어게인 고3

소위 'In 서울 대학'을 하지 못하거나 순위권 대학에 들어가지 못한 대학생들이 다시 대학에 들어가기 위해 공부하는 이들을 '어게인 고3'편입생이라고 한다. 꿈보다는 학벌이라는 현실을 택해 성인이 누릴 수 있는 자유를 포기하고 다시 고3으로 돌아가는 대학생들이 늘어나고 있는 추세이다.

에스컬레이트족

취업스펙을 올리기 위해 편입학을 거듭하며 몸값을 올리는 이들을
일컫는다.

연애포기자들

2012년, 한 포털사이트의 조사 결과에 따르면 남녀 대학생들의 한
달 평균 용돈은 38만 원이며 평균 데이트 비용은 4만 6천 원이다. 그
렇기 때문에 많은 대학생들은 연애를 포기하고 이별을 통보해야만
하는 연애 상실의 시대에 살고 있다.

스펙증후군

스펙이 지나치게 중시되면서 스펙만 좋으면 반드시 취업에 성공한다
는 강박관념과 스펙이 부족해 취업에 줄곧 실패한다고 자책하며, 다
른 구직자들보다 더 좋은 스펙을 얻기 위해 몰두하는 현상을 지칭
한다.

금턴

금턴은 금과 인턴을 합친 신조어로 과거 인턴은 잔심부름이나 잔업
처리에 지나지 않았으나 최근 인턴은 정규직으로 전환되기 이전의 임
시직으로 여겨지면서 인턴이 취업을 위한 필수적인 스펙 중 하나로
여겨지고 있다.

스타일쉐어

스타일쉐어는 내년 초 정식 오픈을 앞두고 있는 패션 전문 SNS로 25살 윤자영 씨가 대표다. 유행에 민감하고 SNS를 주로 이용하는 20대들이 주 대상이 되고 있으며 일상 속의 패션 사진과 의류정보를 공유하는 특징 덕에 인기를 끌었다.

알부자족

원래 실속 있는 부자라는 뜻이지만, 알바로 부족한 학자금을 충당하는 학생들을 뜻하는 반어적인 표현으로 현재 대학생들이 놓여 있는 현실을 반영한 단어이다.

어브로드족

어브로드족은 취업을 위해 필요한 취업 필수요소들을 따내기 위해 어학연수, 해외인턴십, 교환학생, 해외체험프로그램 등 해외로 눈을 돌리는 사람들을 말한다.

간장남녀

짠순이처럼 최대한 절약하며 자신을 꾸미는 여성 소비층을 가리키는 말로 실속 위주의 합리적인 소비를 즐기는 사람을 뜻하며 된장녀와 반대의 신조어이다. 주로 20~30대 여성 소비층을 뜻하지만 주머니 사정이 여의치 않은 20대 여성들이 대부분이다.

취톡 팸

채용 등 취업 정보를 카카오톡이라는 스마트폰 메신저를 통해 실시간으로 주고받는 모임을 뜻하는 신조어이다.

여성의 뷰티_{beauty}에 해당하는 남성의 미용용어로, 마부_{groom}가 말을 빗질하고 목욕을 시켜 주는 데서 유래하였다. 패션과 미용에 아낌없이 투자하는 남자들을 가리키는데, 이들은 자신을 돋보이도록 하기 위해서는 피부와 두발, 치아 관리는 물론 성형수술까지 마다하지 않는다. 외모와 패션에 신경을 쓰는 메트로섹슈얼족이 늘어나면서 그루밍족도 갈수록 증가하는 추세이다. 이러한 현상을 반영하듯, 인터넷 사이트에도 남성 회원들이 패션과 미용에 관한 정보를 교환하는 동호회가 점차 늘고 있다. 이들이 동호회에서 나누는 정보는 해외 매장에 대한 정보와 명품 의류 수선법 등과 관련된 것들이 주를 이룬다. 그루밍족의 등장 배경으로는 여권女權 신장으로 인한 남성들의 사회적 영향력 감소를 들 수 있다. 여성들의 사회참여가 갈수록 활발해지면서 남성들은 상대적으로 사회적 영향력이 줄어들게 되었고, 이에 따라 남성들도 신체자본이라고 표현되는 외모를 잘 갖추어야 성공할 수 있다는 사고가 자리 잡게 된 것이다. 또 이러한 그루밍족이 쓰는 상품들을 그루밍 상품이라고 한다.

되새김녀

술자리에서 술을 입에 머금은 후 물컵 등등에 다시 뱉어 술 마시는 척만 하는 여자를 일컫는 말.

끝판왕

2010년 남아공 월드컵에서 가장 유력한 우승 후보였던 스페인을 일컫는 말이다. '종결자'라는 단어와도 비슷한데, '종결자'는 이보다 더한 것이 나올 수 없다는 뜻으로 사람에게 빗대어 쓰는 말이다. 또

'끝판왕'도 모든 것을 끝내는 해결사라는 의미로 종결자와 비슷하다. 예를 들면, 급식 끝판왕, 공항패션 끝판왕과 같이 쓰인다.

갑 甲

사전적 정의로는 십간에서 첫 번째에 위치하는 천간이다. 양목_{오행에서} _{양에 속하는 목}이고 만물지상에 출생의 뜻이 있다. 갑과_{甲科}·을과_{乙科}와 같이 등급을 매길 경우는 첫째를 나타내며, 갑제_{甲第}·갑족_{甲族}과 같이 최상·일류를 나타내는 데 쓰이기도 한다. 요즘에는 'xx에는 ~이 갑'이라고 많이 쓰이는데 예를 들면 '토론에는 진중권이 갑', '국민여동생은 아이유가 갑' 이런 식으로 쓰인다.

성발라

성시경+발라더의 준말로 가수 성시경의 별명. 2007년에 발매된 토이의 6집 〈Thank you〉의 수록곡 '뜨거운 안녕'을 최근 싸이가 리메이크했고, 떠나간 사랑을 그리는 싸이의 현실적인 랩과 부드러운 성시경의 목소리로 같이 뜬 별명이다.

건어물녀

연애를 포기한 여성을 뜻한다. 원래는 만화 〈호타루의 빛〉의 주인공 아메미야 호타루의 생활상을 가리키는 말로, 현재는 연애를 포기한 20~30대_{미혼} 여성을 뜻하게 되었다. 건어물녀의 특징은 직장에서는 완벽하고 세련되고 깔끔한 외모를 보이며, 다른 사람에게 친절하고 일처리도 빠르고 정확하다. 반면에 퇴근 후 집에 돌아와서는 외모도 가꾸지 않고 청소도 하지 않은 채로 맥주에 오징어 등 건어물 안주를 곁들어 먹고 애완동물만을 벗삼는 미혼 여성이다. 주말에도 피곤에 쌓여 잠만 자다 보니 점점 연애에는 관심이 없어지는 등 마치 건어물처럼 연애 세포가 바싹 말라버렸다고 느낀다.

깨방정

깨방정은 깨_{참깨, 깨다}와 방정_{철이 없거나 방정맞은 말이나 행동}이 합성된 말이다. 볶는 깨가 프라이팬에서 튀듯이 방정을 떠는 것, 행동이 방정 맞고 경망스러워서 훼방하는 것, 또는 그와 비슷한 행동을 뜻하는 것으로 쓰인다.

깨알같은

사소하거나 별 것 아닌 것을 유머로써 웃음을 줄 때 사용하는 단어이다. 즉 매우 재미있는 상황이 아니라, 보통은 그냥 넘어갈 상황인데 왠지 모르게 재미있는 상황일 때 쓰인다. 주의할 점은 '깨알같다'와 같이 붙여서 써야 한다는 것이다. '깨알 같다'는 '매우 작다'라는 뜻이다.

D라인

복부비만인 사람들의 바디라인을 일컫는 말. 요즘 들어서는 임산부가 만삭일 때 바디라인 모양을 나타내기도 한다.

훈남

'보고 있으면 훈훈해진다'라는 뜻으로 '훈남', '훈녀'라는 말이 생겨났다. 미남, 미녀라는 뜻과 비슷하지만 미남, 미녀라는 단어보다 더 광범위한 개념을 포괄하는 단어. 남자의 마음씀씀이가 착하고 정이 많고의 여부와는 상관없이 상대방의 마음과 눈을 훈훈하게 해준다는 의미이다.

활용된 예문으로는 1. [훈남]이를 보니 안구가 정화되는 것 같다. 2. [훈남]이의 사진을 보면서 분노를 달랜다. 3. 박지성은 미남은 아니지만 하는 짓이 예쁘고 귀엽고 매력적이므로 [훈남]이다.

빵 터지다

'웃음이 빵 터진다'라는 말의 준말이다. 웃음이 빵 터진다는 것은 뭔가가 빵! 하고 터지듯이 웃음이 터지는 것_{갑자기 웃음이 나는 것}을 말한다.

돌직구

본래 돌직구의 의미는 프로야구에서 오승환이 던지는 시속 150km에 가까운 직구를 이르는 말이다. 너무나 묵직한 공이라 사람들은 "공 대신 돌을 딘진다"며 오승환의 공을 돌직구라 칭하였는데, 일상생활에서도 이 돌직구란 말이 쓰이고 있습니다. 말을 에둘러 하지 않고 상대방의 가슴에 팍팍 꽂히는 '직설'을 돌직구라 칭하고 있는데, 이는 그냥 직설이 아닌 상대방이 당황해서 대꾸 못할 정도로 강력한 '독설'에 가까울 때 돌직구란 말을 쓴다.

모쏠

태어나서부터 지금까지 한 번도 이성 간의 교제를 하지 않은 채 티끌 하나 묻지 않고 굳건히 솔로의 길을 걸어온 사람들을 '모태솔로', 줄여서 '모쏠'이라고 칭한다. '모태솔로'라는 〈개그콘서트〉의 한 코너로도 나와서 인기를 끌었다. 특히 연애의 관심이 많은 대학생들 사이에서 이 단어가 많이 쓰인다. 흔히 우스갯소리로 25년 동안 연애를 한 번도 해보지 못한 모태솔로인 사람은 마법사가 되어 마법을 쓸 수 있다는 등의 이야기를 하면서 놀리거나 신기한 사람이라고 칭한다.

"약 빨았네"

흔히 일상생활에서 말도 안 되거나, 혹은 미친듯이 웃기는 드립을 치는 사람에게 하는 말이다. 요즘에는 이렇게 "약 빨았네"라고 칭함을 받는 사람들이 많은 주목을 받고 있다. 대표적으로, UV가 그랬고, 유명한 웹툰 작가 이말년을 비롯해 축구 웹툰 〈샴의싸컷〉, 야구 웹툰 〈불암콩콩코믹스〉 같은 경우도 약을 빤듯한 내용으로 많은 사랑을 받고 있다. 이전에는 이렇게 말도 안 되는 드립을 보면 사람들은 욕을 하기 바빴지만 이제는 많은 사랑을 받는 것을 보면 사람들의 선호하는 콘텐츠들도 변화하는 것을 알 수 있다.

삼포세대

경제적 여건상 '연애와 결혼, 출산' 세 가지를 포기한 세대를 뜻하는 신조어로 학창시절에는 학자금 대출, 졸업 후에는 낮은 연봉으로 결혼, 출산 등은 엄두도 내지 못하는 것이 요즘 대학생들의 현실이다.

등골탑

예전에는 대학 등록금을 위해 소나 논을 팔아 대학이 곧 '우골탑牛骨塔'이라는 말이 있었지만 현재는 우골탑을 넘어 부모님의 등골을 뺀다는 뜻으로 대학의 높은 등록금이 큰 문제로 자리 잡고 있다.

생활스터디

같은 목표를 가진 취업준비생들이 같이 살거나 하루의 거의 모든 일과를 함께하며 지식과 정보를 공유해 학습효과를 극대화시키는 것을 의미한다. 공무원이나 임용고시 준비생에서 일반 기업체 입사와 토익 점수 올리기까지 그 영역을 넓히고 있다. 현재 취업카페에서는

'샌스_{생활스터디의 줄임말}구해요'라는 내용의 글들을 쉽게 찾을 수 있다.

에코세대

1977년부터 1997년 사이에 출생한 베이비붐 세대의 자녀세대. 1950~
1960년대에 태어난 세대를 베이비붐 세대로, 1965~1976년에 태어난
세대를 X세대라고 한다면 1977~1997년 사이에 태어난 세대를 에코
붐 세대라고 한다. 산 정상에서 소리치면 얼마 후 메아리_{에코}가 되돌
아오듯 전쟁 후의 대량 출산이라는 사회현상이 수십 년이 지난 후에
2세들의 출생붐이라는 메아리를 만들었고 베이비붐 세대가 낳았다
고 해서 이러한 이름이 붙었다. N세대, Y세대도 에코붐 세대에 해당
한다.

Homo Boundless

4. 경계 없는 신인류의 탄생

"

경계 없는 신인류가 탄생했다. 학교 과제 제출과 대외활동 미션 클리어, 파티와 놀이, 개인 취향 및 브랜드 만들기 중 그 어느 것도 포기할 수 없는 20대는 밤과 낮을 개의치 않고 시간을 사용하기 시작했다. 혜성같이 등장해 날개 돋친 듯 팔리고 있는 에너지음료의 도움으로 클럽과 도서관, 페이스북, 카카오톡, 트위터의 타임라인은 늘 북적였다.

이들이 시간 사용법을 변화하자 카페 등 장소 제공자들도 24시 영업을 내걸고 이에 대응하기 시작했다. 시간뿐만이 아니라 동시에 여러 가지의 일을 행해야 하는 이들의 라이프스타일에 맞춰 다기능을 하는 맞춤 카페들도 생겨났다.

활동성을 유지하면서도 어떤 상황에나 어울리는 멋진 스타일로 무장하고, 효율적 줄임말로 감정교환 및 예술까지 하는 경계 없는 신인류, 네버스톱 20대를 표현하기 위해서는 새로운 명칭이 필요한 것 같다.

"

미래 신인류에 대한 어떤 예언

지금부터 어떤 신인류에 대한 예언을 들려줄 것이다. 모든 역사에는 이유가 있기 마련이고 진화의 측면이 있으므로 이들에 대한 가치 판단을 하지 않고 관찰할 것을 주문하겠다. 이 신인류의 핵심은 '시간의 제약이 없다'는 것이다. 작은 알약 하나에 대륙 간 이동을 하는 공간이동이나 전자 기판에 시대를 입력하면 과거로 데려다 주는 타임머신은 아닐지라도, 모험보다 시간의 경제적 가치에 많은 권력을 부여한 우리의 오늘을 상기한다면 분명 인간 라이프스타일의 혁명이자 혁신이 일어난 것이라 말할 수 있다.

변화는 시간의 경계를 허물고자 하는 '의지'의 인간들에게서 시작됐다. 이들은 대체로 수면 및 휴식 시간을 없애고 싶어 했다. 수면 박탈에서 오는 신체 변화와 건강 악화는 근거가 없거나 크게 신경 쓰지 않아도 된다는 주의의 업체들이 의사 처방 없이 구할 수 있는 수면 제거제를 출시, 날개 돋친 듯이 팔렸다. 신인류에게 인간의 생체리듬이란 것은 더 이상 어찌할 수 없는 성역이 아니었으므로 일출, 일몰 시간에 상관없이 자신의 일정을 관리하고 싶은 욕망을 갖게 됐다. 이들의 하루는 '오전은 학교생활 혹은 직장생활 – 오후는 가정생활 – 늦은 저녁은 자기계발 및 취미생활'이라는 단순한 사이클을 벗어나 기괴하리만치 다양한 것들로 꾸며져 있었기 때문에 고전적인 수면과 기상의 법칙을 따르는 것에 한계를 느낄 수밖에 없었다.

공간에 의해 생활 패턴이나 맡아야 하는 역할이 달라졌던 과거와는 다르게 이들은 자신이 경제적 혹은 심리적으로 소유한 장소, 예를 들어 '집'에 큰 의미를 부여하지 않고 외부공간에서 집에서 하는 일련의 행동들을 했고, 반드시 특정 장소에서 행해야 하는 행위, 예를 들어 '학교에 가서 공부를 한다'를 지키지 않고 외부공간에서 놀이와 경제활동과 배움을 동시에 진행하는 행태를 보였다. '내가 원하는 곳이면 길거리도 바$_{bar}$가 된다'는 것이 광고 멘트의 단순한 패러디가 아니라 현실이 된 것이다. 이들의 역할이라고 하는 것은 해당 공간에서 자연 발생하는 내용적인 측면을 따르지 않는다. 이들은 집에 가면 자식이 되고 학교에 가면 학생이 되는 것이 아니라 왼손에 신체의 일부분처럼 장착된 사각형의 '실시간 커뮤니케이터'를 통해 정체성을 확립하고 관계를 이어나갔다. 실시간 커뮤니케이터는 한 인간이 아바타로 존재하는 드라마틱한 가상의 세계라기보다는 '실시간 생활 레코더'에 가까운 것으로 시공간의 제약 없이 내 생활을 기록하고 공유해 결국에는 감정적이고 심리적인 관계 또한 가능하게 만들었다. 이들은 실시간 커뮤니케이터로 시공간, 네트워크를 자유자재로 넘나들며 효율의 극대화를 맛봤으며 외롭지도 않았다. 가판대의 신문이나 두꺼운 인문학 서적 대신 '10분용' 혹은 '이동용'으로 나온 읽을거리, 볼거리, 즐길거리들이 쌓여갔고, 길을 걸을 때조차 실시간으로 생활을 기록해 공유해야 했기 때문에 시야를 확보할 수 없어 개인용 보행 보조기와 충돌을 막을 수 있는 트랙을 설치하자는 것에 대한 국가적 논의가 있었다.

누군가는 지금쯤 신인류에 대한 어떤 오해를 할 것 같다. 마주치는 행인과 눈인사를 나누는 낭만도 없고 사각형 기계로 실제의 삶의 대체하는 인간성 상실의 존재 따위로 말이다. 하지만 방점은 '효율의 극대화'에 찍힌다. 더불어 이들을 규정하는 특질로 '시간의 제약 없음'에 이어 역동성을 꼽는다면 연상되는 이미지가 달라질 것이다. 기억하는가. 이들은 고전을 답습하지 않고 자발적으로 개인맞춤형 24시간을 기획하며 장소의 기능마저 뒤바꿨다. 손을 대기만 하면 돌이 금으로 변하는 연금술사처럼 이들은 생체리듬과 시간 사용의 규칙을 변화시켰으며, 사용하는 장소의 쓰임을 변형시켰으며, 정체성을 만들고 네트워크하는 새로운 판을 창조해 냈다. 이보다 더 에너제딕한 존재를 본 적이 있는가.

신인류에 대한 이야기를 하고 있어도 이 '퀴즈'를 읽어 나가고 있는 것은 결국 과거의 우리이기 때문에 한 인간을 판단하는 고전적 잣대, 겉모습과 언어를 동원해 보겠다. 이들은 공유하는 집단적 감각과 큰 경제적 부담 없이 획득할 수 있는 풍부한 자원 덕분에 대체적으로 잘 꾸미고, 스스로의 스타일을 창조하는 것에 익숙했다. 신인류의 다수가 같은 아이템을 착용했을지라도 이를 개성의 획일화로 단정하기보다 '공동의 필요' 측면에서 해석하는 것이 맞는데 이것은 역동성, 활동성이 확보된 아이템을 장착하여야 했기 때문이다. 시간과 공간의 다양성을 주도하는 이로서 신어야 하는 편한 신발, 갖춰 입어야 할 자리와 편하게 쉬어야 할 자리 모두에 어울리는 코디. 기능성을 고려하면서도 이성적인 매력을 낮추고 싶지 않은, 이들의 하루처럼 다양한 욕망을 모두 표현하고 있는 것이 이들의 겉모습이다. 디자인 물품을 제작하다 소품이 옷에 걸려도, 공업용 물감이 튀어도 멀쩡해 보이는 워크셔츠에 드레시한 미니스커트를 매치하고 차분한 톤의 운동화와 착용감이 좋은 재킷으로 하루의 코디를 완성하는 식이다.

신인류에 의해 새로운 언어가 발생하는 것은 자연스러운 현상이었다. 이들은 언어 사용의 핵심을 소통 그 자체보다 소통의 효율에 뒀다. 앞서 말한 실생활 커뮤니케이터는 기본적으로 음성 언어가 아닌 문자 언어를 바탕으로 했기 때문에 누가 얼마나 잘 커뮤니케이션하느냐는 문자 언어를 상대와 공유하는 '속도의 문제'로 귀결됐다. 이들은 속도에 뒤처지지 않으면서 감정까지 표현할 수 있는 다양한 언어의 방법들을 고민하고 발명했다. 일련의 감정언어는 고유 스위치에 저장이 되어 누르기만 하면 발사가 됐고, 과거의 언어보다 입력시

'Campus Satorialist'
〈대학내일〉 NO. 626 FOCUS
Photo by 배승빈, 이상민

간이 두세 배 짧아진 단어들이 새 단어로 등록되기 시작했다. 그렇다면 문학이라는 장르는? 단순하고 거친 표현으로, 아주 짧은 시 형태만 남게 됐다. 효율을 중시하는 이들은 대단히 함축적이거나 추상적인 함의를 가진 단어를 선호하지도, 정신적인 측면에서 필요로 하지도 않았다. 생활의 풍요를 달성하는 데 필요한 딱 그만큼의 통찰과 위트를 가진 창작물이면 그들에게 예술로서 기능할 수 있었다.

퀴즈의 정답은, 2012년 대한민국의 20대 '호모 바운드리스(Homo Boundless)'

숲 안에 있으면 숲을 보지 못한다. '낯설게 하기'는 객관화의 탁월한 방식이다. 실제로 2012년 대한민국의 20대는 신인류의 탄생이라 부를 만큼 대단히 새로운 모습으로 삶을 영위하고 있었다. 그들에게 주어진 다양한 자원을 활용해 세상이 그들에게 요구하는 다양한 미션들을 '클리어'하며 괴물이 되지 않고 신인류로 살아 남았다.

경계 없는 20대가 창조하는 경계 없는 세계

2012년 대한민국 20대가 직면한 하루의 과업을 정리해 보자. 이제는 일반화된 복수전공, 이중전공 커리큘럼을 소화하다 보면 개강 보름 후에 서서히 과제가 밀려와 범람하기에 이른다. 장학금 및 취업 지원 시 자격을 위해 반드시 유지해야 하는 학점이 있기 때문에 시험기간 밤샘노력 또한 일반적이다. 학교생활만으로는 경험이 충분치 않아 선택한 대외활동도 해야 한다.

특히 기업들이 보상의 조건을 내걸고 모집하는 마케팅·홍보 서포터즈의 경우에는 주어진 시간 안에 끝내야 하는 단계별 미션들이 대기하고 있다. 학교 안에서는 과제해결을, 학교 밖에서는 미션클리어를 위해 힘써야 하는 것이다. 학업과 생활을 위해서는 경제적 활동도 해야 하고, 인간성과 최소의 품위를 유지하기 위해서는 놀이활동도 필요하다. 개인에 따라 다르겠지만 이 모든 것을 포기하지 않고 관리해 나가겠다는 것이 지금 20대들의 입장이다. 이렇게 다양한 과업들은 일찍 자고 일찍 일어난다고 해결되는 것이 아니며, 심지어 늦게 자고 일찍 일어난다고 해결되는 것도 아니다. 주로 팀플로 진행되는 과제와 미션 토의는 다양한 하루 일과를 가진 팀원들의 일정에 맞추다 보면 상상도 할 수 없이 애매한 새벽시간에 네이트온 메신저를 통해 이뤄진다. 페이스북과 트위터, 카카오톡의 타임라인을 보면 이들은 수면의 때와 양을 자유자재로 조절하고 있는 듯하며, 이런 생활이 지속될 수 있다는 것은 곧 본인의 생체리듬을 간파하여 수면의 질적인 측면까지 컨트롤하고 있는 것처럼 보인다.

언제부턴가 알람이 울리면 놀란 듯 벌떡 일어나는 버릇이 생겼다. 나는 최대한 6시간 이상은 안 자려고 노력한다. 그래도 무려 인생의 4분의 1을 꿈만 꾸며 허비한다고 생각하니 내 인생이 아까워서 미쳐버리겠다. 학원이 끝나고 스터디 전까지 약 1시간의 점심시간엔 아주 많은 것을 할 수 있다. 나는 김밥 한 줄을 사 들고 카페로 향한다. 아메리카노를 한 잔 시켜 제일 구석진 자리에서 1시간 동안 할 일을 정리한다.

먼저 해외봉사활동 지원서 작성을 마쳐야 한다. 현재 하고 있는 S기업 서포터즈 활동이 끝나고 바로 시작할 수 있는 대외활동을 준비해야 하기 때문이다. 대외활동 지원서를 보낸 후 토플 영어 강의를 듣는다. 하나에 20분씩이라서 40분이면 2개를 들을 수 있다. 저녁식사는 선배를 만나 함께하기로 했다. 선배는 교환학생을 가기 위해 준비해야 할 목록을 집어주고 도움이 될 만한 자료를 이메일로 보내주겠다고 약속했다. 또 자신이 했던 상급 영어 스터디에 이끌어 주겠다고 했다. 이런 선배가 있어 얼마나 든든한지 모르겠다. 저녁을 먹고 S기업 서포터즈 회의에 참석했다. 늦을 뻔했지만 가까스로 제시간에 도착! 이제 나는 최대한 프로페셔널하게 회의에 임한다. 무언가 중요한 일을 하고 있는 이 느낌이 정말 좋다. 집에 들어오자마자 컴퓨터 앞에 앉는다. 페북에 오늘 선배와 먹었던 맥시코 요리 사진을 올린다. '정말 좋은 사람과의 좋은 시간'이었다고도 쓴다. 오늘 서포터즈 회의 사진도 올린다. 어

'시험 외에도 우리가 잠 못 드는 이유' 〈대학내일〉
NO. 626 NEWS Photo by 양태훈

머, 도촬당했어. 그것도 모를 정도로 내가 얼마나 열정적이었는지를 남들 앎? 흐뭇한 기분으로 다른 사람들은 어떻게 살고 있는지 관찰한다. 더 좋은 대외활동이 있는지도 본다. 벌써 1시네. 잠자리에 든다. 아, 내일도 더 열심히 살자!¹

시간 단위, 분 단위로 시간을 쪼개어 쓰는 이들에게 한 가지 일에 오랜 시간을 집중하는 행태는 불가능할 뿐만 아니라 생활패턴에 맞지도 않는다. 이들의 하루 놀이와 상식의 분량을 채워 주는 것은 그래서, 초유의 인기를 구가하고 있는 카카오톡의 '애니팡'과 '아이러브커피' 같이 짧은 시간 내 즐길 수 있는 게임이나, 1분 안에 볼 수 있는 웹툰 혹은 '한입에 쏙 들어가는 15분짜리 철학적 대화!'라는 슬로건을 가진 『철학 한입』데이비드 에드먼즈 외, 열린책들, 2012과 같은 콘셉트의 책들이다. 2012년 10월, 대학내일20대연구소www.20slab.org에서 전국 대학에 재학 중인 남학생 760명을 대상으로 조사한 결과, 94%의 학생들이 스마트폰을 이용한다고 말한다. 스마트폰으로 하는 것은 SNS, 게임, 웹툰 감상, 신문 기사 확인 순이었다. 설문조사에서 SNS 이용자는 81%나 됐다. 페이스북과 카카오톡의 사용 자체가 수면을 하지 않게 만드는 요인 중 하나가 되기도 한다.²

'잠 안 온다. 안 자는 사람 손?' 페북에 상태를 업데이트하자마

1. '잉여퀴 업댓몬', 〈대학내일〉 NO. 606 NEWS.
2. '스마트한 폰 멍청해진 관계', 〈대학내일〉 NO. 616 NEWS.

자 댓글이 옥수수알 떨어지듯 우수수 달린다. 에헤라디야(!) 우리 같이 이 밤을 지새워 보자꾸나. 댓글에 댓글이, 그 댓글에 또 다른 댓글들이. 페이스북과 카톡은 새벽 3시에 대놓고 반항한다. 하지만 해가 뜨는 아침에는 무릎 꿇는 루저가 되고 말지. 카톡도 쉴 새 없다. 그것도 그룹 카톡에서 다같이 대낮처럼 대화하고 낄낄대고 있다. 똑바로 누워서 폰 들고 있느라 팔이 아플 땐 옆으로 자릴 바꿔서 한 팔씩 무게를 옮겨 준다. '노.하.우(납득이 말투로)'.[3]

물론, 에너지음료의 영향력을 간과할 수는 없다. GS25에 따르면 대학가 인근 점포 50곳의 에너지음료 판매실적은 올 들어 전년 동기 대비 1월 384.3%, 2월 438.2%, 3월 821.1%의 폭발적인 증가세를 보이다가 중간고사 기간이 포함된 4월엔 무려 1316.5%까지 늘었다. 보광 훼미리마트의 경우도 대학 내 154개 점포 매출을 분석한 결과, 기말고사를 앞둔 6월 초 매출이 5월 마지막 주 대비 93.4% 증가한 것으로 나타났다. 이는 2011년 같은 기간과 비교하면 무려 13배 이상 늘어난 수치다.[4]

대학생들이 즐겨 찾는 학교 커뮤니티에는 '에너지음료 조제법'이라는 제목의 글이 인기를 끌었다. 탄산, 이온 음료 및 각종 주류와 에너지음료의 미각적 궁합과 각성 효과의 정도에 대한 짧은 안내서였는데, 직접 맛본 레시피에 대한 댓글이 수없이 달리는 것에서 한때 미국에서 학업 및 밤샘 파티를 위해 쓰이던 에너지음료가 대한민국 대학생의 학업과 놀이생활에 얼마나 깊숙이 침투했는지를 알 수 있다.

....

3. '시험 외에도 우리가 잠 못 드는 이유', 〈대학내일〉 NO. 626 NEWS.
4. '에너지음료에 빠진 학생들…판매량 1년새 20배 폭증', 「헤럴드경제」, 2012.6.14.

시간을 넘나드는 이들을 수용하는 장소들의 변신도 눈부시다. 먼저 수적인 변화를 보면 편의점과 패스트푸드점뿐만이 아니라 프랜차이즈 카페의 노력이 돋보인다. 탐앤탐스의 경우 2005년 압구정로데오점을 시작으로 현재 전국 340개 매장 중 24%인 81곳이 24시간 영업을 벌인다. 24시간 매장 수는 2005년 1개에서 2009년 48개, 2012년에는 81개까지 늘었다. 서울 종로구 혜화동 대학로점, 강남구 도산사거리점·로데오본점, 서대문구 신촌로터리점·신촌점 등 유동인구가 많은 거리와 대학가 등이 공략 지역이다. 카페베네는 2009년 11월 동대문시장 상인들을 겨냥해 동대문역사문화공원점에서 처음 24시간 영업점을 시작, 현재 서울 내 267개 매장 중 15곳5.6%, 전국 817개 매장 가운데 27곳3.3%이 24시간 영업을 한다. 엔제리너스커피는 서울 전체 150여 개 매장 중 홍대역·강남역·신논현역 등 19곳13%에서 24시간 영업에 나서고 있는 실정이다. 커핀그루나루는 100개 매장 중에서 청계천·대학로·청담동 등 주요 상권에 위치한 14개 매장이 24시간 매장이다. 이 중 경희대점은 심야 상권이 워낙 발달해 있어 개장 이후에 24시간 체제로 바꿨다. 카페베네 등 다른 커피 체인점들도 24시간 운영 매장을 매년 늘려가는 추세다.[5]

동시다발적으로 다양한 과업을 수행하는 20대들을 위한 공간은 내용적인 측면에서도 변화해야 했는데, 친목을 위한 수다와 세미나 및 강연, 무료 음료, 책과 함께 최신 디지털 제품까지 체험하는 복합공간 영삼성 라이프카페www.youngsamsunglife.com와 강연 및 스터디를 카페와 접목시킨 강연 전문 기업 마이크임팩트 카페 M SQUAREwww.msquarecafe.com가 선례라 할 수 있다.

5. '커피전문점, 24시간 OPEN… 잠못드는 서울', 「이투데이」, 2012.10.4.

활동성을 포인트로 한 20대의 겉
모습은 치마에 레깅스, 운동화를 매
치하는 여대생들의 '뉴발란스 운동
화 열풍'에서 진화한 것으로 보인다.
여기에는 시공간의 경계를 넘나들
며 활동하는 20대들의 경향과 함께
다른 트렌드들의 영향도 미친 것으
로 해석된다. 첫째, '칩시크Cheap Chic[6]',
'쿨Cool청빈' 등의 트렌드 키워드로 표
현되는 저렴하지만 멋지고 가난하지
만 쿨한 패션은, 활동성과 기능성을
보장해 주는 캐주얼과 빈티지 믹스
매치 패션을 탄생시켰다. 그리고 이

영삼성 라이프카페 강연장 (사진제공=삼성생명)

M SQUARE 메디치 프라이빗 파티. 스터디 카페에서 파티와
강연 네트워킹을 함께 할 수 있다 (사진제공=마이크임팩트)

것은 '스트리트 패션'이라는 이름으로 멋지게 정의돼 퍼져 나갔다. 패
션업계는 스타일뿐만 아니라 각종 작업에 용이한 워크셔츠와 카무
플라주 재킷 등 워크웨어룩workwear look도 꾸준히 선보였다. 둘째, 마
라톤과 자전거를 넘어 아웃도어 활동에 관심을 갖기 시작한 20대
를 겨냥한 아웃도어 패션 시장의 엄청난 마케팅 측면의 노력이 있었
다. 대부분의 브랜드가 고가의 제품을 내놓았기 때문에 20대 소비
자들의 실질적 구매로 이어지진 못했지만 아웃도어룩 스타일 자체에
대한 관심을 높이는 역할을 해, 특히 록페스티벌 현장에서 스트리트
패션의 진화 단계로서의 아웃도어 믹스매치룩을 발견할 수 있었다.
2012년 기준으로 대한민국에서는 약 스무 개의 록페스티벌이 열렸고

6. 한국트렌드연구소, 『2012 메가트렌드 인 코리아』, 중요한현재, 2011.

드넓은 록페스티벌의 현장을 점령한 것은 20대였다. 아웃도어 믹스매치 스타일의 개수를 세어 보자면 입는 사람 수만큼이 되겠지만 그중에서도 딱 하나 재미있는 패턴을 뽑으라면 20대 여성의 시스루룩이다. 과감한 의상을 택해야 하는 록페스티벌과 파티의 대중화에 힘입어 여성성을 강하게 어필하면서도 활동성을 보장하는 '더 자유로운 형태'의 시스루룩이 등장했다. 록페스티벌의 하위문화였던 테이크아웃 칵테일은 경계 없는 20대들의 라이프스타일과 찰떡궁합을 이뤄 홍대, 이태원 등 젊음의 거리에 스트리트 매장으로 오픈되기도 했다.

다음은 인간의 의식을 지배하고, 또 의식을 가장 잘 반영한다는 언어생활에 관한 것이다. 이미 우리는 한두 가지 정도의 표현을 애정하며 사용하고 있을 것이다. 경계도 없고 시간도 없는 20대 인간의 신언어를 한 단어로 요약하면 문자언어의 '줄임말'이 되겠다.

'웃프다 = 웃기면서 슬프다'는 뜻이다. '안물, 안궁 = 안 물어봤고 안 궁금하다' 듣기 싫다는 뜻이다. '광탈 = 미친 듯이 탈락' 넓게는 탈탈 털렸다, 실패했다 정도의 뜻으로도 쓴다. '답정너 = 답은 정해져 있고, 넌 말하기만 하면 된다'는 왜 이렇게 눈치가 없냐는 뜻이다.

카톡이 국민 어플이 되면서 줄임말 사용은 더욱 활성화됐다. 눈 앞의 빠른 흐름에 익숙해지면 엄지를 오래 놀리기엔 너무 조급하다. 조금만 길게 써도 이미 글은 넘어가고 없다! 숫자 1이 없어지기 전에 어서 다음 문장을 써야 한다. 짧은 순간에 자신의 마음과 현재의 상황을 센스 있게 표현해야만 사람들에게 반응을 얻을 수 있다. SNS에서도 마찬가지다. 트위터나 페이스북에서 빠른 속도로 내려가는 최신 목록에서 살아남기 위해서 짧고 강한 표현은 필수다. 시간과 돈을 절약하기 위해 줄임말을 쓰던 시대는 지났다. 문자 80byte를 넘어서면 멀티메일로 넘어가서 한 글자라

우리가 즐기는 것, 하상욱의 단편시집 『서울시 1, 2』

종이책이 아니라 전자책이다. 출판사 이름은 小小쿨, 일명 '애니팡 시인'으로 알려진 저자 소개란에는 소와 개와 말 그림이 있다. 15편의 시는 SNS를 통해 빠르게 퍼져 나갈 만큼 짧고, 위트와 감성을 모두 겸비했다고 극찬을 받으며 이슈로 떠올랐다.

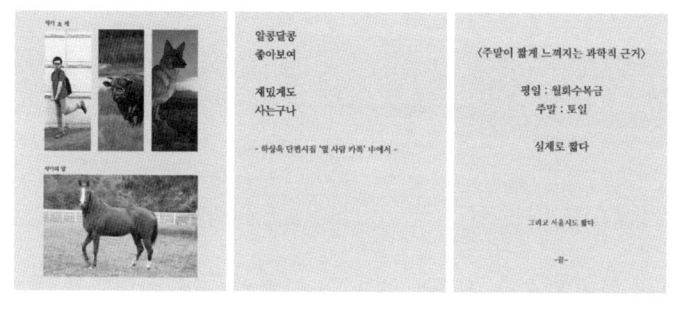

도 줄이기 위해 애쓰던 사람들은 어느새 말을 줄이는 행위 자체에 열중하게 됐다. 이제 줄임말은 단순한 말의 줄임, 사전적 의미 그대로의 무미건조한 단어가 아니라 그 안에 신문화를 담고 있다.[7]

---

7. '새로 줄임말을 맹그노니 사람마다 수이 여겨 널리 쓰시기?', 〈대학내일〉 NO. 611 NEWS.

2013년 전망 : 시간을 지배하던
호모 바운드리스_{Homo Boundless} 불안과 직면하다.

20대의 경계 없음은 시공간 및 SNS 사용의 효율 극대화를 향하고 있고 이는 경쟁사회에서 충분히 경제적 가치가 있는 것으로 보인다. 시간을 잘게 나누어 쓰며 페이스북 등 SNS의 업데이트에도 열성인 이른바 '업뎃몬_{업데이트 몬스터}' 부류는 그렇지 않은 유형의 사람들보다 많은 성과를 내고 다양한 네트워크를 만들 수 있으며 새로운 기회를 잡을 수도 있다. 실제로 대학생 대외활동의 고수라 불리는 이들 중에는 업뎃몬 성향의 사람들이 대부분이고, 업뎃몬 시절에 몸에 익힌 효율과 관계의 기술들과 시간 관리의 습관들을 바탕으로 사회적 기업 창업 등 보다 새로운 사회적 가치를 창출해 내기도 한다.

본래 '국경의 경계 없음, 성별의 경계 없음, 아이디어의 경계 없음' 등의 경계 없음은 자유로운 사고와 가능성을 나타내는 미덕으로, 최근에는 학문의 경계 없이 모든 지식을 두루두루 섭렵하고 통합하는 '통섭형 인재'와 같은 말이 탄생하기도 했다. 그렇다면 거시적으로도, 미시적으로도 진화하고 있는 경계 없는 20대는 정말 시간을 다스리는 자로, 다음 단계의 신인류로 명예롭게 자리 잡을 수 있을까?

글을 시작하며 이 신인류의 첫 번째 특질을 '시간의 제약이 없다'로 정의했다. 독자들은 처음 제시한 긴 퀴즈에 등장하는 마법의 약이 에너지음료인 것을 알았을 테고, 분명 에너지음료의 한계에 대해서도 들어봤을 테니 이쯤에서 부정적인 결론이 나올 것으로 예상할 것이다. 그러나, 여기 흥미로운 생체시계 실험이 있다. '시간생물학계'의 삼대 거장 중 한 명인 위르겐 아쇼프Juergen Aschoff 교수의 제자로 인간의 시간유형 연구를 선도하고 있는 틸 뢰네베르크Till Roenneberg 뮌헨 루트비히 막시밀리안대 교수는 '연령별로 수면 패턴이 다르다'는 것과 함께 '젊을수록 늦은 시간유형의 인간이 유리하다'라는 사실을 발견했다. 실험대상자들은 잠을 자지 않고 특정의 검사를 반복적으로 받아야 했는데, 이 끝없는 반복을 중단하고자 했던 대상자들은 빠른 시간유형들이었다. 그들은 더 이상 깨어 있을 수 없고 무조건 잠을 자야 한다고 했다. 그렇다면 논리적으로 그로부터 몇 시간 후에는 늦은 시간유형들에게도 똑같은 상황이 발생해야 하는데, 놀랍게도 그렇지가 않았다. 빠른 유형들은 늦은 유형들보다 더 빨리 수면 압력을 조성하는 듯했다. 그리고 빠른 유형들은 수면 부족에 시달릴 때 늦은 유형들과 동일한 정도로 늦잠을 잘 수 없는 듯했다.[8]

이 실험에 근거해 우리가 신인류로 불렀던 이들을 다시 설명하면, 20대 중에서도 생체리듬이 늦은 유형들로 늦게까지 깨어 있으면서도 수면 압력을 받지 않고 각종 타임라인에서 자유롭게 노니는 부류다. 이들은 늦잠과 같은 형태의 자유로운 수면 조절이 가능하니 낮과 밤의 경계 없이 자신의 생활을 디자인할 수 있으며 실제로 그렇지

----

8. 틸 뢰네베르크, 『시간을 빼앗긴 사람들』, 추수밭, 2011.

않은 이들보다 더 많은 시간을 보유하고 있는 것이다. 눈앞에 미래에 대한 무한한 가능성이 보인다. 20대 중 일찍 일어나는 새가 아니라 올빼미 유형의 청년들을 찾아 국가의 미래가 달린 일을 맡기면 되지 않은가! 그런데 한 가지 짚고 넘어가야 할 것은 이들이 에너지음료를 술과 섞어 마시는 취향을 가지고 있느냐 하는 것이다.

2006년, 미국에서는 거의 200여 종의 새로운 에너지드링크가 인기를 끌자 그 산업이 50% 성장하여 매출액이 거의 40억 달러에 이르렀다. 레드불은 미국 내 음료수 부문에서 편의점들의 세 번째로 큰 수입원이 됐다. 2007년에 펩시콜라와 코카콜라는 정식 브랜드 제품들보다 카페인이 두세 배 많은 음료수를 내놓았다.[9] 그리고, 2012년 10월 미국 식품의약국FDA은 '몬스터 에너지' 제품과 관련한 사망 사례 5건을 공개하고 조사가 진행 중이라고 밝혔다. 2011년 '미국 약물 남용 경고 네트워크'에 따르면 2005~2009년 미국에서 에너지드링크와 관련해 응급실을 찾은 환자는 10배로 증가했다. 원인의 44% 이상은 알코올 같은 것을 섞어서 마신 것이었다. 에너지드링크만을 탓하기 어렵지만, 2011년 『소아과학Pediatrics』 저널에 실린 논문 「에너지드링크가 어린이, 청소년, 청년의 건강에 미치는 영향」에 따르면 과다 섭취하면 심장이 너무 빨리 뛰는 심계항진, 간질 발작, 뇌중풍, 드물지만 돌연사를 일으킬 가능성도 있다고 한다. 이렇게 심각한 수준이 아니더라도 카페인 과다 복용의 건강효과로 불면증, 불안, 두통, 위장 문제, 체중 증가와 같은 문제가 생길 수 있다는 것이 구체적으로 검증됐다.[10]

9. 마크 펜 외, 『마이크로트렌드』, 해냄, 2008.
10. '고카페인 에너지드링크의 위험성', 「코메디닷컴」, 2012.10.31.

경계 없는 20대를 위해 카페들이 24시간 문을 개방한 것처럼, 사회의 각 부문들도 이들에 적극 대응하고 협력하기 위한 발상을 떠올리고 있을 것이다. 일례로, 2011년 미국의 메리어트호텔은 'My Marriot Hotel'이라는 소셜 게임을 페이스북에 공개하며 이 게임이 장차 실무 경험을 갖춘 인재를 충원하는 도구가 되기를 기대하고 있다고 밝혔다. 이 게임을 시작하면 호텔 레스토랑에서 주문이 밀린 문제를 해결한다든가, 요리 재료를 재고가 쌓이지 않게 사려면 얼마나 주문해야 할지와 같은 실무적 문제를 해결해 간다.[11] 학교에서는 수업시간에 스마트폰이나 노트북, 아이패드로 의견을 즉각 공유하고 나누는 SNS 활용 수업을 시도할 수도 있다.

모든 것이 해결됐다. "시간을 넘나들고 장소를 변화시키며 관계에는 충실하지만 에너지음료에는 의존적이지 않은 20대가 바로 우리의 신인류인 경계 없는 인간, 호모 바운드리스Homo Boundless다!"라고 말할 수 있으면 얼마나 좋을까. 그러나, 트렌드는 현상을 내 멋대로 재단하고 가능성을 선언하는 것이 아니라 현상을 깊게 읽고 합리적인 수준의 예측을 내어 놓는 것이다. 이 트렌드 보고서를 마무리하면서 강조해 깊이 들여다보고 싶은 것은 '호모 바운드리스의 불안'이다.

> 우리 사회 전반에 극심한 경쟁과 신자유주의, 실용주의가 득세하고 있는데 이러한 추세는 대학가에서도 그대로 나타나고 있다. 이런 시스템에 적극적으로 적응하면 업뎃몬이 될 것이고, 저항하거나 적응하지 못하면 잉여퀴잉여 바퀴가 될 것이다. 이 두 가지 선택이 얼핏 보면 상반되는 것처럼 보이지만, 심층적으로 보면 극심한 경쟁체제와 신자유주의가 만들어 낸 현상이라는 점에서 동전

---

11. 한국트렌드연구소, 『2012 메가트렌드 인 코리아』, 중요한현재, 2011.

'스마트한 폰 멍청해진 관계' 〈대학내일〉 NO. 616 NEWS
Photo by 이재학

의 양면과 같다. 업뎃몬이나 잉여퀴가 늘 불안하게 살아가는 것
은 유사하다.[12] 출처: 숙명여대 한국어문학부 권성우 교수

하늘의 축복을 받아 올빼미 유형으로 태어나 다른 이들보다 덜
자고 버틸 수 있는 20대가 있는 가하면, 이들이 머물도록 24시간 개
방한 카페에서 야간 아르바이트를 하는 것도 20대다. 사실 이들이
깊은 밤 집 밖을 나선 것은 경제력의 부족으로 안락한 주거환경을
확보하지 못했기 때문일 가능성이 높다. 고시원을 상상해 보라. 두
사람은 전혀 다른 입장으로 마주치지만, 시간의 경계를 무너뜨리는
것은 두 쪽 모두 마찬가지이고 이들의 불안은 같다.

연인 스멜인데 카페에 앉아 각자의 휴대폰만 보고 있다. 오랜만
에 친구들을 만난 술자리에서도 저마다 휴대폰을 보면서 SNS
로 다른 친구들의 근황을 체크한다. 실재 없이 문자로만 만나는
관계의 연장. 스마트폰은 풀가동 중인데 외롭고, 외로우니까 다
시 스마트폰을 잡는다. 요즘은 미팅할 때 '잠깐만 스마트폰 그만

12. '잉여퀴 업뎃몬', 〈대학내일〉 NO. 606 NEWS.

보자'고 말하고 시작하는 경우가 많다. 지하철 안, 같은 방향으로 가는 친구와는 말할 시간이 없다. 새로 나온 웹툰을 봐야 하기 때문이다. 서로에게 진득하게 집중할 시간이 없다. 나의 경험과 감상은 스마트폰이 대체한다. 본 것 없이 보일 것에 집착하다 보니 허세만 남았다. 2012년에 볼 수 있는 흔한 대학생의 모습이다.[13]

처음에 던졌던 퀴즈보다 앞서 던져져야 했고, 더 쉽게 답해야 했던 질문이 있다. 바로 이 '경계 무너뜨림이 시작되고 유지되는 이유가 무엇인가'하는 것이다. 이 경계 없음은 경계 없는 신인류 당사자들의 생활 만족도와 행복도를 높이고 있는 것일까.

절대로 시계를 보지 말라

하룻밤의 수면시간이 매우 짧았다고 알려진 토마스 에디슨Thomas Alva Edison이 남긴 명언 중 하나 "절대로 시계를 보지 말라. 젊은이가 알아두어야 할 말이다"는 호모 바운드리스의 계명으로 삼아도 손색이 없을 정도다. 하지만, 에디슨이 낮잠을 즐기는 낮잠 옹호자였다는 것을 기억하라. 올해 미국 〈허핑턴 포스트〉가 발표한 「행복하려면 꼭 버려야 할 15가지」에는 '무엇을 할 수 있다, 없다 하는 한정된 욕망과 변화에 대한 저항'이 포함됐다. 동시에 '통제하고자 하는 욕망, 공포, 다른 사람의 기대에 따라 살기'도 버려야 한다고 나와 있었다.

13. '스마트한 폰 멍청해진 관계', 〈대학내일〉 NO. 616 NEWS.

대학 축제의 진화, 지역주민을 껴안다

대학 축제라고 하면, 유명 가수의 시끄러운 공연 소리가 울려 퍼지고 주점이 캠퍼스를 가득 메워 불야성을 이루는 풍경이 흔히 떠오른다. 친구들에게 축제 때 뭐하냐고 물으면, 밤새 술 안주를 만들거나 학과 선후배들과 어울려 술을 마신다는 대답이 대다수일 정도다. 이 때문에 음주로 인해 사고를 당하고나, 아예 축제에 흥미를 잃고 일찍 집으로 돌아가는 학생들이 생겨나고 있다. 또한, 밤늦게 울려 퍼지는 공연 소리와 술 취한 학생들의 주정으로 인한 심야 소음에 대학가 주민들의 불만이 매해 제기되는 등 잡음도 끊이지 않고 있는 실정이다. 이러한 문제점들이 계속해서 대두되자 많은 학교에서 좀 더 '건강한 축제'로의 방향전환을 꾀하고 있다. 그 과정에서 지역주민과 함께한 축제가 건강한 축제를 위한 대안으로 대두되고 있다. '우리들만의 축제'였던 대학 축제가 캠퍼스를 넘어 지역주민들 또한 즐길 수 있는 축제로 변모하고 있는 것이다.

많은 학교에서, 여러 방법으로 지역주민과 함께하는 축제를 기획하고 있다. 연세대는 2009년부터 학생들과 교직원, 지역주민이 함께하는 나눔 행사를 열어 지역주민 치과 무료검진 등을 시행했으며, 숙명여대는 2010~2011년 '귀신의 집'을 운영하여 수익금을 소외된 이웃에게 전달하였고, 충북대학교에서는 2012년 9월 24일부터 26일까지 열리는 가을 축제의 일환으로 태풍 피해를 입은 지역주민들을 위한 봉사활동과 성금 모금 운동을 기획하였다.

선문대학교에서는 5월 15일에서 17일까지 진행된 축제에서 15일

지역주민 초청 동아리 공연, 16일 각
국 음식 체험 등 지역주민과 유학생
교류행사를 열었으며, 17일에는 지역
노인들을 초청하여 총장과 함께 바
비큐 파티를 하는 등 축제 기간 내
내 지역주민과 함께할 수 있는 행사
를 다채롭게 진행하였다. 한국 폴리
텍 1대학 성남 캠퍼스의 경우 2012년
5월 31일, 6월 1일 양일간 열린 축제
에서 '주민 노래장기자랑'을 열어 지
역주민이 능동적으로 즐길 수 있는

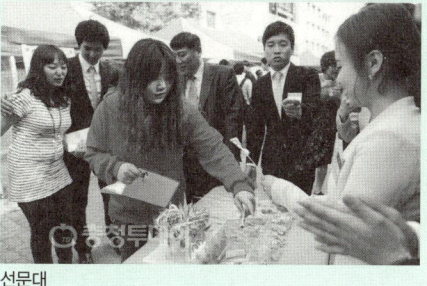

선문대

기회를 제공했으며 같은 날 열린 울산과학대학은 지역주민들을 위
한 행사와 사은품을 마련하여 지역주민들의 참가를 독려했다. 또한
9월 19일부터 3일간 열린 강동대학교 축제에서는 윷놀이와 같은 놀
이행사를 꾸미고 지역주민들이 참가할 수 있는 체험 존을 마련하여
지역주민들이 대학 축제를 즐길 수 있도록 했다.

그리고 2012년 9월 22일, 〈신촌대학연합축제〉가 신촌 일대 도로
를 막아 '차 없는 거리'로 조성하여 열렸다. 1993년부터 진행되어 오
던 행사지만 이번 해에는 신촌 대학가 상인들의 주최에서 대학생들
로 이루어진 신촌청년문화기획단 '청출어람'의 기획 하에 이루어져
대학생들과 지역주민들과의 적극적인 교류를 가능하게 했다. 신촌에
위치한 연세대, 이화여대, 서강대, 명지대 등 4개 대학이 참여한 이 축
제에서는 30여 개 지역단체와 연세대가 참여한 연세로 퍼레이드가 열
렸다. 또한, 학생과 지역주민이 참여하는 운동회를 진행하여 지역주
민이 함께 즐길 수 있도록 도모했다.

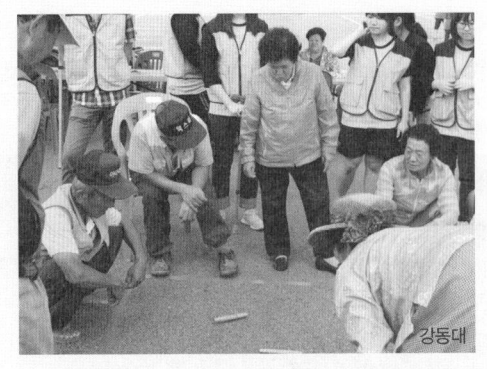
강동대

위의 사례들을 살펴볼 때, 대학 축제가 지역주민과 함께하는 축제로 진화하는 과정 속에서, 소극적인 방법인 소외 이웃 돕기부터 시작해 점차 지역주민과 한 공간에서 '함께 즐기는' 축제로 탈바꿈하고 있음을 알 수 있다. 이와 같이 지역주민과 함께하는 축제가 대안으로 떠오르는 이유는, 다음과 같이 분석해 볼 수 있다.

첫째, 대학 축제에서 지역주민과 함께하는 행사를 기획하는 것은 상업화를 지양할 수 있는 손쉬운 방법이기 때문이다. 지난 몇 년 동안 대학 축제는 유명 가수들의 값비싼 공연과 각종 기업들의 홍보부스로 인해 상업화에 대한 지적을 받아왔다. 상업적 홍보부스가 난무하는 축제로 운영되다 보니 학생들이 즐길 수 있는 놀 거리가 사라져 소외감을 느낀 학생들에게 학교 축제가 외면당하고, 유명 가수들의 비싼 몸값으로 인해 예산 부족에 시달리는 결과가 발생했다. 이러한 상업화 문제 해결을 위한 방법의 하나로 지역주민들이 능동적으로 참여할 수 있는 행사를 마련하면, 유명 가수의 공연보다 상대적으로 적은 금액으로 프로그램을 마련하면서 축제의 참여인원을 늘려 규모를 크게 하고, 학생들의 참여 또한 유인할 수 있다.

둘째, 대학 축제에 지역주민의 참여를 유도하는 것은, 지역주민과의 화합을 꾀할 수 있는 좋은 기회이다. 대학은 지역 내 젊은 고급인력 공급의 기능을 하고 있으며, 대학 주변 상권과 주거지역은 많은 지역주민들의 일터이다. 따라서 대학은 지역 공동체의 한 구성원으로 인식된다고 볼 수 있고, 그 역할이 요구된다. 만약 대학이 위치하고 있는 지역 내에서 해당 대학에 대한 인식이 좋지 않다면, 지역주민들의 학생들에 대한 인식까지도 부정적으로 변할 수 있어 학교의 성장에 걸림돌로 작용할 수 있다. 특히 학교가 위치한 지역 내에서 학생 충원률과 졸업생의 취직률이 높은 지방 거점 학교의 경우 지역주민과의 화합은 더욱 중요하다. 따라서 많은 대학들이 이에 대한 해결책으로 축제 내 지역주민 참여행사를 기획, '함께 즐기는 축제'로의 방향 전환이 일어나고 있다.

앞으로 지역주민들과 함께하는 축제는 더욱 활성화될 것으로 예상된다. 지역과의 적극적인 연계를 한다면 각 대학 총학생회들은 예산문제를 해결할 수 있다는 장점이 있기 때문이다. 학교 본부 측에서 적극적인 예산 지원이 되지 않는 학교의 총학생회들의 경우 총 학생회비와 주변 상인들의 후원, 그리고 상입화의 주범인 몇몇 기업들의 홍보부스 설치 비용으로 지불된 금액만으로 축제를 진행하며 매번 어려움을 겪어왔다. 이번에 구청과 연계해 열린 〈신촌대학연합축제〉와 같이 지역공동체와 적극적으로 연계해 축제를 꾸민다면 예산 부족문제를 해결할 수 있을 것이다.

또한 대학 축제의 경우, 프로그램 참가상에서 일어나는 학생들과 지역주민들의 면대면 커뮤니케이션으로 인해 홍보효과를 극대화할 수 있는 장점이 있다. 따라서 학교의 명성관리에 큰 도움이 되며, 이러한 요인은 총학생회 자체뿐만 아니라 학교 본부 측에서 지역주민 참가행사를 꾸준히 마련하게 되는 원인으로 작용할 것이다.

하지만 앞서 학교 축제가 상업화로 몸살을 앓았듯 지역주민들과의 화합이 도를 넘어서 강조될 경우 학교 축제의 정체성이 불분명해질 수 있다. 그 예로 울산과학대학의 경우, 지역주민이 중심이 된 행사로 인해 학생들이 지역주민들보다 참여율이 저조하다는 문제점이 지적되어 오고 있다. 따라서 학우들을 하나 되게 하는 대동제 본연의 의미를 잊지 않는 프로그램 기획이 필요하다. 또한 각 학교에서 축제에 참가한 10대들이 음주를 하다 적발 되는 등의 부수적인 문제점도 함께 고려해야 할 것이다.

보건복지부의 캠퍼스 내 음주 규제 법안 발의로, 대학 축제가 '재미없는 축제'가 될 것이라는 우려 섞인 목소리가 많다. 하지만 지역주민들과 함께 즐길 수 있는 축제를 만들어 나간다면, 대학축제는 햇빛 아래 건강하게 즐길 수 있는 젊음의 축제로 변화할 수 있을 것이다.

we generation! Be Social!

5. 디지털 네이티브, 진화된 '참여'와 '공유'

"

디지털 환경에서 태어나고 자라 디지털 환경의 패러다임에 익숙한 디지털 네이티브들을 이해하는 데 가장 중요한 키워드 중 하나는 바로 'We', 즉 '소셜Social'이다. 이들은 커뮤니티, SNS 등에서 동일한 의견을 가진 사람들끼리 모여 의견을 공유하고 공동의 가치를 실현시키는 것에 익숙하다. 그리고 이들의 이러한 성향은 스마트폰, 태블릿PC의 폭발적인 보급 및 활용과 더불어 끊임없이 새로운 모델을 창출하고, 다양한 분야와 융합하며 진화하고 있다. 2012년의 20대 디지털 네이티브들은 시공간을 뛰어넘어 '함께 교감'할 수 있는 것들에 열광하기 시작했다.

"

디지털 네이티브들이 뭉치기 시작했다

'컴퓨터와 인터넷에 중독돼 사교성이 없다', '부모에게만 의지하는 응석받이들이다', '자제력이 부족하고 이기적이다'…… 이 모든 긴 '디지털 네이티브'[1]들에 대해 기성세대가 가지고 있는 흔한 인식, 혹은 편견들이다. 디지털 네이티브Digital Native란 개인용 컴퓨터, 휴대전화, 인터넷, MP3와 같은 디지털 환경에서 태어나고 자라 디지털 환경의 패러다임에 익숙한 세대를 일컫는 용어로, 일명 '넷 세대'라 불리기도 한다.

　하지만 정말 디지털 네이티브들은 기성세대가 흔히 생각하는 대로 철딱서니 없고 이기적일까? 경영학자이자 미래학자인 돈 탭스콧Don Tapscott은 기성세대의 이런 비판이 "넷 세대에 대한 기성세대의 공포증이 유발한 근거 없는 비난"이라고 일축한다. 그는 12개국 1만여 명의 디지털 네이티브들을 조사하고 심층 인터뷰한 연구 프로젝트를

----

1. 디지털 네이티브(Digital Native)는 개인용 컴퓨터, 휴대전화, 인터넷, MP3와 같은 디지털 환경을 태어나면서부터 생활처럼 사용하는 세대(Generation)를 말한다. 미국의 교육학자인 마크 프렌스키(Marc Prensky)가 2001년 그의 논문 「Digital Native, Digital Immigrants」를 통해 처음 사용한 용어로, 1980년대 개인용 컴퓨터의 대중화, 1990년대 휴대전화와 인터넷의 확산에 따른 디지털 혁명기 한복판에서 성장기를 보낸 현재의 20~30대 세대를 지칭한다.

근거로 집필한 저서, 『디지털 네이티브』비즈니스북스, 2009에서 이들의 특징을 8가지로 정리했는데, 다음과 같다.

첫째, 디지털 네이티브들은 '자유'를 중요시한다. 그들이 원하는 자유는 선택의 자유부터 표현의 자유까지 다양하다. 둘째, 그들은 맞춤화하고 개인화하는 것을 사랑한다. 셋째, 철저하게 기업과 조직을 조사하고 감시한다. 넷째, 그들은 성실하고 투명한 기업을 원한다. 다섯째, 일, 교육, 사회생활에서 엔터테인먼트와 즐거움을 추구한다. 여섯째, 협업과 관계를 중시한다. 일곱째, 빠르고 즉각적인 소통에 익숙하다. 여덟째, 혁신을 추구한다.

한국을 포함한 13개국의 공유경제업체에 컨설팅을 해주는 협력연구소Collaborative Lab를 이끌고 있는 레이첼 보츠만Rachel Botsman 소장은 한 국내 일간지와의 인터뷰에서 현재의 20~30대를 '위 제너레이션We Generation'이라고 표현했다. 그는 "개인의 소유를 중시하는 미 제너레이션Me Generation에서 다른 사람들과 재화 등을 공유하려는 위 제너레이션이 급부상하면서 소비 방식뿐만 아니라 비즈니스 모델이 바뀌고 있다"며 "이들이 지향하는 협력적 소비가 시장을 지배하는 새로운 '머니 코드'가 될 것"이라고 밝혔다. 위 제너레이션은 거래를 할 때 이익보다 신뢰를 먼저 생각하고, 환경 등 공적 가치를 추구하는 소비자 집단으로 저렴한 가격과 화려한 광고보단 소비 과정과 방식에 주목하며 소셜네트워크서비스SNS로 결집하는 특징을 갖는다. 보츠만 소장은 "20세기가 소비와 광고의 시대였다면 21세기는 관계와 협동의 시대"라며 "이런 변화를 포착한 위 제너레이션이 상상하지 못한 제품과 서비스를 공유하는 시대를 열고 있다"고 정의했다.[2]

....

2 '소유하는 'me 제너레이션' 넘어, 공유하는 'we 제너레이션' 시대 왔다', 「한국경제」, 2012.10.19.

여러 전문가들이 관찰한 디지털 네이티브들의 특징은 국내 20~30대에게도 동일하게 적용된다. 그리고 현재 이들의 여러 특징들을 기반으로 한 트렌드 흐름을 이해할 때 가장 중요한 요소 중 하나가 바로, 'We', 즉 '소셜Social'이다. 이들은 커뮤니티, SNS 등에서 동일한 의견을 가진 사람들끼리 모여 의견을 공유하고 공동의 가치를 실현시키기는 것에 익숙하다. 촛불집회나 장기기증운동 등의 행사에 타 연령 대비 가장 높은 참여 의향을 보이는 세대가 바로 이들이며, 플래쉬몹 등의 새로운 형식으로 자신의 의사를 표현하는 것도 이들 세대다. 그리고 이들의 이러한 성향은 스마트폰, 태블릿PC의 폭발적인 보급 및 활용과 더불어 이제는 일상이 되어 버린 SNS 활용방식과 맞물려 있다. 통신망, 전자기기, 미디어 플랫폼의 쓰임새를 잘 이해하고, 필요에 맞게 사용하고, 경우에 따라 재구성하는 특징과 결합해 디지털 네이티브들은 끊임없이 새로운 모델을 창출하고, 다양한 분야와 융합하며 진화하고 있는 것이다. 이들 세대가 갖는 키워드

영화 〈26년〉 포스터

그 사람을 단죄하라

26년

2012.11

는 바로 '우리'와 '교감'이다. 한 트렌드 연구소에서는 관계를 기반으로 연결되고, 경험하고, 교감하는 라이프스타일을 '라이프 3.0 시대'라고 표현하기도 했다. 새로운 흐름을 만들고 향후 미래를 이끌어 나갈 것으로 기대되는 다양한 교감의 방식들은 다음과 같다.

1. 당신의 아이디어에 날개를! '소셜 펀딩'

2012년 11월 29일, 세간의 관심 속에

5·18 이야기를 다룬 영화 〈26년〉이 개봉했다. 1980년 5월 광주의 비극과 연관된 조직폭력배, 국가대표 사격선수, 현직 경찰, 대기업 총수 등이 26년 후 비극의 주범을 단죄하기 위한 프로젝트를 진행한다는 내용의 이 영화는 유명 만화가 강풀의 만화를 원작으로 하기도 했지만, 그보다도 '소셜 펀딩Social Funding'[3]으로 제작비를 마련했다는 점에서 큰 화제를 낳았다. 정치적으로 민감한 이슈를 담고 있는 영화의 색채 때문에 2008년부터 수년간 몇 차례나 제작이 무산됐지만, 2012년 6월부터 10월까지 진행된 소셜 펀딩을 통해 약 2만여 명의 일반 대중들이 7억 3천만 원가량의 후원금을 제작비로 지원한 것이다. 이를 통해 자칫 만화로 끝날 수도 있었던 〈26년〉은 영화로 완성되어 더 많은 대중들에게 선보일 수 있었다.

소셜 펀딩은 조직이나 개인의 제안자가 창의적인 아이디어나 프로젝트를 웹사이트, SNS 등을 통해 불특정 다수에게 홍보하고 프로젝트가 진행될 수 있도록 개인들에게 후원을 받는 형식의 자금 모금 방식을 일컫는다. 대중으로부터 십시일반 자금을 모은다고 해서 '크라우드 펀딩Crowd Funding'이라고도 불리며, 주로 SNS를 기반으로 프로젝트 홍보 및 후원 권유가 이루어지기 때문에 디지털 네이티브들의 새로운 후원 문화로 평가받고 있다.

현재 국내에서 소셜 펀딩을 전문으로 다루는 사이트는 위제너레이션www.wegeneration.co.kr, 인큐젝터www.incujector.com, 펀듀www.fundu.co.kr, 굿펀딩www.goodfunding.net, 텀블벅www.tumblbug.com 등 10여 곳에 달한다. 소

---

3. 조직이나 개인의 제안자가 창의적인 아이디어나 프로젝트를 웹사이트, SNS 등을 통해 불특정 다수에게 홍보하고 프로젝트가 진행될 수 있도록 개인들에게 후원을 받는 형식의 자금 모금 방식을 일컫는다. 대중으로부터 십시일반 자금을 모은다고 해서 '크라우드 펀딩(Crowd Funding)'이라고도 불린다.

셜 펀딩을 이용해 자금이나 재능 등의 후원을 모으는 제안자들은 예술활동을 하는 개인부터 대학 동아리, 자금이 필요한 벤처기업이나 봉사단체까지 그 종류도 다양하다. 아이디어 제안자들은 이들 업체를 통해 대중들로부터 자금 외에도 재능 기부나 봉사활동 등의 인력 등을 후원받고, 업체는 후원금의 일부를 수수료로 얻는 방식을 취한다. 일부 업체에서는 후원자가 자신의 후원금을 100% 후원하기를 원할 경우 이를 허용하기도 한다.

제안자들은 경우에 따라 프로젝트 시행 후 수익금이나 상품 등을 후원자들에게 배분하기도 한다. 앞서 언급된 영화 〈26년〉의

소셜 펀딩 사이트 위제너레이션

소셜 펀딩 사이트 인큐젝터

경우, 후원자들은 2만 원, 5만 원, 29만 원 등의 참여 금액에 따라 전국 6대 도시에서 열린 시사회 초대와 특별 포스터, 소장용 DVD 등을 선물로 받았다. 또 영화 본편의 엔딩 크레딧에 이름도 올릴 수 있었다.

소셜 펀딩 모델이 국내 도입된 지는 불과 1~2년여밖에 안 됐지만 사회적 이슈를 몰고 온 몇몇 펀딩을 성공리에 마치며 새로운 후원 모델로 안착했다는 평가를 받고 있다. 위제너레이션은 위안부 문제를

알리는 지하철 광고 캠페인 후원금으로 약 195만 원을 모았고, 이태원역 안전문에 광고를 게재했다. 또 인큐젝터에서는 올림픽 기간에 신아람 선수에게 국민 금메달을 수여하는 프로젝트를 진행했는데, 100만 원이 넘는 금액을 모을 수 있었다.

　소셜 펀딩의 가장 큰 장점은 자금을 조달하고자 하는 분야에 제한이 없다는 것이다. 공익적인 기부모금, 사회운동 후원, 문화공연 지원, 벤처기업 투자 등 다양한 목적으로 펀딩이 이뤄진다. 참신한 기획력과 재능을 갖고 있지만 자금력이 부족한 독립영화나 연극, 인디밴드, 콘서트 등 문화산업 전반과 대중들의 관심의 사각지대에 위치한 사회적으로 의미 있는 프로젝트들이 소셜 펀딩을 통해 대중의 관심과 후원을 얻을 수 있다. 창업 준비 시, 아이디어 단계에서 대중의 호응도와 시장 가능성을 부담 없이 테스트해 보고 싶을 때도 소셜 펀딩은 효율적이다. 특히 자금력이 없으면서 SNS 활용에는 가장 활발한 20대 창업자에게 무척 요긴하게 활용될 수 있다. 제안자는 사업에 필요한 자금이나 인력을 참여자들로부터 후원받고, 각종 SNS를 통해 신속하고 광범위하게 홍보도 할 수 있으며, 보상 제공을 통해 고객층도 확보할 수 있다.

　참여자 입장에서는 누구에게 무엇을 위해 기부할지 다양한 정보와 옵션을 제공받을 수 있다는 점과, 많은 사람들이 소액의 투자를 함께 하기 때문에 위험이 분산된다는 점에서 기존의 후원이나 투자보다 쉽게 접근할 수 있다는 장점을 가진다. 과거에는 누군가를 돕고 싶어도 정보를 얻거나 지원할 수 있는 방식이 많지 않아 기부나 후원이 제한적이었다. 하지만 소셜 펀딩을 통해 누구나 마음만 먹으면 사회적 투자자이자 후원자가 될 수 있는 세상이 열린 것이다. 이 밖에도 후원에 대한 보상으로 각종 이벤트에 초대된다거나, 시중에서는 구할 수 없는 개성 있는 상품을 받는 등 엔터테인먼트적 요소를 함께 경험할 수 있는 것도 장점으로 꼽힌다.

하지만 기부나 후원 문화가 다소 생소한 국내 시장에서 소셜 펀딩의 갈 길은 아직 멀다. 투자자에 대한 보상이나 사업화 과정의 투명성 등이 보장되지 않아 아직은 기업에 대한 투자형 펀딩은 초기 단계에 머물러 있으며, 공익성 모금이나 이슈성 있는 프로젝트에만 단기적으로 후원금이 몰리는 경우가 많다는 것이 현 소셜 펀딩 단계의 한계로 지적되고 있다. 하지만 앞으로 제도가 정비되고, 성공 사례가 배출되다 보면 디지털 네이티브들의 결집력으로 소셜 펀딩의 위력이 더욱 커질 것이라는 전망에는 변함이 없다. 영화 〈26년〉의 성공이 대기업의 자본 없이는 영화를 만들 수 없었던 한국의 영화산업 구조에서 새로운 돌파구를 제시했듯, 앞으로 소셜 펀딩은 다양한 분야에서 새로운 방식의 경제적 윤활유 역할을 맡게 될 것이다.

소셜 펀딩 분류

Investing in start-ups	소규모 창업에 다수의 투자를 받는 경우(방송통신위원회가 현재 소셜 펀딩 활성화 지원책을 마련 중)
Supporting projects	창의적 아이디어에 의한 프로젝트에 후원하는 경우 한국의 대부분의 크라우드 펀딩 사이트가 여기에 속함
Microcredit	일반 금융권을 이용할 수 없는 취약계층에 대한 무담보 소액대출을 통해 자활 기회 제공
P2P lending	소셜 펀딩과 소셜 커머스를 합쳐놓은 방식으로 특정 프로젝트에 대해 투자한 이후 보상(reward)을 받음 프로젝트의 성공 여부에 따라 일정 수익 배분
Donations	단순 기부를 위한 경우로 취약계층, 재난구호, 일반단체 등에 대한 모금 목표액 제시 및 후원 요청에 의한 모금

참고 : 한국문화예술위원회 소셜 펀딩 분류 기준

2. 일이 이렇게 커질 줄 몰랐다! '소셜 페스티벌'의 탄생

소셜 페스티벌 인터넷 생중계 화면

2012년 9월 8일 오후, 서울 양천구 신월동의 한 초등학교 운동장에는 2,000여 명의 시민들이 몰려들어 인산인해를 이뤘다. 24인용 텐트를 사람 혼자서 설치할 수 있는지를 가늠하는 〈T24 소셜 페스티벌Social Festival〉[4]을 보기 위해서였다.

〈T24 소셜 페스티벌〉은 사진전문 온라인 커뮤니티인 SLR클럽 회원들에 의해 시작되었다. 8월, 이 커뮤니티의 자게이자유게시판 이용자들이 '24인용 군용 텐트를 혼자 칠 수 있느냐'를 두고 설전을 벌였던 게 발단이 됐다. 부정적인 의견이 압도적인 가운데 닉네임 Lv7. 벌레이광낙 씨·29는 "되는데요"라는 간단한 답변으로 폭풍 같은 관심을 이끌어 냈다. '진짜냐', '허세냐' 등으로 의견이 갈리자 그는 "2시간 안에 텐트를 완성할 경우 50만 원을 받고 못 칠 경우엔 텐트 값을 물어 주겠다"는 제안을 하기에 이르렀다. Lv7. 벌레의 내기 제안은 삽시간에 SNS를 통해 퍼져 나갔고, 급기야 커뮤니티의 공식행사로 발전하기에 이르렀다. 자게이들은 자발적으로 예고 영상과 포스터를 만들어 온라인 홍보에 힘을 쏟았고, GS, KT 등의 대기업도 경품 후원 대열에 동참했다. 모두가 설마 했던 이 행사는 행사장을 꽉 채우는 관중들의 열기 속에 시작되었고, 행사의

---

4. 온라인상에서 유저들이 품앗이처럼 행사 지원부터 진행, 마무리까지 자발적으로 힘을 합쳐 만들어 내는 행사.

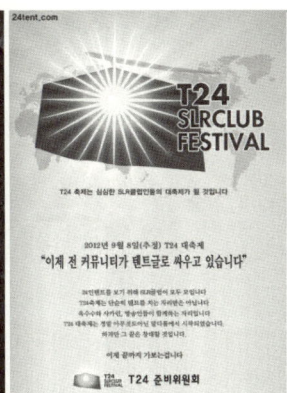

유저들이 만든 포스터

전 과정은 인터넷 방송 유스트림과 아프리카TV를 통해 실시간 생중계됐다. 결국 내기 제안을 했던 이씨는 50여 분만에 텐트 설치를 완성하며 '레진셜레전드+선실'로 남았고, 네티즌들은 환호성으로 그의 성공을 축하했다.[5]

이 행사는 주최한 이들과 참석한 이들 모두가 놀랄 만큼 성공적이었다. 특정한 주최자나 별다른 목적 없이 그저 재미를 추구하는 개개인의 자발적 참여로 시작된 형태의 행사가 실제로 진행될 수 있을까, 과연 사람들이 정말로 모일 것인가, 누구나 의문을 가졌던 것이다. 하지만 결과는 뜻밖이었다. 내기 제안자가 내기에 성공했을 뿐 아니라 인기가수의 공연, 주요 포털사이트 검색어 1위, 현장 관람객 2천여 명, 공중파 뉴스 방송, 실시간 온라인 중계 10만 명 이상의 동시 시청률 등 엄청난 파급효과를 생성하게 된 것이다. 일본과 중국에도 소식이 전해질 만큼 이슈가 되었고, '소셜 페스티벌'이라는 신조어를 탄생시키기에 이르렀다. 커뮤니티 익명의 회원들이 재미로 시작

5. '베일 벗겨진 'T24 소셜 페스티벌', 뭔가 달랐던 이유', 「아시아경제」, 2012.9.9.

한 행사가 성황리에 개최됐다는 것에 실제로 이 행사에 참여했던 사람들 역시 신기하고 놀랍다는 반응을 보였다.

사실 온라인에서의 친목이 오프라인으로 이어지는 것은 전혀 새로운 현상이 아니다. 하지만 이번 행사는 익명의 유저들이 품앗이처럼 행사 지원부터 진행, 마무리까지 자발적으로 힘을 합쳐 만들어 냈다는 것과, 그 어느 때보다 더욱 빨라진 SNS의 소통 속도와 굉장히 커진 파급력을 실감할 수 있었다는 데 의의가 있다. 이날 입장권 인쇄와 음향장비, 텐트 대여 비용 등 행사에 필요한 지원 외에도 갤럭시S3, 호텔스위트룸 숙박권 등 70여 종류의 협찬품은 총 3천여만 원에 달했다. 촛불집회나 동호회 모임처럼 특정 목적을 가진 것이 아닌, 단순한 즐거움을 위한 행사도 성황리에 개최될 수 있다는 가능성을 보여준 것이다. 또한 SNS를 통한 '소셜'한 움직임이 온라인 밖에서도 충분히 새로운 형태의 광고, 마케팅 수단의 가능성으로 발전할 수 있다는 가능성도 보여 주었다.[6]

이번 행사는 '소셜 페스티벌'이라 이름 붙여진 움직임의 첫 시작으로, 이를 발전시킬 새로운 플랫폼이 아직까지 개발되지 않아 일회성 이벤트로 끝날 가능성도 없지 않다. 하지만 이번 행사의 성공적 개최로 여기저기서 이와 유사하게 진행되는 프로젝트들의 움직임이 활발해지기 시작했다. 일례로 트위터에서 그동안 활발히 활동해 왔던 '대검찰청 대변인'과 '한국민속촌'을 캐릭터로 형상화한 웹툰이 네티즌 자발적으로 만들어졌는데, 여러 사람들이 이를 지지하며 재능 기부를 자청해 현재 소설이나 드라마로도 만들어질 움직임을 보

....

6. 온라인게임 '간장온라인'을 출시한 에스지인터넷이 텐트에 광고를 삽입하는 조건으로 텐트 대여 비용을 지원했다.

웹툰 〈한복이 너무해〉

이고 있다. 오프라인에서 사람들이 모이는 형식의 페스티벌은 아니지만 익명의 유저들이 자발적으로 특정 콘텐츠를 생산해 냈다는 점에서는 그 과정이 유사하기 때문에 네티즌들은 이를 두고 '제2의 소셜 페스티벌'이라는 별칭을 주기도 했다. 만약 이 작품이 드라마로 제작된다면 국내 최초 '소셜 드라마'라고 불릴 가능성도 있는 것이다. 이처럼 소셜 페스티벌은 다양한 방식과 형태로 파생될 수 있어 디지털 네이티브들의 즐거운 놀이문화의 대안으로 무한한 가능성을 가지고 있다는 것만은 분명하다고 할 수 있다.

3. 내가 원하는 정보만 쏙! '소셜 큐레이션'

이탈리아 언어학자인 움베르토 에코 Umberto Eco 는 "인터넷의 무의미하고 무질서한 정보가 오히려 사용자의 의사 결정을 방해하고 있다"고 말한 바 있다.[7] 넘쳐나는 정보의 홍수 때문에 인터넷은 오히려 의

---

7. '[위키미디어 시대가 열린다] 〈1〉 디지털 큐레이션의 등장', 「ETNEWS」, 2012.10.10.

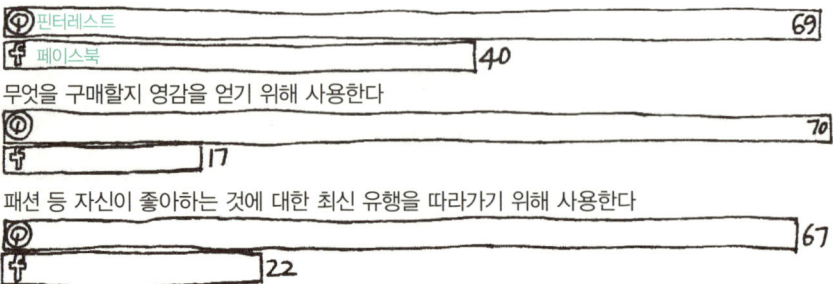

핀터레스트·페이스북 사용 이유 비교 (단위 : %)

물건을 찾고 구입 계획을 세우기 위해 사용한다
핀터레스트 69
페이스북 40

무엇을 구매할지 영감을 얻기 위해 사용한다
70
17

패션 등 자신이 좋아하는 것에 대한 최신 유행을 따라가기 위해 사용한다
67
22

* 핀터레스트 사용자 1,248명과 페이스북 사용자 4,738명 대상 설문조사, 자료 : 비즈레이트 인사이츠

사 결정에 방해가 되고, 가치 있는 정보 획득의 과정은 쉽지 않은 일
이 되어 버렸다는 뜻이다. 정보 과잉과 범람에 사람들이 염증을 느끼
기 시작한 요즘 이를 해결해 줄 차세대 SNS가 주목받고 있으니, 이
름하여 바로 '소셜 큐레이션Social Curation'[8]이다.

'큐레이션'은 원래 미술관에서의 소장 작품 목록 관리, 전시 등
을 통칭하는 의미로 사용돼 왔지만 근래에는 좀 더 광의적으로 쓰
이기 시작했다. 소셜 큐레이션에서의 큐레이션은 이미 존재하는 막대
한 정보를 분류, 유용한 정보를 골라내 수집하고 배포하는 행위를
의미한다. 결국 소셜 큐레이션은 정보의 홍수 속에서 질 좋은 콘텐
츠를 골라내고 서로 공유할 수 있도록 도와주는 행위라고 할 수 있
다. 『큐레이션』명진출판사, 2011의 저자 스티븐 로젠바움Steven Rosenbaum은
큐레이션을 "정보 과잉 시대의 돌파구"라고 지칭하며, "검색 시대는
끝나고 큐레이션의 시대가 왔다"고 선언했다.[9]

....

8. 인터넷상에서 쏟아지는 정보 가운데 이용자 개인에게 필요한 검증된 콘텐츠를 골라주는 서비스.
9. '[위키미디어 시대가 열린다] 〈2〉 큐레이션과 가치 있는 정보', 「ETNEWS」, 2012.10.10.

해외에서는 이미 큐레이션 SNS 서비스에 큰 관심을 기울이고 있다. 큐레이션 서비스는 SNS와 연동돼 자신이 선택한 콘텐츠를 픽업함과 동시에 타인과 공유할 수 있도록 만들어지고 있다. 내가 관심 있는 유용한 정보를 나와 관계된 소셜 친구와 공유하고, 사람들로부터 콘텐츠에 대한 반응을 얻는 등 큐레이션을 소셜 활동과 자연스럽게 연결할 수 있는 것이다. 전 세계 소셜 큐레이션 업체 중 대표적인 선두주자는 바로 '핀터레스트pinterest'다. 물체를 고정시키는 핀pin과 흥미interest의 합성어로 만들어진 핀터레스트는 냉장고에 메모지를 붙여 놓듯 특정 이미지들을 모으며 자신의 관심사를 다른 사람과 나눌 수 있는 서비스로, 2011년 5월 정식서비스를 시작한 이래 8개월만에 사용자 1천만 명을 돌파하며 빠른 속도로 성장하고 있다. 미국의 시장조사 기관인 비즈레이트 인사이츠Bizrate Insights의 조사에 따르면 쇼핑 목적을 전제로 한다면 사용자들은 페이스북보다 핀터레스트를 더 선호하는 것으로 나타났다.[10] 사용자의 21%는 핀터레스트에서 본 아이템이나 제품 등을 실제 구매한 경험이 있다고 답해 큐레이션을 통해 추천되는 제품에 대해 신뢰도가 높은 것으로 나타났다.[11]

유튜브 창업자인 스티브 첸Steve Chen도 최근 사용자 큐레이션 활동을 의미 있는 미디어로 발전시킨 '진zeen.com'이라는 실험적인 서비스 모델을 베타 오픈했다. 진은 사용자가 큐레이션 정보를 디지털 잡지 책으로 출간할 수 있는 서비스다.[12] 정보를 모으는 기본적인 큐레이션을 넘어 모아진 정보를 의미 있는 질적 정보로 만들고, 이를 필요

10. '[위키미디어 시대가 열린다] 〈3〉 큐레이션과 미디어', 「ETNEWS」, 2012.10.17.
11. '[위키미디어 시대가 열린다] 〈5〉 기업 마케팅과 큐레이션 서비스, 「ETNEWS」, 2012.10.27.
12. '빅데이터 시대 각광받는 큐레이션⋯빅데이터를 돈 되는 정보로', 「MK뉴스」, 2012.5.29.

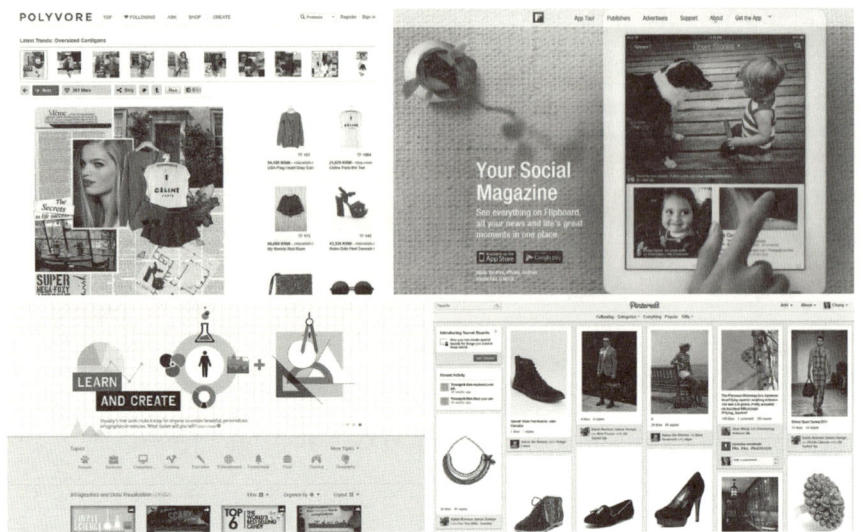

소셜 큐레이션 사이트 캡처 화면: 폴리보어, 플립보드, 비주얼리, 핀터레스트

로 하는 다른 사용자에게 읽기 쉽게 매거진 형태로 발행하는 서비스라고 할 수 있겠다.

이 외에도 이미지를 쉽게 포스팅하고 공유하는 마이크로 블로그 형태의 '텀블러www.tumblr.com', 개인이 관심 있는 분야의 미디어 콘텐츠 등을 잡지처럼 편집해 주는 '플립보드flipboard.com', 큐레이션을 이용한 개인화된 온라인 뉴스 서비스 '페이퍼리paper.li', 인포그래픽을 큐레이션하고 공유하는 '비주얼리visual.ly', 사용자의 소셜 미디어 계정과 연결된 다양한 콘텐츠를 스토리로 재구성하는 '스토리파이storify.com', 쇼핑 큐레이션 플랫폼 '폴리보어www.polyvore.com' 등이 전 세계에서 인기를 얻고 있다. 또한 국내에서도 이들과 유사한 '에디토이editoy.com', '디블로www.dblow.com', '티스푼tspoon.tving.com', '메모리스트memoryst.com', '펌핑www.permping.com' 등의 큐레이션 사이트들이 런칭했으나 아직은 걸음마 단계다.

　큐레이션 서비스들의 장점이 점차 부각되면서 해외의 일부 브랜드들은 신제품 홍보 및 마케팅에 큐레이션 서비스의 활용을 시도하기 시작했다. 대표적인 예로 여성용품 제조회사인 코텍스_{KOTEX}는 핀터레스트 활동이 활발한 여성 사용자 50명을 대상으로 코텍스 계정에 있는 상품 관련 이미지를 본인의 계정에 공유하면 선물을 주는 이벤트를 실시했는데, 이들이 공유한 50개의 이미지는 2,284건의 댓글과 694,853건의 광고 노출을 불러일으키며 성공을 거두었다. 큐레이션 마케팅은 제품의 우수성 및 효과에 대한 기업의 메시지를 사람들이 서로 공유하게 만들 수 있는 데다가, 사람들은 기업으로부터 메시지를 받는 것보다 같은 유저들이 공유하고 추천하는 콘텐츠를 신뢰하기 쉽기 때문에 이를 잘 이용한다면 효과적인 마케팅 방식으로 각광받을 것으로 전망된다.

　큐레이션은 정보 과잉의 시대에 인간의 통찰력이 다시 필요해졌음을 보여준다.[13] 친목과 소통을 위해 평소 알고 지내는 지인들을 중심으로 관계를 맺었지만 내게 유의미한 정보 탐색이 힘들었던 기존의 SNS와는 달리, 큐레이션 서비스를 중심으로 한 SNS는 나와 동일한 관심사를 가진 사람들을 중심으로 관계가 형성되어 공감대를 나누기가 쉽고 콘텐츠가 빠르게 유통, 공유된다는 특징이 있다. 앞으로 큐레이션 서비스가 성공적으로 자리를 잡으면 현재 주를 이루는 이미지, 이야기, 동영상, 쇼핑 품목 리스트 등 온라인 정보 형태에 따른 큐레이션 서비스에서 사용자의 니즈에 기반한 다양한 큐레이션 서비스로 진화할 것으로 기대된다. 또 이는 보다 다양한 취향과 문화가 공존하는 콘텐츠 생태계를 구축하게 될 것이다.

---

13. '[SNS 세상은 지금] 정보홍수 속 '소셜 큐레이션' 뜬다', 「MK뉴스」, 2012.10.26.

2013년 전망 : 자신들만의 참여와 공유,
교감의 정의를 새롭게 써내려 나가는 디지털 네이티브들

2011년, 우리나라뿐 아니라 세계를 강타한 메가 트렌드 중 하나는 바로 세상의 소통 방식을 바꾼 SNS의 혁신이었다. SNS는 일본 후쿠시마 지진 시 긴급연락 수단이 되는가 하면 예멘, 이집트, 리비아로 이어진 민주화 시위를 촉발하기도 했고, 미국과 유럽의 월가 점령 시위Occupy Wall Street의 도화선이 되기도 했다. 국내 상황도 크게 다르지 않아서 스마트폰의 폭발적인 보급과 함께 SNS의 활용 인구도 늘어났고, 정치, 경제, 문화 전반에 SNS의 영향력이 극대화되었다. 그리고 그 중심에는 SNS의 최대 활용 인구인 디지털 네이티브들이 있었다.

디지털 네이티브들은 같은 시공간에서만 인맥을 맺던 과거와 달리 매체를 통해 관심사를 공유하고, 친분을 쌓으며 사회적 소통망을 늘여나간다. 이들은 이제 시공간을 뛰어넘기 때문에 그 어느 때보다도 편리하게 소통한다. 그리고 SNS를 통해 '소셜'이라는 그들만의 방식으로 결집하기 시작했는데, 그들의 결집은 새로운 곧 사회 전반의 양식을 바꾸는 새로운 트렌드의 창조로 이어졌다. 이들이 창조한 소셜 세계는 '참여'와 '공유'를 핵심가치로 하는 웹 2.0 시대의 등장과 발달과도 연결되며, 이들의 진화를 관찰하는 것은 웹 3.0 시대를 예측하는 힌트가 된다.

2011년의 소셜 데이팅, 소셜 게임, 소셜 커머스 등에서 2012년의 소셜 펀딩, 소셜 페스티벌, 소셜 큐레이션 등으로 이어지는 디지털 네이티브들의 소셜 지류들을 관찰해 볼 때, 이들의 움직임은 다른 무엇보다도 '함께 교감'할 수 있는 것에 중요한 가치를 두고 있다고 분석된다. 빅데이터[14]와 자신에게 무용한 정보의 홍수 속에서 그들은 검증된 양질의 정보를 골라내고, 그것들을 다른 이들과 함께 공유하고 교감하고 싶은 욕구를 강하게 느끼는 것이다. 블로그, 트위터 등 텍스트를 기반으로 하는 플랫폼에서 이미지를 기반으로 하는 핀터레스트, 인스타그램 등의 서비스 이용자가 늘어나고 있다는 것도 이를 증명하는 흐름 중 하니다. 이들은 교감에 민감하기 때문에 감각적이고 즉각적인 공감을 이끌어 내는 동시에, 빠른 확산을 유도하는 플랫폼과 서비스들을 선호한다.

또 디지털 네이티브들은 디지털 문화를 구성하는 요소들을 효율적으로 활용한다. 그들은 그동안 생산자와 소비자가 뚜렷이 구분되었던 사회에서 벗어나 스스로가 생산자가 되어 콘텐츠를 제작하고, 이를 유통할 채널을 제공하고, 함께 공유하는 사회를 만들어 냈다. 그리고 어떠한 콘텐츠가 일단 자신에게 가치 있는 정보가 되면 그것이 단순한 재미를 위한 것이든, 혹은 중요한 목적 아래 있는 것이든 시간과 노동력, 그리고 비용까지도 투자하는 것을 아끼지 않는다. 주거문제의 한계에 부딪친 대학생들이 방 구하기 앱을 만들어 발품을

---

14. 기존의 데이터베이스나 아키텍처가 저장, 관리, 분석할 수 있는 범위를 초과하는 거대한 규모의 데이터 집합 또는 이를 분석하는 기법.

파는 대신 서로의 거주 정보를 손쉽게 교환하고, 사람을 찾는 앱을 통해 특정 재능을 가진 팀플 멤버를 구하며, 지인들의 인맥 안에서 소개팅을 성사시키는 앱을 만들어 지인의 지인에게 관심을 표출하는 등 다양한 방식으로 사회적 문제를 해결하고, 자신들만의 문화를 만들어나가는 것도 이를 뒷받침하는 디지털 네이티브들만의 트렌드이자 삶의 방식이다.

SNS 시대에는 인간관계가 점점 피상화, 파편화된다는 비판이 있는 것도 사실이지만, 그것은 어쩌면 '관계'에 대한 정의가 아직 아날로그적 방식에 대한 이해로만 남아 있어서일지도 모른다. 디지털 네이티브들은 분명 스스로 환경과 상호보완적으로 그들의 특성을 살려나가며 자신들만의 참여와, 공유, 교감의 가치와 정의를 다시 써내려나가고 있다. 디지털 기기와 SNS의 주 활용 세대인 20~30대는 SNS의 개방과 공유, 협업과 집단 지성을 통해 이미 사회 전반의 양식을 바꾸는 주체로 활동하고 있다. 그리고 이들 세대의 가치를 이해하는 것은 앞으로 도래할 산업, 문화, 정치, 경제 등 사회 전반의 흐름 방향을 이해하는 중요한 키워드가 될 것이다.

90 Retro

6. 1990년대를 지나온 이들, 황금기를 추억하다

"

2012년 문화계를 가장 잘 표현하는 단어는 단연 '복고'다. 영화 〈건축학개론〉이 2012년 상반기 '복고' 열풍의 기폭제가 됐다면, 하반기는 드라마 〈응답하라 1997〉에 의해 지속됐다.

두 작품의 흥행으로 대중은 90년대 가요를 다시 듣기 시작했고, '밤과음악사이'와 같이 1990년대 감성을 파는 공간이 인기를 끌었다. 당시의 인기가요를 모은 앨범, 'DDR'이나 '다마고치', '백팩' 같은 추억의 상품 또한 불티나게 팔렸다.

'90 복고'를 창조하고 누리는 주요한 세대는 30대지만, 1990년대에 태어난 20대 또한 90년대에 유행한 아이템을 패션에 접목하는 등 일종의 놀이로 복고를 즐긴다. 20대가 기억하는 짧은 90년대는 정치, 경제, 문화적으로 풍요롭고 낙천적이며 인간적인 가치가 살아 있는 아날로그적인 시대다. 덕분에 당시를 회상하며 여러 가지 위기가 도사리는 2012년을 위로할 수 있다.

앞으로 '복고'는 문화적 재현을 넘어 상품 마케팅과도 활발하게 결합할 것이다. 대중문화를 경험하는 나이가 점점 어려지고 있는데다가 복고의 시점 또한 빨라지고 있으므로, 앞으로 20대는 새로운 방식으로 '최근의 과거'를 활발히 추억하게 될 것이다.

"

1990년대를 지나온 이들, 황금기를 추억하다

2012년 문화계를 가장 잘 표현하는 단어는 단연 '복고'일 것이다. 영화 〈건축학개론〉이 2012년 상반기 '복고' 열풍의 기폭제가 됐다면, 하반기는 드라마 〈응답하라 1997〉에 의해 지속됐다. 두 작품의 흥행에 힘입어 1990년대가 대중 사이에 회자됐고, 1990년대 가요만을 트는 술집이 성행하는가 하면, 당시의 옷차림을 재현하거나 기억에서 사라진 브랜드의 제품을 다시 착용하는 이들도 늘어나고 있다.

그러나 '복고' 열풍은 비단 2012년의 일이 아니다. 점화의 순간으로 거슬러 가면, 2010년 방송된 〈놀러와 한가위 특집: 세시봉 친구들 2010.9.20 방송, 307회〉이나 2011년에 개봉한 영화 〈써니〉와 같은 문화 아이템이 자리하고 있다. 조영남, 송창식, 윤형주, 김세환 등 과거의 어느 한 시점을 울렸던 이들이 다시 TV에 나와 노래를 부르고, 일곱 명의 10대 소녀는 스크린 위에서 학창시절을 재현했다. 통기타는 불티나게 팔렸고, 7080세대는 콘서트장과 극장에서 아련한 향수에 젖어 열광했다.

2011년의 복고 열풍이 7080시대로의 귀환을 촉진했다면, 2012년의 복고 열풍은 조금 다른 모양을 하고 있다. 우선, 2012년의 복고 열풍은 비교적 가까운 과거인 1990년대를 향한다. 20년도 채 지나지 않은 그 시절의 무엇에 대중이 열광하는 것일까.

대중이 1990년대에 열광하는 이유는 크게 두 가지로 요약된다. 첫째는 아날로그적 감성에 대한 그리움이 1990년대 문화에 대한 그리움으로 나타났다는 것. 페이스북, 트위터, 스마트폰을 유려하게 다룰 줄 아는 2012년의 대중이 디지털에 삭막함을 느껴, 아날로그적 자취가 남아 있는 마지막 시대인 1990년대를 그리워한다는 해석이다.

둘째는 정치, 경제, 문화적으로 번성했던 그 시절의 영광을 회상한다는 것이다. 시위 대신 캠퍼스의 낭만을 즐기고, 국민소득 1만 달러 시대에 진입하며 선진국 대열에 올라서고, 할리우드 직배 영화가 개봉되던 문화 부흥기인 당시가 전반적으로 침체된 지금보다 '나아' 보이기 때문이라는 해설이다.[1]

신기하게도 2012년의 복고 열풍은 시대를 경험한 일부에 의해 창작되고 향유되는 것이 아니라 당시를 경험하지 못한 세대까지 아우르며 확산되고 있다. '7080 복고'를 만들고 향유하는 것은 그 시절을 직접 겪은 지금의 50대 이상의 장년층이었으나 '90 복고'를 즐기는 이들의 연령대는 그보다 넓다. 1990년대에 청소년기를 보낸 30대에 의해 제작되고 소비되는 비중이 가장 클지라도, 그보다 넓은 범위의 세대가 이들과 함께 열광한다. 심지어 1990년대에 태어나 그 시절을 제대로 기억하지 못하는 20대까지도 말이다.

2012년에 20대를 보내는 이들 대부분은 〈건축학개론〉이나 〈응답하라 1997〉과 같은 문화 아이템으로 그 시절을 학습하며, 일종의 놀이처럼 자신이 태어난 시절로 거슬러 오르고 있다.

....

1. 김나경 선임연구원, 「90년대와 通한 2012년의 복고형 감성코드」, LG Buisiness Insight, 2012.9.17.

회상할 준비 됐습니까?
〈건축학개론〉과 〈응답하라 1997〉이 깨닫게 해준 것들

1990년대를 추억하는 데 가장 큰 공을 세운 것은 역시 영화 〈건축학개론〉과 드라마 〈응답하라 1997〉이나.

수지, 이제훈과 같은 청춘스타와 한가인, 엄태웅이 출연한 영화 〈건축학개론〉은 2012년 3월에 개봉해 장기 상영하며 411만 명의 관객을 극장으로 불러 모았다. 이 영화는 한국 멜로영화 중에 역대 최고 관객을 동원하며 기록을 세우기도 했다.

대중이 드라마 〈응답하라 1997〉에 열광했음 역시 시청률로 증명된다. 실제로, 이 드라마는 케이블 채널로는 이례적으로 높은 시청률을 기록하며 종영했다. 9주 연속 케이블TV 동 시간대 1위를 차지했으며, 최종회는 평균시청률 7.55%, 최고시청률 9.47%로 역대 케이블TV 드라마 중 최고시청률[2]을 세우기도 했다.

두 작품 모두 현재(2000년대)와 과거(1990년대)를 자유롭게 오가며 이야기를 펼친다. 〈건축학개론〉은 대학시절 풋사랑했던 남녀

---

2. '신소율, 응답하라 1997 스페셜 영상 내레이션 맡아', 「국민일보」 쿠키뉴스, 2012.10.24.

가 세월이 흘러 다시 만나 당시를 회상해 보지만, 지나간 첫사랑을 이루지 못한 채 각자의 삶으로 돌아간다는 내용이다. 〈응답하라 1997〉 역시 첫사랑을 기반으로, 학창시절을 함께 보낸 이들이 동창회에서 과거를 소환하는 방식으로 이야기를 끌어간다. 이런 '회상'의 코드는 자연스럽게 2012년을 사는 대중이 1990년대를 추억할 수 있도록 돕는다.

과거와 현재를 오가는 와중에, 두 작품 모두 '과거'를 더 큰 비중으로 살려낸다. 두 작품에서 그 결을 살리는 데 가장 큰 역할을 하는 것은 '그 시절'을 회상하게 하는 물건이다. 옷차림에서부터 음악, 소품까지 모든 것이 적재적소에서 공감을 불러일으킨다.

영화 〈건축학개론〉에서 승민이제훈이 입은 스펠링이 틀린 게스Guess 티셔츠는 하나의 에피소드를 만드는 중요한 소품으로 등장한다. 인

영화 〈건축학개론〉

상적인 조연으로 자리매김한 '납득이조정석'는 알록달록한 색감의 후드티와 긴팔티를 레이어드하고, 품이 넓은 청바지를 입는다. 무스로 매만진 머리도 인상적이다. 서연수지의 CD 플레이어에서 흘러나오던 전람회의 노래 '기억의 습작'은 영화를 관통하는 주제가로 쓰인다.

드라마 〈응답하라 1997〉 역시 매회 추억의 소품을 쏟아낸다. 지정된 시간에 밥을 주거나 잠을 재워 공룡을 키우는 휴대용 게임기인 '다마고치'는 물론이고, 댄싱 게

임인 'DDR', '삐삐'와 같은 물건
을, 대중은 드라마를 통해 십여
년 만에 다시 보게 됐다.

더불어 그 시절 청춘의 행동
까지도 완벽하게 되살린다. 학
생들은 '하이텔'로 채팅하며,
'H.O.T'에 열광하고, 앨범이 나오
는 날을 기다려 레코드 가게에
줄을 섰다가 테이프를 사고 브로
마이드를 받는다. mp3나 스마트
폰으로 편리하게 음악 파일을 다
운받는 지금은 어디서도 볼 수
없는 풍경이다.

드라마 〈응답하라 1997〉 스틸컷

두 작품 곳곳에서 발견되는 1990년대는 그 시대를 겪은 이들에
게 향수를 불러일으켰고, 그것이 지금은 '사라진 것'임에 더욱 간절
히 그립다.

실제로 1990년대는 혼란스러웠지만, 매력적인 시기였음이 분명하
다. 1990년대는 아날로그에서 디지털로 빠르게 전환되던 때였다. 음
악을 듣는 방식은 LP, 카세트 테이프에서 CD, MP3로 빠르게 바뀌
었다. 소통 방식도 손 편지에서 나우누리, 하이텔 등과 같은 통신,
그리고 이메일, 메신저로 바뀌었다. 또한 삐삐무선호출기, 시티폰, PCS라
는 다수의 이동 통신 기기의 교체를 경험하였다.[3]

2012년엔 마음만 먹으면 스마트폰을 이용해 걸어 다니며 모든 일

3. 김나경 선임연구원, 「90년대와 通한 2012년의 복고형 감성코드」, LG Buisiness Insight, 2012.9.17.

을 할 수 있고, 페이스북이나 트위터 등 SNS로 낯모르는 이들과 관계를 맺고 넓혀 나갈 수 있을 정도의 기술에 도달했다. 이런 편리한 기술은 그러나, 때때로 외로움을 증폭하는 장치로 지적돼 왔다.

〈건축학개론〉이나 〈응답하라 1997〉과 같은 작품은 현재보다 기술은 덜 발전됐을지라도 더 마음이 넉넉할 수 있었던 시기를 눈앞에 재현한다. 그리고 우정, 정성, 진심, 기다림과 같은 인간 본연의 따뜻한 정서를 상기시켰다. 빠르게 떠밀리느라 잊고 있던 가치였다.

두 작품에 대중이 열광한 이유가 온전히 1990년대를 재현했기 때문만은 아닐 것이다. 감독의 연출이 훌륭했고, 배우의 연기가 눈부셨고, 보편적인 감성에 소구했기 때문이기도 하다. 그러나 대중은 영화가 재현한 1990년대의 풍경과 감성에 빠졌고, 열렬히 환호했다. 두 작품이 보여준 '그 시절'은 관객으로 하여금 잊고 있던 자신의 황금기를 되돌아보게 해주었고, 다시 이야기해 볼 만한 가치가 있음을 일깨워 주었기 때문이다. 아련함에 촉촉이 젖어들기 위한 일종의 준비운동인 셈이다.

추억을 팝니다

영화 〈건축학개론〉과 드라마 〈응답하라 1997〉의 흥행에 힘입어 추억의 상품도 더불어 인기를 얻고 있다.

CJ몰에서는 〈응답하라 1997〉에 노출됐던 1990년대 인기 제품을 모아 판매하는 특별전을 열기도 했다. 1990년대 인기가요가 수록된 〈응답하라 1997 감독판 OST〉는 예약 출시 3일 만에 3,000장 이상이 팔렸다. 당시 유행했던 반지디자인을 복원한 커플링 '응칠반지'를 비롯해 게스 오리지널 티셔츠, 방울머리끈도 인기였다. 옥션에서도 '잔스포츠 가방' 500개가 하루 만에 매진되는가 하면, 리듬에 맞춰 스텝을 밟는 게임기인 'DDR'도 드라마 이후 판매량이 지난해보다 45%나 늘었다고 한다.[4] 드라마에서 등장인물이 즐겨 보던 당대의 인기 만화책 〈슬램덩크〉도 판매량이 부쩍 증가했다. 인터파크에서 '슬램덩크 완전판 프리미엄 1~24세트'의 7~9월 매출이 4~6월 대비 9배나 증가하기도 했다.

---

4. '90년대 복고열풍, 패션·게임기까지 번졌네', 「한국일보」, 2012.9.18.

낭만이여 다시 한 번!
1990년대 인기가요, 청춘의 BGM

영화나 드라마의 흥행은 음악시장에도 영향을 미쳤다. 영화 〈건축학개론〉에 등장한 전람회의 노래 '기억의 습작'이 큰 인기를 끌었고, 드라마 〈응답하라 1997〉에 쓰인 쿨cool의 '올 포 유All for you'를 비롯해 K2의 '슬프도록 아름다운', 고故 서지원의 '아이 미스 유', 양파의 '애송이의 사랑', 리아의 '눈물' 같은 곡이 다시금 회자됐다.

드라마의 주인공 서인국과 정은지는 아예 쿨의 '올 포 유', 영화 〈연풍연가〉의 OST 수록곡 '우리 사랑 이대로'를 리메이크해 불렀다.[5] 〈응답하라 1997〉을 모아 OST가 발매되는가 하면, 온라인에선 '90년대 인기가요' 리스트까지 떠돌 정도다. 대중은 '그 시절 노래'를 원곡 그대로 다시 찾아 듣는다.

1990년대는 문화계 전반에 '웰 메이드 상품'이 많았던 시기다. 특히나 가요계엔 100만 장의 음반 판매량을 돌파하는 가수가 심심찮게 쏟아졌다. 10만 장을 판매한 가수들이 다음 앨범을 내야 하나

---

5. '아이돌도 푹 빠졌다… 90년대 노래 신드롬', 「중앙일보」, 2012.9.12.

말아야 하나 고민하던 시기였을 만큼 음악 수용자들의 적극적인 호응이 존재했다. 또한, 김동률, 이적, 유희열, 윤상 등 자신의 음악 세계를 탁월하게 만들어 가는

비디오 테이프 모양으로 출시된
드라마 〈응답하라 1997〉 감독판 OST

싱어송라이터가 대중의 가슴을 관통하며 주목 받았고, 오늘에 이르기까지 현재진행형의 뮤지션으로 존재하고 있다. 그것은 1990년대의 음악이 얼마나 큰 감성의 주축이 되었는가를 보여주는 단서다.

더불어 H.O.T, 젝스키스, SES, 핑클 등 아이돌로 인해 서로 경쟁하며 팬클럽 문화가 본격적으로 생겨난 것도 1990년대였으니 듣고 볼거리가 많은 시대였다.[6]

실제로 지금의 대중문화는 1990년대를 기반으로 만들이겼다고 볼 수 있다. 자세히 보지 않으면 구별하기도 어려운 아이돌 그룹이 주류 음반시장을 점령한 지금보다 더 창의적이고 다양하다는 인상을 주기도 한다. 1990년대 가요계엔 댄스, 힙합, 레게, 발라드, 펑크, 헤비메탈 등 다양한 장르가 공존했고, '홍대'를 거점으로 한 언더그라운드와 공중파를 넘나드는 풍성한 청년 문화가 형성되기도 했다.

이처럼 풍요로운 음악과 함께 자란 30대는 자신의 정체성을 정립하는 시기에 영향을 줬던 것을 잊을 수 없었을 것이다. 반면, 20대는 현재의 대중가요시장과 유사한 아이돌 그룹-팬덤이 존재하고, 비슷한 비트와 멜로디 라인이 반복된다는 점에서 1990년대 음악에 낯설지 않게 접근할 수 있었다. 또래의 가수가 등장해 과거의 가요를 재해석하는 〈불후의 명곡〉과 같은 형식의 프로그램도 거부감 없이

------

6. '세월을 견디는 90년대 음악', 「서울신문」, 2012.10.25.

말아야 하나 고민하던 시기였을 만큼 음악 수용자들의 적극적인 호응이 존재했다. 또한, 김동률, 이적, 유희열, 윤상 등 자신의 음악 세계를 탁월하게 만들어 가는

비디오 테이프 모양으로 출시된
드라마 〈응답하라 1997〉 감독판 OST

싱어송라이터가 대중의 가슴을 관통하며 주목 받았고, 오늘에 이르기까지 현재진행형의 뮤지션으로 존재하고 있다. 그것은 1990년대의 음악이 얼마나 큰 감성의 주축이 되었는가를 보여주는 단서다.

더불어 H.O.T, 젝스키스, SES, 핑클 등 아이돌로 인해 서로 경쟁하며 팬클럽 문화가 본격적으로 생겨난 것도 1990년대였으니 듣고 볼거리가 많은 시대였다.[6]

실제로 지금의 대중문화는 1990년대를 기반으로 만들이겼다고 볼 수 있다. 자세히 보지 않으면 구별하기도 어려운 아이돌 그룹이 주류 음반시장을 점령한 지금보다 더 창의적이고 다양하다는 인상을 주기도 한다. 1990년대 가요계엔 댄스, 힙합, 레게, 발라드, 펑크, 헤비메탈 등 다양한 장르가 공존했고, '홍대'를 거점으로 한 언더그라운드와 공중파를 넘나드는 풍성한 청년 문화가 형성되기도 했다.

이처럼 풍요로운 음악과 함께 자란 30대는 자신의 정체성을 정립하는 시기에 영향을 줬던 것을 잊을 수 없었을 것이다. 반면, 20대는 현재의 대중가요시장과 유사한 아이돌 그룹-팬덤이 존재하고, 비슷한 비트와 멜로디 라인이 반복된다는 점에서 1990년대 음악에 낯설지 않게 접근할 수 있었다. 또래의 가수가 등장해 과거의 가요를 재해석하는 〈불후의 명곡〉과 같은 형식의 프로그램도 거부감 없이

------

6. '세월을 견디는 90년대 음악', 「서울신문」, 2012.10.25.

접근하는 데 도움이 되었다. 원곡에 관한 호기심을 불러일으킨 것.

이런 관심은 1990년대 가요를 전문적으로 소비하는 공간으로까지 이어졌다. 과거의 '음악다방'과 비슷하게 1990년대 가요만을 트는 술집이 생겨났고, 대흥행을 기록했다. 가장 큰 인기를 얻은 곳은 '밤과 음악사이'라는 곳으로, 1990년대 DJ로 이름을 날린 김진호 사장이 2006년에 홍대에 문을 연 주점이다. 2004년 '스튜디오80'이란 7080클럽의 실패 후, 1990년대 음악을 트는 전략으로 다시 문을 연 이곳은 6년 만에 매장이 19개로 불어날 만큼 호황을 이뤘고, 연매출은 200억 원 수준으로 확대됐다.[7] 최근엔 〈응답하라 1997〉을 보고 1990년대 가요에 관심을 갖게 된 20대 손님이 급격히 증가했다. 인근에는 터보 출신 김정남이 운영하는 '아이러브케이팝'과 같이 비슷한 형태의 공간이 생겨났다.

〈응답하라 1997〉을 연출한 신원호 PD 역시 '밤과 음악사이'에서 20대 친구들이 90년대 가요에 공감하는 장면을 목격하고 드라마 제작을 구체화했다고 말했다. 20대 친구들이 1990년대 노래를 떼창_{단체로 따라 부름}하는 모습을 보고, 1990년대 문화 콘텐츠가 주는 소구력이 분명히 있다고 확신했다는 것.[8]

1990년대 가요는 이제 2012년 음악시장에 좋은 모티프로 자리하며 새로운 영향을 주고 있기도 하다. 특히 아이돌 및 신인 가수들이 이 같은 트렌드에 재빠르게 동승하고 있다. 신곡 '립스틱'으로 컴백한 애프터스쿨의 유닛_{조별 활동} 오렌지캬라멜 역시 1990년대 복고 콘셉트를 택했다. 고소영 앞머리, 눈가에 붙이는 스티커, 커다란 리본 등

....

7. '中絶된 90년대식 주점 '밤과 음악사이' ', 「한국경제」, 2012.9.21.
8. '들리는가, 들린다면 응답하라 나의 90년대여', 〈대학내일〉 625호(10월 8일자) 신원호 PD 인터뷰.

을 활용해 무대 복장을 꾸렸다. 아이돌 그룹 비투비 역시 중독성 강한 1990년대 감성의 댄스곡 '와우'를 타이틀곡으로 택해 컴백했다. 1990년대 국내외를 휩쓸었던 뉴잭스윙고고 계열의 튀는 리듬 패턴을 접목한 음악 스타일이다. 당시 국내에선 듀스, 언타이틀, 유승준 등이 선보여 인기를 끌었다.[9]

1990년 인기가요가 회자됨에 따라 당시에 활동하던 가수 역시 TV 음악프로그램이나 기획성 콘서트 등을 통해 얼굴을 내비치기 시작했다. KBS의 라이브 음악프로그램인 〈유희열의 스케치북〉은 2012년 두 차례3월 23일, 5월 18일 방송 1990년대에 활동한 가수들이 나와 자신의 히트곡을 부르는 '청춘 나이트'를 특별 방송했다. 신승훈을 비롯해 R.ef이성욱, 성대현, 소찬휘, 시크릿, 진주, 양파, 성진우, 황규영 등 1990년대 인기가수가 출연했다. 2000년대로 넘어오면서 좀처럼 TV에서 볼 수 없었던 이들이다.

이 무대의 가장 인상 깊은 점은, 1세대 아이돌과 현재의 가수가 함께 무대를 만들었다는 것이다. 래퍼 없는 터보김종국의 무대에 하하가 대신 오르고, 여성 멤버인 유리 없는 쿨이재훈, 김성수의 빈자리를 미쓰에이의 수지가 채우며 1990년대와 2012년이 만나는 순간을 만들어냈다.

2012년 여름 전국 2만 관객이 함께 즐긴 리믹스 콘서트 〈청춘 나이트〉 역시 겨울을 맞아 두 번째 공연을 한다. 김건모, 터보김종국, DJ DOC, 쿨, R.ef, 코요태, 컨츄리 꼬꼬탁재훈, 구피 등이 출연할 예정이다. 11월 30일과 12월 1월에 예정된 이 공연의 예매율은 20대가 36%, 30대가 49.7%를 기록하고 있다.2012년 10월 30일 현재, 인터파크 티켓 사이트 기준

9. '아이돌도 푹 빠졌다… 90년대 노래 신드롬', 「중앙일보」, 2012.9.12.

돌아오라, 스타여!

H.O.T부터 현진영까지 1990년대 가요계를 풍미했으나 잠시 스포트라이트에서 벗어났던 스타들이 복고 열풍에 힘입어 브라운관으로 돌아오고 있다.

H.O.T 출신 토니안은 드라마 〈응답하라 1997〉에서 여주인공 성시원(정은지)의 우상으로 매회 간접 출연하면서 과거 아이돌 스타로서 대접을 톡톡히 받았다. H.O.T와 같이 활동했던 젝스키스 출신 은지원은 아예 고정 배역을 맡아 연기자로 재조명받았다.[10]

MBC의 〈나는 가수다〉는 세월에 묻혀 잊힐 뻔했으나 실력은 녹슬지 않은 가수를 불러 노래할 기회를 주었다. 이소라, 임재범, 박정현, 이은미, 박미경, 장혜진, 서문탁, 변진섭, 시나위 등이 이런 수혜를 입었다.

KBS에서 방영한 〈내 생애 마지막 오디션〉 역시 소리 소문 없이 사라진 가수들의 재기를 위한 프로그램으로, MC와 심사위원 모두 1990년대 전성기를 구가한 가수들로 꾸몄다. 드라마에서 〈넝쿨째 굴러온 당신〉에서 재기를 꿈꾸는 왕년의 인기가수를 연기했던 가수 김원준이 MC로 나서고, 조성모, 현진영, 손호영 등이 심사위원을 맡았다. 1996년 데뷔해 '눈물'이란 곡으로 인기를 얻었던 가수 리아는 출연자로 오디션에 참가했다.

10. '90년대 스타를 소환하라, 방송가 복고 붐', 「연합뉴스」, 2012.8.30.

복고는 재미있는 놀이
20대, 복고 패션을 즐기다

1020세대는 '90 복고'를 일종의 놀이로 이해하고 접한다. 과거의 시간을 현재로 불러내 새해석하고 변형하는 데서 흥미를 느끼는 것. 시장조사전문기관 엠브레인 트렌드 모니터는 전국 만 19세 이상 성인 남녀 1,200명을 대상으로 복고 트렌드와 관련한 설문조사를 실시했다. 그 결과, 가장 경험해 보고 싶은 복고 아이템은 가요40.4%와 패션스타일31.9%, 여가-놀이27.9%였다. 영화21.1%와 헤어스타일20.3%, 통신기기18.3%를 경험해 보고 싶다는 응답도 많았다.[11]

실제로 20대가 '복고'를 접하고 즐기는 데 가장 두드러지는 분야는 단연 패션이다. 영화 〈건축학개론〉이 흥행한 뒤 상반기 히트상품으로 '청남방'이 뽑힌 데 이어 2012년 가을에도 제일모직의 에잇세컨즈, 아디다스, 푸마 등 주요 의류와 신발브랜드에서 군복패션밀리터리룩, 항공점퍼, 운동화 등 향수를 불러일으키는 레트로 빈티지Retro Vintage가 강세를 보였다.

....

11. '돌고 도는 복고문화 "응답하라! 어린 시절이여" ', 「CNB NEWS」, 2012.10.22.

실제로, 20대는 자기표현의 수단으로 삼는 옷차림에 1990년대 무드를 결합하는 추세다. 자신의 하루하루 착장을 사진 찍어 기록하는 20대의 '데일리룩daily look' 블로깅을 보면, 몇 가지 공통적인 차림이 다시금 유행하고 있음을 쉽게 확인할 수 있다.

가장 보편적인 형태는 양말이나 백팩 같은 액세서리로 1990년대 분위기와 개성을 표현하는 것이다. 바지 밑단을 일부러 접어 올리거나 치마를 입을 땐 스타킹 위에 양말을 덧입는다. 색이나 패턴이 독특한 양말이 드러나도록 하는 것을 '삭스어필socks appeal'이라 부르기도 한다. 물방울무늬, 줄무늬, 체크무늬 등은 물론이고 레이스나 프릴 달린 제품도 시중에 많이 팔리고 있다.

이런 인기에 힘입어 '아이 헤이트 먼데이www.ihatemonday.co.kr'나 '해피삭스www.happysocks.com'와 같은 양말 전문 브랜드가 눈에 띄게 많아졌고, '엔젤삭스www.angelsocks.com' 같은 양말 전문 쇼핑몰 또한 흥하고

20대에게 인기 있는 양말 브랜드 '해피삭스'의 제품

있다.

여세를 몰아 1990년대 높은 인기를 얻은 브랜드의 재기도 눈에 띈다. '삭스탑'과 같은 양말 브랜드는 앞서 언급한 유행에 힘입어 새로운 제품을 출시했고, 가방으로 유명한 '키플링'은 양말 생산에까지 뛰어들어 큰 인기를 얻고 있다. '이스트팩'이나 '잔스포츠' 같은 브랜드의 백팩 또한 〈응답하라 1997〉의 영향으로 다시 유행하면서 판매량이 늘었다.

20대는 상의와 하의를 모두 진jean 소재로 맞춰 입는 일명 '청청 패션'에도 거부감이 적고, 서로 다른 소재와 아이템을 겹쳐 입는 '레이어드' 착용법도 적극 활용한다. 셔츠에 니트를 겹쳐 입던 1990년대식 조합은 2012년 겨울에도 유효하다. 특히, 짜임이 굵은 니트 베스트knit vest를 체크 셔츠와 함께 입는 착장이 인기다. 스웨터나 셔츠를 어깨에 숄처럼 걸치거나 허리에 묶는 90년대식 착장 역시 간절기 20대의 옷차림에서 흔적을 찾아볼 수 있다. 다소 길이가 긴 셔츠와 블

20대의 보편적인 옷차림/ 블로그 'awosome blossom' 데일리룩 포스팅

라우스의 앞자락은 하의에 집어넣고 뒷자락은 빼는 스타일링 또한 여름부터 지금까지 유행하며 1990년대 무드를 되살리고 있다.

1990년대에 한국에 처음 등장해 사회적 파장을 일으키기도 했던 '배꼽티'는 '크롭트 톱Cropped Top'이라는 이름으로 재탄생, 유명 디자이너들의 컬렉션에 종종 등장하고 있다.[12] 20대는 크롭트 톱을 리얼 웨이real way로 가져와 스키니진이나 짧은 반바지, 플리츠 스커트주름치마와 함께 착용하기도 한다. 1980년대 후반부터 미국 힙합 가수들이 즐겨 신으면서 우리나라에서도 1990년대 인기를 얻기 시작했던 워커부츠도 다시 등장했다. 요즘엔 기존의 무게감 있고 두터운 아웃솔과 갑피에서 탈피한 가볍고 날렵한 모양의 제품이 인기다.

1990년대에 유행한 옷차림을 보면, 지나치게 꾸민 느낌이 덜하면서 활동성이 강조됐음을 발견할 수 있다. 이런 점이 외향적인 라이프 스타일을 가진 20대와 맞아떨어져 호응을 얻는 동시에, 선택적으로 수용된 듯하다. 또한 '과거'라는 특정 시점이 타인과 다른 개성을 표현하는 데에 근사한 액세서리처럼 포인트로 이용된다.

실제로 천편일률적인 레디메이드 의상에 거부감을 느끼는 개성 강한 20대 사이에서 최근 수년간 '빈티지'라는 이름으로 구제 의류를 착용하는 것이 유행해 왔다. 드라마나 영화의 흥행에 힘입어 1970~80년대에서 1990년대로, 복고의 시간이 가까워지고 있을 뿐이다.

12. '추억의 90년대 패션, 복고문화로 살아나다', 「세계일보」, 2012.8.23.

90년대, 모두가 찬란한 시절
30대가 만들고 20대가 함께 즐기다

"문화 쪽 일을 하는 친구들을 보면 구성에서는 메인 작가 바로 밑, 출판사와 잡지사에서는 팀장급, 작가 쪽에서는 경력 10년 차에 다다랐다. 이제 그들이 문화를 만드니, 1990년대의 전유물을 하나씩 풀어놓을 때가 된 것이다. (중략) 처음에는 그때의 감성이 그리워서 좀 유치하지만 한번 해볼까 하는 심정으로 영화도 만들고 드라마도 만들었을 것이다. 만드는 이들은 1990년대에 자신들이 다양한 문화를 누리고 살았다는 사실에 생각 이상으로 놀랐을 것이고, 보는 이들은 잊고 있던 시절을 추억하며 내가 이만큼 나이 먹었구나 싶어 마음이 먹먹했을 것이다.[13]"

많은 문화평론가들은 문화 전반에 불어닥친 1990년대 복고 열풍의 원인을 30대에게서 찾는다. 당시 스타를 사랑했던 세대가 경제력을 갖춘 문화소비층으로 떠올랐으며, 현재 상황의 불안정함이 찬란한 과거를 회상하게끔 한다는 분석이다. 실제로 1990년대를 향한

13. 곽효정, '지금 우리는 90년대 복고에 푹 빠져 있다', 「리빙센스」 2012년 9월호.

복고 열풍을 창조하고 활발히 즐기는 것은 1990년대에 청소년기를 보내고 지금은 중년기에 안착한 3040세대다.

이들은 청소년 시절 'X세대'라 불리며 이념적 갈등 대신 취향을 넓힐 수 있는 문화적 수혜를 받고 자랐다. 이들이 자라 문화를 창작하고 누릴 여유가 생겼고, 자신이 가장 잘 아는 시대를 이야기하기 시작한 것이다. 언론은 이런 3040 세대를 '397세대30대, 90년대 학번, 70년대생'라 칭한다.[14]

'397세대'는 1990년대를 문화적으로 모든 것이 풍부하고, 낙관과 긍정이 가득했던 시기로 기억한다. 반면 현재는 결혼, 출산, 육아 등 모범적이고 성공적인 인생의 과업을 지속하는 동시에 내 집 마련, 노후대비 등 해결해야 할 다양한 문제가 가득한 시기다. 그러므로 이들은 복잡한 현실을 탈출하기 위해 1990년대를 추억하려는 경향이 강하며, 어느 정도 경제적 여유를 갖췄으므로 '90 복고' 문화의 가장 큰 소비자가 될 수 있었다.

흥미로운 사실은 1020세대 또한 397세대 못지않게 '90 복고'를 열렬히 즐긴다는 것이다. 이들은 1990년대에 태어났기 때문에 그 시대를 간접 경험했거나 어렴풋이 기억하지만, 수용하고 변형하는 데 거부감이 없다.

전문가들은 복고 문화의 유행 주기가 빨라진 것은 경제 성장의 과실로 대중문화를 접하는 나이가 어려지기 때문이라고 설명한다. X세대의 복고 문화와 지금의 청년 문화 사이의 이질감이 적은 것도 복고 문화가 대중적 흐름으로 자리 잡게 했다는 것이다. 하재근 문화평론가는 "X세대의 문화는 지금의 젊은층도 새롭고 재미난 문화

14. '[X세대! 397의 귀환] 90년대 복고문화 '바람~ 바람~ 바람~' ', 「국민일보」 쿠키뉴스, 2012.9.28.

로 받아들이는 경향이 있어 20~40대까지 아우르는 놀이문화로 자리 잡게 됐다"고 설명한다.[15]

1990년대가 주는 독특한 시대적 분위기 또한 이런 복고 열풍에 큰 몫을 한 듯 보인다. 397 세대에게 90년대가 '직접 경험한 인생의 황금기'와 같은 시기라면, 1020세대에게 90년대는 '지금과 비슷해 보이지만 조금 더 인간적인 시기'로 인식된다.

1020세대가 인식하는 1990년대는 물건이나 감정 등 모든 것에 '아날로그적 감수성'이 가득한 시절이다. 카카오톡으로 메시지를 보내는 대신 손 편지를 주고받고, 영상통화를 하는 대신 공중전화를 이용해 만날 약속을 잡는, 기다림의 미덕이 가득했던 때이다. 바로 찍어 보는 디지털카메라 대신 필름카메라를 사용하고, 듣고 싶은 노래를 클릭 몇 번으로 결제하는 대신 앨범이 나오는 날 레코드 가게 앞에 줄을 서던, 느린 낭만이 있는 시절이기도 하다.

관계를 맺는 데 사람과 사람이 훨씬 밀착되고, 느리지만 인간적인 감정이 살아 있다는 점에서 1020세대에게 1990년대는 신기한 자극이 된다. 이들은 디지털 세상에서 자신들이 느끼는 감정적인 불만을 1990년대의 아날로그적 감성을 학습함으로써 위안을 받기도 했을 것이다. 영화 〈건축학 개론〉이나 드라마 〈응답하라 1997〉을 보며 20대가 시대에 대한 호기심뿐 아니라 등장인물의 관계와 우정, 사랑에 깊게 몰입했던 것도 이런 이유에서다.

더불어 1020세대는 IMF 이전의 1990년대가 갖는 낙관성과 긍정성을 90년대 문화를 통해 체험하게 됐다. 이렇게 학습된 시대관을 통해 취업이나 경제적 독립과 같은 수많은 문제가 쉽게 풀리지 않는

---

15. 'X세대, 그들은 왜 시계를 거꾸로 돌리나', 「이데일리」, 2012.10.12.

현재와 과거를 비교해 보는 것이다.

397세대에게든 1020세대에게든 모두에게 2012년 현재는 1990년 대와 비교할 때 더욱 불안하고 비관적인 시대임이 분명하다. 그리고 이러한 불안이 과거로의 회기를 부추기고 있다. 시장조사전문기관 엠브레인 트렌드 모니터가 전국 만 19세 이상 성인남녀 1,200명을 대 상으로 벌인 복고 트렌드 관련 설문조사 결과, 현재보다는 예전의 아날로그 시대가 더 좋았던 것 같다는 응답이 61.5%에 이르렀다. 복 고와 관련된 무엇인가를 보면 기분이 좋아진다는 의견66.3% 또한 우 세했다.[16]

16. '돌고 도는 복고문화 "응답하라! 어린 시절이여"', 「CNB NEWS」, 2012.10.22.

2013 전망 :
복고의 대중화, 뜨거운 마케팅 전면전

1990년대 열풍과 같이, 지나간 시대를 추억하며 그 시대의 제품이나 서비스를 재현하는 '복고'는 사실 새로운 현상이 아니다. 왜냐하면, 복고는 인간의 보편적 정서에 호소하는 트렌드이기 때문이다.

사람들은 몇 가지 이유로 복고를 찾는다. 먼저 '위안'이 필요한 심리상태를 들 수 있다. 문화평론가 진종훈 박사는 "사회가 각박해지고 어려워질수록 과거를 회상하면서 순간을 미화하는 경향이 있다. 과거로 돌아가고 싶다고 열망할 정도로 삭막한 침체 분위기가 큰 탓"이라고 말하며, 복고가 유행하는 것은 현재가 불안하다는 증거라고 해석했다.[17]

따뜻하고 즐거웠던 추억을 꺼내 보며 위로받고 싶은 복고의 욕구는 힘든 상황에 놓였을 때 더욱 강해진다. 실제로, 지난 경제위기 때마다 복고가 강세를 보였다. 스트레스, 고독, 치열한 경쟁, 실업 불안,

---

17. '新 복고 트렌드 90년대 문화' 중 문화평론가 진종훈 박사의 의견 인용, 「MBC Economy」 2012년 10월호.

경제적 어려움 등을 경험하는 요즘도 예외는 아닐 것이다.

익숙함에서 오는 편안함도 복고 코드를 이해하는 데 도움이 된다. 최신 노래, 기기, 서비스 등은 편리하고 새롭지만, 한편으로는 어색하고 불편하기도 하다. 복고는 이해하지 못하는 노래를 들었을 때와 같은 생소함, 스마트폰 사용을 위해 필요한 공부 같은 수고로움을 요구하지 않는다.

복고를 쾌락 추구 활동으로 보는 관점도 있다.[18] 뇌는 무의식 영역에 과거의 기억을 쌓아둔다. 그리고 기억과 관련된 사물이나 대상을 만나면 그 무의식이 튀어나오는데 특히 무의식 속에 쌓여 있던 즐거운 기억은 주목의 대상이 된다. 즉 복고 상품이 사람들의 무의식에 잠재된 즐거운 쾌락의 기억을 이끌어 낸다는 것이다. 따라서 복고 상품을 즐긴다는 것은 과거의 즐거움을 소비하는 행위로 해석할 수 있다.

위안, 익숙함, 쾌락 외에도 불안감의 해소, 소속감의 추구 등을 들기도 하는데 이런 해석을 종합할 때 복고에는 긍정적 감정을 불러일으키는 속성이 있음을 알 수 있다.[19]

복고 트렌드는 일시적인 유행으로 사라지기보다 1960년대에서 1970~80년대, 최근의 1990년대까지 시대를 달리하며 지속되어 왔다. 그리고 현재 상황이 악화될수록 오래 지속될 것으로 보인다.

엠브레인 트렌드 모니터가 만 19세 이상 성인남녀 1,200명을 대상으로 실시한 설문조사를 따르면 전체 74.8%는 세상이 각박해질수록 복고에 대한 사람들의 니즈가 더 커질 것이라고 바라봤다. 향후

18. 김현식, 『의외의 선택, 뜻밖의 심리학』, 위즈덤하우스, 2010.
19. 김나경 선임연구원, 「90년대와 通한 2012년의 복고형 감성코드」, LG Buisiness Insight, 2012.9.17.

복고의 인기가 계속될 것이라는 인식61.8%도 컸다.[20]

복고 마케팅의 예/ 롯데리아 새우버거 600원 행사

앞으로 '복고'는 문화적 재현을 넘어 상품 마케팅 및 소비 패턴과 활발하게 결합할 것으로 예상된다. 소비자인 대중 입장에서는 추억을 매개로 했기 때문에 구매 결정에 거부감이 적고, 기업 입장에서는 불황을 타개할 마케팅 방법으로 효과적일 것이다.

실제로 1970~80년대 복고의 영향으로 '오란씨', '삼양라면', '크라운 산도'와 같은 제품이 리뉴얼 출시돼 좋은 반응을 얻었다. LG생활건강이 65년 만에 내놓은 '럭키 크림' 역시 인기를 끌었다. 이런 제품은 사용 경험이 있는 소비자들에게 향수를 불러일으키고 새로 접하는 소비자에게는 호기심과 구매의 즐거움을 더해준다.

'90 복고'는 이전의 복고와는 달리 아직은 문화 영역에 한정되어 나타나는 양상을 보인다. 드라마나 영화, 가요 등을 제외하면 패션 분야에서 몇 가지 아이템이 흥행하고, '스트리트 파이터', '팩맨', '슈퍼마리오' 같은 게임이 스마트폰 게임으로 재등장한 것 정도다.

그러나 '90 복고'를 주도하는 '397세대'의 영향력이 사회, 문화, 경제 분야에서 확대되고 있고, 1020세대를 비롯해 전 세대로 관심이 넓어지는 추세다. 대중문화를 경험하는 나이가 점점 어려지고 있는 데다가 복고의 시점 또한 빨라지고 있으므로, 앞으로 20대는 새로운 방식으로 '최근의 과거'를 활발히 추억하게 될 것이다.

20. '돌고 도는 복고문화 "응답하라! 어린 시절이여"', 「CNB NEWS」, 2012.10.22.

casual Love

7. 쉽고, 편하게 우리의 사랑을 이야기하다

"

2012년, 좀처럼 간절하고 기나긴 사랑 고백은 찾아보기 어렵다. 취업준비를 하는 대학생, 끊임없는 자기계발을 통해 바쁘게 살아가는 직장인 등 현대인들에게 연애이자, 사랑이라는 것은 생각보다 쉬운 일이 아니다. 하지만 사랑이라는 주제는 세기를 넘어 나이와 종교, 국적을 떠나 인류의 보편적인 가치이기에 포기되는 감정은 아니다. 오늘날, 사랑 또한 소통과 공감을 도모하려는 소셜네트워크서비스SNS의 확산을 타고 소셜 부킹, 소셜 데이팅이 인기를 끌고 있다. 또한 이와 반대로 연애에 서툴거나, 연애를 못해 본 사람, 사랑에 대한 상처를 가지고 있는 이들을 위해 새로운 직업 '픽업아티스트'가 인기를 끌고 있다. 하지만 이성과의 커뮤니케이션을 원활히 하는 일을 돕고자 하는 원래 취지와는 달리 길거리 여성을 유혹하는 헌팅, 나이트에서 이성을 사로잡는 즉석만남 등 진정성 있는 만남이 아닌 쉽게 정복할 수 있는 것으로 사랑을 '이론화'하고 있다. 앞으로의 이런 현상은 본질에 대한 고민 없이 일회성 만남을 통한 이성을 놀잇감으로 치부하는 형태로 변질될 우려가 높으며 이는 우리 사회의 건강도에 영향을 미칠 것이다.

"

쉽고, 편하게 우리의 사랑을 이야기하다.

"나는 너에게 사랑을 구걸하지 않았어. 진심을 원했어. 마지막으로 널 봤던 날도 널 원하지 않았어. 진심을 원했어. 상처받은 내 마음과 더럽혀진 그때 추억. 날 바라보던 니 표정… 다 너무 싫어. 난 니가 싫어. 불안했던 우리 모습… 지켜내려던 내 모습. 다 너무 후회가 돼. 잘 몰랐던 나… 난 니가 싫어…" 어반자카파, '니가 싫어' 중

오늘날, 대한민국 사회는 하루가 다르게 변화하고 있다. 유럽 재정위기와 미국의 신용강등, 이어진 중국과 신흥국들의 연쇄적인 부진으로 이어진 2012년은 세계경제의 위기 속에 한국의 경제 성장을 중심으로 재도약을 위해 분주했던 한 해라 할 수 있다. 이러한 국제 정치와 경제적 환경이 불확실한 가운데에도 우리나라 스마트폰 가입자는 3천만 명을 넘어서 인구의 절반 이상이 무선인터넷을 기반으로 한 새로운 미디어 플랫폼으로 대중화되었고 점차 대한민국 국민들은 빨라지는 인터넷, 모바일 기술의 눈부신 발전과 더불어 일처리의 속도는 손쉬우나 일의 양이 늘어나고 있다. 이에 반면, 바쁜 나날로 인하여 점점 시간적인 여유가 없어져 연애를 하지 못하고 이별하거나,

건축을 통해 첫사랑의 추억과 소중함을 간직한 두 남녀의 설레는 감정을 표현. 2012년 흥행작으로 대중의 호평을 받은 영화 〈건축학개론〉

주저하는 사람들이 늘어나며 사랑은 예전처럼 간절하거나 기다림 끝에 찾아오는 달콤한 감정으로 인식되지 못하고 있기도 하다.

하지만 대중매체를 통해서도 볼 수 있듯이, 사랑에 대한 감정은 언제나 우리 삶의 깊숙한 곳에서 늘 중요한 요소로 자리하고 있다. 2012년 첫사랑 열풍을 일으킨 영화 〈건축학개론〉을 시작으로 권태기를 극복하는 자세를 유쾌하게 풀어 낸 〈내 아내의 모든 것〉, 첫사랑의 추억을 다룬 KBS2 월화드라마 〈사랑비〉, 90년대 패션과 사랑을 통한 복고 열풍을 일으킨 tvN 드라마 〈응답하라 1997〉, 진정한 사랑의 의미를 찾고자 했던 KBS2 월화드라마 〈착한남자〉까지 사랑을 중심소재로 이야기가 전개되는 방식은 변화하지 않는다.[1] 또한 한 시간만이라도 음악프로그램을 통해 가수들의 노래 가사를 주의깊게 듣거나 상위 10위 안에 들어 있는 한국가요의 가사를 살펴보면 스토리의 다양함을 가진 채 얼마나 많은 '사랑'이라는 소재가 단골소재로 사용되는지 알 수 있다.

이처럼 사랑은, 대한민국 사회는 물론 전 세계적으로도 특별한 누군가에게만 생겨나는 문제가 아니라 누구든 한 번쯤은 거쳐야 하는 '통과의례'이자 평생의 '과업'이라 칭할 수 있을지도 모른다.

1. '쌀쌀해진 날씨, 드라마 속 진득한 사랑이 그립다', 「오마이스타」, 2012.10.30.

우리는 사랑하는 법을 너무 모른다.

2012년 한국에 출간된 미국을 대표하는 여성주의 사상가 벨 훅스 Bell Hooks의 저서 『올 어바웃 러브』책읽는수요일, 2012에서 훅스는 사랑은 "빠지는" 것이 아니라 스스로의 의지와 선택으로 "행하는" 것이라고 강조한다. 즉 상대에게서 헤어 나오지 못하는 폭풍의 감정이 아니라 자기 자신과 다른 사람의 영적인 성장을 위해 자아를 확장하고자 하는 의지이며, 상대를 향한 신뢰·인정·책임·존중이 결합된 정서라는 것이다.[2] 저자는 한때 대한민국에서 주목받았던 남녀심리를 다룬 베스트셀러 『화성에서 온 남자, 금성에서 온 여자』존 그레이 저, 동녘라이프, 2008가 말하는 남성과 여성의 성격을 성별에 따라 이분법적으로 남녀 관계라는 틀을 규정해 버리면 자신도 모르게 남자는 권력을, 여자는 유대감을 원하게 되고, 이같이 엇갈리는 기대 때문에 관계 속에서 갈등이 계속된다고 지적한다. 따라서 사랑을 성별의 틀 안에서 규정되는 관계가 아니라 자신과 타인의 가치를 있는 그대로 알

---

2. '사랑은 '빠져드는 것' 이 아니라 '배워야 하는 것' ', 「경향신문」, 2012.10.26.

아가면서 성숙해지는 과정으로 이해하라고 조언한다.[3] 이처럼 각자의 가치관과 전하는 방식에 따라 사랑을 바라보는 관점과 태도는 시대별로 때로는 달라지기 때문에 전체적으로 통합하여 사랑을 무엇이라 한마디로 정의 내리기는 어렵다.

이처럼 정의 내리기 어려운 사랑을 2012년 대한민국 사회의 20대들은 어떻게 하고 있을까? 2012년, 화제의 키워드를 중심으로 연애와 사랑에 대한 트렌드를 통해 20대들의 사랑은 어떻게 전개되고 있는지 살펴보고 자신에게 맞는 사랑법을 찾아보자.

누군가의 특별함이 아닌 일상적인 연애사 '연상연하' 커플

2000년 이후 여성의 사회진출이 보다 활발해지면서 보수적이고 권위적인 연상의 남성보다, 여자를 존중하고 친절하게 대하는 연하남을 선호하는 '쿠거족cougar族'[4]을 선호하는 비율이 늘어났고 이에 따라 한때의 특별한 추억이라고 불리웠던 '연상연하' 커플은 이제 자연스러운 사회적 풍속으로 인식되었다. 이런 연상연하 커플의 급증현상을 일컫는 '드메르 신드롬'은 19세기 중반 연상의 여성만을 찾아 사랑을 고백했다는 프랑스 청년 '드메르Demers'의 기행에서 비롯된 연상녀 흠모증후군이라 하는데 이제는 그런 '드메르'를 더 이상 신드롬이 아닌 우리 주변에서 찾아보기 쉬워졌다. 요즘 방영되는 드라마 주인공들의 실제 나이를 봐도 드메르 커플은 환상의 호흡을 보여준다. MBC 드라마 〈더 킹 투 하츠〉의 주인공인 하지원(34)과 이승

---

3. '우리는 사랑하는 법을 너무 모른다', 「중앙일보」, 2012.10.27.
4. 자신보다 어린 남자와 사귀는 30대 이상의 여성을 뜻하는 말. 북미에 서식하는 고양이인 맹수 쿠거의 심야 사냥 습성처럼 늦은 밤 마음에 드는 남성을 찾는 여성의 행위를 빗댄 단어.

기(25)는 하지원이 실제 아홉 살 많은 누나지만 극 중에서 비슷한 연령대의 커플 연기를 자랑한다. SBS 드라마 〈옥탑방 왕세자〉의 한지민(30)과 박유천(26) 커플도 마찬가지다. KBS2 드라마 〈사랑비〉에선 이미숙(52)과 정진영(48)이 32년 만에 다시 만나 못다한 사랑을 풀어간다. 박예진(31)과 김기범(25)은 tvN 드라마 〈아이러브 이태리〉에서, 김희선(35)과 이민우(25)는 SBS 드라마 〈신의〉에서 실제 나이와 상관

우연히 만나게 된 연하남을 자신의 집에서 애완견처럼 키우면서 진정한 사랑을 깨닫게 되는 골드미스 여성의 이야기. 영화 〈너는 펫〉

없이 상큼발랄한 러브라인을 만들었다.[5] 얼굴만 어려 보이는 누나가 아니고 정서가 상통하는 누나들이 대세다.

이처럼 '연상연하' 커플이 보다 많아지는 이유는 무엇일까?

"내 짝이 없어요!" 심각한 대한민국의 성비불균형 문제

요즘도 유치원과 초등학교 입학식을 들여다보면 남자들끼리 짝꿍인 학생들이 부지기수다. 여자 짝을 두지 못한 남자들이 많은 것은 과거 남아선호사상에 따른 사회적 문제점이 강해졌다기보다는 경제적인 부담감을 이유로 출산기피 현상이 심화되면서 한 자녀만 두려는 가정이 많아지고 있다는 점이 더 큰 문제점이라 할 수 있을

---

5. '연상의 여인', 「경향신문」, 2012.4.20.

남초·여초현상[男超·女超現象]

남녀 성비는 보통 여아 100명당 남아 105명의 비율로 태어날 때 가장 정상적인 것으로 본다. 그러나 남성의 비율이 여성의 비율에 비해 비정상적으로 높아지거나, 반대로 여성의 비율이 남성에 비해 비정상적으로 높아지면 여러 가지 사회문제가 발생한다. 이와 같이 남녀의 비율이 어느 한쪽에 비해 비정상적으로 높아지는 현상이 남초·여초현상이다.

남초현상은 주로 가부장적 전통이 강한 아시아, 특히 유교권 국가인 중국·홍콩·싱가포르·타이완·한국 등에서 많이 발생한다. 이는 의료기술의 발달로 태아의 성 감별이 가능해지면서 나타나기 시작한 현상으로, 감별 결과 여아일 경우 인공임신중절을 하는 사례가 늘어났기 때문이다. 지역별로는 포항·울산·여천·창원 등과 같은 중화학공업지대, 탄광지역, 군사도시 등 남성들이 활동하기에 알맞은 지역 등에서 남초현상이 많이 일어난다. 남초현상으로 인한 부작용으로는 다음과 같은 것들이 지적된다. 짝이 없어 남성의 결혼이 어려워지고, 결혼 연령이 늦어진다. 국내에 여성이 없어 외국인과의 결혼이 많아지고, 독신 남성의 증가로 매춘 여성 및 성범죄가 증가하며, 출산율 저하로 인구가 빠르게 감소한다.

것이다. 사회진출을 통해 일하는 여성이 출산을 통해 한 자녀만 두려는 가정이 상대적으로 늘어나고 있고 한 명만 낳는다면, 남자아이를 낳겠다는 태도가 비교적 강해져 나타나는 현상이라 볼 수 있다.[6]

실제로 세계경제포럼WEF이 2012년 10월 23일현지시간 발표한 『연례 성 격차 보고서』에 따르면 한국의 성평등 순위는 세계 135개국 중 2011년 107위에서 한 단계 하락한 108위로 아랍·아프리카 국가와 비슷한 최하위권인 것으로 나타났다. WEF는 2006년부터 매년 『성 격차 보고서』를 발표해 왔다. 경제, 교육, 건강, 정치 4개 분야에서 세

......

6. ' '내 짝이 없어요' 남자들 아우성… 3년 후 '결혼대란' 온다」, 「세계일보」, 2012.10.3.

부적으로 자원·기회에의 접근, 기대수명, 여성 고위직 비율 등 14개 지표를 평가한다. 특히 한국의 출생 성비는 121위로 14개 지표 중 가장 낮아 신생아 성비불균형이 심각한 것으로 드러났다. WEF는 "출생 성비 때문에 한국의 순위가 하락했다"고 설명했다. 성평등 순위 상위권은 아이슬란드1위, 핀란드2위, 노르웨이3위 북유럽 3국이 나란히 차지했다. 최하위권은 아프리카 차드133위, 파키스탄134위, 예멘135위 등이었다. 아시아태평양 지역은 뉴질랜드6위, 필리핀8위, 호주25위, 스리랑카39위, 몽골44위 순으로 높았으며 중국은 69위, 일본은 101위에 그쳤다.[7]

또한 통계청의 '2010년 인구주택총조사'에 의하면 30대 인구 미혼율은 남성이 37.9%로 10명당 4명꼴로 결혼을 못한 것으로 드러났다. 혼인 적령기남성 29~33세, 여성 26~30세의 남녀 인구추계를 보면 2012년 성비가 123.5로 분석된다. 2014년 결혼적령기에 있는 1982~1986년생 남성 184만 명 중 30만 명은 다른 연령대에서 신붓감을 찾지 못하면 결혼을 못 할 수도 있다. 또한 1990년대 후반 및 2000년대 초반에 탄생한 남성들 역시 2028~2033년에는 성비가 120을 넘어설 것으로 분석돼 결혼대란이 우려된다. 통계청이 발표한 '2011년 결혼·이혼통계'에 따르면 평균 초혼 연령으로 남성은 31.9세, 여성은 29.1세로 나타났다. 남성이 연상인 경우가 많긴 하지만 감소세를 보이고 있고 여성이 연상인 부부는 점점 증가하는 추세다.

이처럼 결혼적령기 여성이 줄어들면서 과거 가부장적인 연상여자에 대한 기피현상이 사라지고 나이의 경계가 무너지면서 경제적인 부담감을 함께할 수 있는 연상연하 부부가 늘어나는 현상은 당연하

----

7. '한국 성평등 135개국 중 108위', 「메디컬투데이」, 2012.10.24.

다는 결과로 이어진다. 더 이상 심리적으로 연상녀에게 잠시 매료되어 사귀게 되는 이유가 아닌 사회구조적 성비불균형 문제가 자리 잡고 있는 것이다.

경제적인 부담으로 꺼려지는 연애, 정서적인 안정감을 선호

"우리 주말에 만날까?"

"어…… 미안한데, 요번 주말엔 못 만날 것 같아.."

"왜? 저번엔 주말에 만나기로 약속했잖아?"

"아, 갑자기 과제가 생겨서……. 미안."

"그래? 알겠어……."

여자는 전화를 끊고 잠시 생각에 잠긴다.

'이 남자, 다른 상대가 생긴 걸까? 아니다. 그렇다면 여자에 대한 마음이 식은 걸까? 아니다. 하지만 뭔지 잘 모르겠다. 어디서부터 잘못된 건지……. 나를 피하는 이유는 대체 뭘까?'

문제는 좀 더 사소하면서도 현실적이다. 바로 돈 때문이다. 연애를 하다 보니 뭘 해도 돈이 들어가는 것을 새삼 깨닫게 되는 20대. 영화를 보려 해도 두 장의 영화 티켓값과 팝콘값을 합치면 3만 원이

대학생 1회 평균 데이트 비용 분포

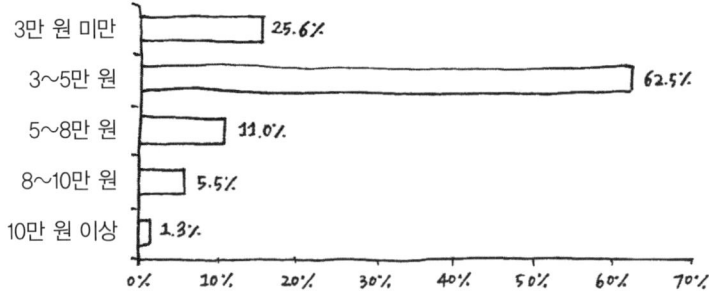

자료 : 알바천국, 2012.8.14

사라진다. 밥을 먹으려 하든, 카페에 앉아 있으려 하든, 뭘 해도 돈이 필요하다. 돈 적게 든다는 공원 데이트나 도서관 데이트를 해보지 않은 것도 아니지만, 이것도 한두 번이다. 한 번 데이트 할 때마다 드는 비용은 평균 3만~5만 원 정도. 매번 부모님에게 손을 벌려 보는 것도 어려워 방학기간 중에는 평일 아르바이트를 통해 비용을 충당하고 개강 이후에는 지금처럼 아르바이트에만 매달리기 힘든 상황이 20대들의 연애 현실이다.[8]

가끔 기념일이라도 다가오면 겁부터 난다. 100일, 200일, 1주년, 개인적인 기념일은 물론이고 매월 14일마다 챙겨야 할 것 같은 부담감. 남들보다 더 잘해주진 못해도, 남들만큼 해주지 않으면 안 되는 것이 연애의 일면이다. 누가 더 내고 덜 낸다는 부류의 고민만은 아니다. 실제로 아르바이트 전문 포털사이트 알바천국에서 조사한 대학생 2,537명을 대상으로 '대학생 데이트 비용과 아르바이트'를 주제로 한 설문조사2012.8.14 결과에 따르면, 우리나라 대학생이 한 번 데이트하는 데 소비하는 비용이 4만 5000원인 것으로 나타났다.[9]

20대들에게 연애도 결국 생활의 일부이고 마음만으론 할 수 없다는 것을 직접적으로 경험하면서 카페에서 얘기를 나누고, 여행을 가는 일엔 서로의 감정만 소비되는 것이 아니라 돈도 소비된다는 것을 알게 된다. 결국 그것은 생계의 영역과 사랑이라는 고귀한 정신활동은 별개의 것인 줄 알았지만 결국 생활이란 카테고리 안에서 부대끼고 있음을 보여 주는 것이다.

8. '사랑에 울고, 돈에 울고..사랑은 돈이다', 「경향신문」, 2012.10.14.
9. '대학생 평균 데이트 비용은 얼마?', 「동아일보」, 2012.8.16.

데이트 여성들 '더치페이 글쎄……'

물가 상승에 따른 데이트 비용증가와 젊은이들의 씀씀이에 대한 낭비도 분명 있겠지만 대한민국 사회에서 여성에 비해 상대적으로 데이트 비용에 따른 부담감이 큰 남성들이 느끼는 체감은 더 클 것이다. 일반적으로 대한민국에서 여성에게 있어서 남성의 '돈 계산 매너'는 곧장 그의 성품으로까지 귀결된다. 돈을 다 지불하는 남자, 소위 말해 '한턱 쏘는 남자'는 매너와 능력을 겸비한 남자로 평가된다. 반면에 더치페이를 유도하는 남자는 눈치도 매너도 없는 남자로 비난받는다. 레스토랑 예약 할인 서비스 위시랜드는 2012년 9월 27일부터 10월 3일까지 7일간 남녀 2035세대 407명을 대상으로 설문조사를 실시해 데이트 시 더치페이에 대한 적극적 선호가 남성66%, 121명이 여성17%, 38명 대비 3배 이상 높은 것으로 분석됐다고 밝혔다. 특히 여성의 경우 데이트 비용은 남성이 내는 것이 맞다고 생각하는 경우가 56%125명, 잘 모르겠다가 27%61명로 데이트비는 남성이 주로 내야 한

다고 생각하는 비율이 확연히 높은 것으로 나타났다.[10]

이는 우리 사회의 뿌리 깊은 가부장적 통념에서 기인한 것으로 볼 수 있다. 우리 사회에는 결혼에 있어서나 가정에 있어서 모두 남성이 경제력을 갖춰야 한다는 독특한 통념이 존재한다. 이러한 사회적 통념에 따르면 결혼생활의 질이 적어도 물질적인 측면에서는 남성의 경제력에 따라 크게 좌우된다고 볼 수 있다. 따라서 여성들은 자신의 삶의 질을 보장받을 수 있는, 경제력을 갖춘 남성을 찾게 되는 것이다.[11] 하지만 연상연하 커플이 될 경우 상대적으로 이러한 경제적인 부담감에서 조금 벗어날 수 있다는 점이 있다. 실제로 많은 연상연하 커플이 상대적으로 직장을 가진 여성이기 때문에 그러한 이유로 오로지 경제적인 부분에서 벗어나고자 만나지는 않는다. 사랑을 기본 전제로 하되 경제적인 이유가 최우선시될 수 없다고 말한다. 하지만 평균적으로 연하남이 연상녀를 선호하는 이유로 상대적으로 더치페이를 하는 경우가 많으며 가장 크게는 정서적인 안정감을 얻을 수 있다는 점에서 선호하는 추세이다. 또한 학점관리는 기본에다가 대외활동과 구직활동 등으로 시간도 돈도 모두 빠듯한 처지인 20대 남학생의 경우, '직장'을 가진 누나들을 통해 정서적인 안정감을 받고 위로를 받는 경우가 많아지고 있다는 점이 주목할 만하다. 병역의 의무를 지고 있는 남성들에 비해 상대적으로 사회적 진출이 빠른 '누나'들을 통해 같은 나이 또래나 연하의 여성들보다 비교적 취업과 미래에 대한 고민을 깊이 있게 나눌 수 있다는 점에서 공감대를 강하게 형성하고 있다. 이처럼 2012년, 20대의 연애는 사회적인 구조

---

10. '대학생 평균 데이트 비용, '1회 3~5만원, 식사 영화 코스' ', 「뉴스웨이」, 2012.8.16.
11. '남녀의 더치페이에 관한 고찰', 「중앙일보」, 2012.10.13.

설문조사 "연상녀가 좋은 이유는 무엇입니까?"

결혼정보회사 아띠클럽(대표 송미정, www.atticlub.com)은 최근 한 포털에서 남성 354명이 참여한 "만약 내가 연상녀와 만나게 된다면 좋은 점"이 무엇인지에 대한 설문조사에서 '누나라서 내 마음을 잘 헤아려 줄 것 같다'의 항목이 27.5%로 가장 많은 반응이 나왔다고 밝혔다. 그 다음으로는 '힘든 일이 있을 때 조언을 해줄 것 같다'가 26.5%, '데이트 비용을 굳이 내가 다 부담하지 않아도 될 것 같다'가 19.1%, '누나라서 오히려 애교가 더 많을 것 같다'가 11.9% 순이었다. 아띠클럽의 송미정 대표는 "'누나라서 내 마음을 잘 헤아려 줄 것 같다'와 '힘든 일이 있을 때 조언을 해줄 것 같다'의 항목이 가장 많이 나온 것으로 봐 예전의 가부장적인 남성상이 많이 바뀌고 있는 것 같다"고 설명했다.

또 송 대표는 "다원화되고 실용주의 사회가 도래하면서 성공한 여성들이 많아지고 남녀차별이 없어지면서 여성들의 사회적 지위가 크게 높아졌다"며 "이러한 사회적 분위기를 감안한다면 앞으로도 연상녀와 연하남 커플들의 비율이 계속 증가할 것으로 보인다"고 말했다.

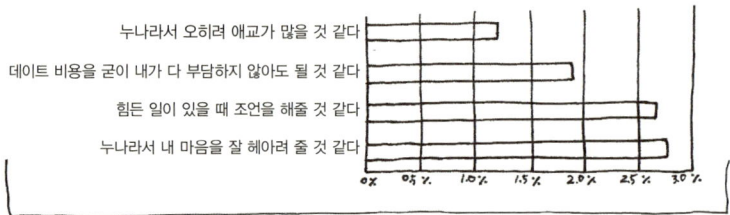

적 불균형, 경제적·시간적 여유의 부족함, 정서적인 위로를 이유로 연애를 하지 못하거나 또는 기피하는 현상 더불어 정서적 위로를 받을 수 있는 '연상녀'를 선호하는 연상연하 커플이 점차 일반화가 되어가고 있다.

간단한 클릭 한 번으로 나의 이상형 찾기, 소셜을 타고 소셜 데이팅·소셜 부킹호프 붐

애인은 없지만 더 이상의 연애 걱정은 없다. 매력적인 이성이 스마트폰으로 내게 데이트 신청을 하기 때문이다. 온·오프라인 경계가 무너지면서 친구나 선후배를 통한 지인들의 소개에 공연한 정성을 쏟는 소개팅을 하는 것보다 적극적으로 스스로 자신의 짝을 찾기 위해 스마트기기를 활용하여 상대방에게 어필하여 서로의 호감을 즉각적으로 알아볼 수 있는 소셜 부킹, 소셜 데이팅이 인기를 끌고 있다.[12] 처음 소셜 부킹·데이팅의 붐은 2010년 애플의 아이폰을 기반으로 둔 어플리케이션 '후즈히어who's here'에서부터 시작되었다. 처음 목적은 내 주변에 있는 아이폰 사용자를 찾아 주는 애플리케이션으로 자신의 정보를 간단히 입력하면 자신과 가까운 곳에 있는 아이폰 사용자들을 보여 주고 이들과 대화를 나누는 등 네트워크를 형성하는 데에 쓰였다. 문자를 주고받을 수 있는 아이폰 메신저 '왓츠앱WhatsApp'도 유사한 채팅 기능을 갖추고 있지만 후즈히어는 자신이 전혀 모르는 사람들과 수다를 떨 수 있다는 점에서 매력적으로 작용하였고 설정에서 찾는 사람의 위치범위를 무한대로 설정하면 아이폰을 사용하는 세계 모든 사람들과 실시간으로 대화를 나눌 수도 있다는 점이 국내 사용자들에게 큰 인기를 끌었다. 이는 초기의 목적인 네트워크 형성이 아닌 가까운 곳에 자신의 이상형에게 말을 걸거나 자신이 원하는 성별, 나이, 관심 사안들을 검색하여 선호하는 이상형을 찾는 기능을 하게 되었고 이를 통해 실제 만남으로 이어지는 사례 또한 생겨났다. 하지만, 가끔 낯선 남성으로부터 음란 사진이나 문자를 받는 여성들의 피해 사례도 발생하였기 때문에 사생활 보호와 침해 사이에서 적지 않은 논란의 대상이 되기도 하였다.[13]

---

12. '칼퇴없는 직장인들의 솔로탈출 방법은?', 「아르코팬」, 2012.10.30.
13. '후즈히어', 「파이낸셜뉴스」, 2012.4.15.

대한민국 사회의 독특하고 고유한 문화적 요소 '소개팅'

이처럼 발빠른 IT의 발전으로 아이패드 및 스마트폰 등의 모바일 디바이스가 빠르게 퍼지면서 기기에 탑재된 위성위치확인시스템GPS을 활용한 위치기반 소셜네트워크서비스가 보편화되었고 후즈히어, 하이데어hi, there 등의 스마트폰 애플리케이션으로 일회성 만남을 갖는 사람들이 점차 늘어나면서 소셜 데이팅이 자연스러워지기 시작했다. 이처럼 소셜 데이팅이 온라인 만남의 대세를 이루면서 유사 서비스가 늘어났고 '이음'과 '코코아북', '쵸콕', '이츄', '정오의 데이트', '커플레시피', '팅아일랜드' 등 수많은 업체들이 비슷한 매칭시스템을 가진 채 이성과의 만남을 서비스로 제공하고 있다. 이들은 가입할 때 제출한 프로필을 분석한 결과를 토대로 특정 시각에 정해진 숫자의 이성을 소개한다는 점에서 비슷하며 다른 점이라면 한 번에 소개하는 이성의 수와 하루 중 소개가 이루어지는 시각 정도다. 몇몇 서비스의 경우 독창적인 매칭 알고리즘으로 특허를 받았다는 점을 장점으로 내세운다.[14] 그러나 실매칭이 이루어지는 알고리즘은 사용자가 직접 눈으로 확인하거나 느끼는 부분이 아니기 때문에 실제 이용자가 느끼는 차이는 별로 없다. 그럼에도 불구하고 소셜 데이팅은 결혼정보업체에 비해 보다 부담 없이 접근할 수 있고, 자신을 알리고 적극적으로 짝을 찾는 시스템을 갖추고 있어 20대들 사이에서 인기를 얻고 있는 서비스다.[15] 또한 업계에서도 '소개팅'이라는 콘텐츠의 파괴력에 주목하고 있는 이유는 대한민국 사회에

2010년 11월 온라인 웹서비스로 정식 오픈 이후, 회원 수 30만 명과 월 매출 3억 원을 돌파하며 인기를 끌고 있는 '이음'

20대 젊은 멤버를 중심으로 창업 1년 만에 앱 다운로드 40만 건, 회원 수 30만 명으로 성장하고 있는 '정오의 데이트'

서 소개팅은 다른 나라에는 없는 고유한 문화적 요소를 가지고 있기 때문이다. 풍부한 상상력과 냉철한 시장 분석을 통해 소셜 데이팅 서비스에 대해 차별화한다면 세계시장에서 경쟁력 있는 문화 콘텐츠까지도 가능하다는 것이다. 소셜 데이팅 시장이 점점 경쟁이 치열한 레드오션으로 변화하는 가운데에 오프라인상에서도 소셜을 이용한 부킹호프가 대학가를 중심으로 점차 확산되고 있는 추세이다.

14. '우후죽순 소셜데이팅, 문제는 없을까?', 「헤럴드경제」, 2012.6.15.
15. '낯선 사람과의 연결… 펜팔 그리고 위치기반 SNS', 「한국경제」, 2012.5.18.

웨이터는 필요 없고 아이패드 하나만 있으면……
손쉬운 '소셜 부킹'

과거, 흔히 부킹이라 하면 과거 나이트클럽에서 많이 이뤄지는 것으로 다소 퇴폐적으로 느껴져 만남을 원하는 젊은이들 사이에 거부감이 있었던 것이 사실이다. 이랬던 부킹에 대한 선입견들을 날리고 새로운 오프라인 만남 트렌드로 떠오른 것이 바로 부킹호프로 부담 없이 이성들과 좋은 분위기에서 어울려 즐길 수 있다는 것이 장점이다. 이른 시간대에도 부담 없이 만날 수 있고 가격대도 저렴해 인기 있는 부킹호프는 대학가에서 시작해 점점 프랜차이즈로까지 발전되어 그 영역이 점차 늘어나고 있다. 기존의 웨이터에 의한 부킹이 아닌 매장을 방문한 고객은 자신의 테이블 번호와 이름, 연락처를 작성한 큐피트 카드를 호감 가는 이성이 있는 테이블에 전달, 이 카드를 받은 테이블은 결제 금액에서 1,000원을 할인받을 수 있는 블루케찹과 같은 형태와 아이패드를 활용해 남녀 간의 즉석만남을 주선하는 뮤엘, 세이헬로, 친추 등을 중심으로 소셜 부킹호프가 20대들 사이에서 인기를 끌고 있다. 이들은 모두 스마트 기기를 통해 가게 이름을 딴 메신저 어플리케이션을 실행시키면 닉네임과 성별, 인원수와 나이를 선택하는 창이 뜨며 나이는 20대 초반, 중반, 후반 중에서만 고를 수 있다. 입장 가능 연령을 20대로 엄격히 제한하고 있기 때문 이다.[16]

소셜 부킹호프와 소셜 데이팅은 우선 연고는 없지만 그로 인해 새로운 이들과 신선한 만남을 이어갈 수 있다. 처음에는 첫인상이나 외모처럼 피상적인 면으로만 상대방을 판단해야 하지만, 이후 시간이 지남에 따라 좋은 관계로 발전할 수도 있다. 만에 하나 상대방의 첫인상이나 느낌이 좋지 않다면 부킹호프의 경우 자리를 뜨면 되고, 소셜 데이팅의 경우 만남을 거부하면 되기 때문에 부담감이 없이 상대를 만날 수 있다는 점에서 20대들이 선호한다.

이렇게 공통점이 있는가 하면 차이점도 있는 법. 상대방에 대한 사전정보를 알 수 있느냐가 두 만남문화의 차이점이다. 부킹호프는 상대방에 대한 사전정보라고는 외모와 스타일 정도뿐이다. 그러나 소셜 데이팅의 경우 상대방의 소개글, 프로필 등을 살펴볼 수 있다. 또한 부킹호프는 마음에 드는 이성을 바로 만나볼 수 있다는 특징을 가지고 있지만, 소셜 데이팅의 경우 마음에 드는 이성이 있더라도 상대방이 승락하기 전까지는 실제로 만나보기 어렵다는 특징을 가지고 있다. 이처럼 개인의 취향에 맞는 만남문화를 선택해 이성을 만날 기회를 적극적으로 만드는 20대들은 실제로 단순히 재미와 첫인상으로 끝내지 않고 상대방에 대해 천천히 알아가면서 좋은 만남을 이어가기도 한다.[17]

---

16. 'SNS시대… 즉석만남 주선 앱 '북적'', 「국민일보」, 2011.7.11.
17. '즉석만남도 첨단기기 시대… 아이패드 이용 만남 주선 술집', 「뉴스원」, 2012.6.29.

짝사랑하는 여자의 마음을 얻기 위해서 연애코치를 찾게
되는 남자의 이야기. 영화 〈시라노 연애조작단〉

"작업의 기술을 전수해 드립니다" 픽업아티스트의 등장과 논란

"일단 운동 좀 해야겠다. 심각하다. 스타일도 제로이고 보디랭귀지도 더 많이 살려야 하고, 말투도 바꿔야 한다. 하나 더, 웃음도 교정해야 한다."

스피치 학원의 담당자도, 이미지 컨설팅 컨설턴트의 조언도 아니다. 바로 픽업아티스트가 당신에게 전하는 연애가 안 되는 이유의 총체적인 피드백의 일부분이다. 픽업아티스트란 영어 Pick up과 Artist의 합성어로PUA 라고 불림 연애에 서툰 사람에게 이성을 유혹하는 기술을 전수하는 사람을 직업적으로 지칭하는 말이다.[18] 픽업아티스트의 시초가 되었던 미스터리나 닐 스트라우스 같은 사람들은 예상 외로 평범한 사람들이었으며 이들은 일종의 이성을 유혹하는 경험들을 모아 방법론을 만들어 내고 이를 이론화하여 알려지게 되었다. 서적으로는 『더 게임』디엔씨미디어, 2006에서 미스터리Mystery 라는 닉네임을 사용하는 PUA의 행동을 보고 유명한 신문사의 기자였던 닐 스트라우스Neil Strauss가 픽업아티스트PUA라는 용어를 최초로 사용하였다.[19] 국내에는 2000년대 중반 젊은층이 많은 서울 홍대, 신촌, 강남역 인근 카페와 클럽을 중심으로 등장하기 시작했다.

....

18. '연애의 기술을 가르쳐 주는 픽업아티스트', 「경제투데이」, 2012.8.24.
19. '픽업아티스트의 뜻과 현재', 「남자의 삶 그리고 패션」, 2011.6.24.

이들은 4~10회차 정도로 나누어서 길거리 이성을 유혹하는 '헌팅이론', 나이트에서 이성을 사로잡는 '클럽이론', 즉석만남을 잠자리까지 이어가도록 하는 '홈런이론', 여자친구와 오래 사귀는 방법을 알려주는 '여자친구 관리이론' 등을 강연한다.[20] 또한 자신들이 활동하는 커뮤니티를 중심으로 필레filed report의 줄임말를 통해 이성을 유혹한 기술을 상세히 설명하며 온라인 카페를 통해 다른 이들에게 피드백을 받기도 한다. 이러한 과정을 통해 현재 활동하는 PUA가 강습을 통해 새로운 PUA를 만들어 내며 그 수가 빠르게 증가하고 있다. 현재까지 대략적으로 이 분야에 관심을 가지고 활동하는 국내 PUA는 전문가를 포함하여 온·오프라인에서의 활동자까지 5~10만 명으로 추정되며 온라인상 카페 및 블로그 수는 1,000~3,000개 정도이다. 대부분 여성을 유혹하는 20대를 중심으로 20대 초~중반의 남성 PUA가 많으며 최근에는 여성 PUA 또한 등장하여 활동하고 있는 추세다.

20. '연애기술, 직접 상대해보니…', 「시사IN」, 2012.8.2.

연애기술을 배우기 위한 수백만 원의 고액과외 성행, 일종의 속임수인가?

얼마 전, tvN 프로그램 〈화성인 바이러스〉에서는 여성 PUA가 무대에 나와 카페를 운영하며 남자에게 상처받은 여자들의 상담을 돕고 자신이 사용하는 이성을 유혹하는 기술을 밝히기도 하였다. 이처럼 PUA의 원래 목적은 이성과의 커뮤니케이션을 원활하게 도와주며 연애를 제대로 할 수 있도록 이성에 대한 이해도를 높이고 연애 시 알아야 할 데이트 매너라든지 대화법과 유머 등을 체계적으로 가르치는 것이었다. 바쁜 시간을 쪼개서 연애에 대한 다양한 스타일을 배우거나 연애가 서툰 사람들을 위해서는 꽤 유용한 편이다. 더불어 PUA들은 자신들의 연애경험을 활용해 바쁜 현대인들이 다양한 이유로 연애를 못하는 것에 착안해 연애를 체계적으로 커리큘럼화시켜서 실제 소개팅이라든지 미팅이라든지 연애를 할 수 있는 기회가 왔을 때, 성공률을 높일 수 있는 노하우들을 가르쳐 주는 새로운 형태의 코칭형 직업이라는 점은 신선하고 긍정적이다. 실제로 PUA가 자신의 경험담을 토대로 쓴 『유혹의 달인』팬케익 저, 해피트리, 2011, 『나쁜 남자 지침서』양태민 저, 프롬북스, 2012, 『루저의 유혹』댄디왕 저, 화약고, 2012, 『무심한듯 시크하게 사랑하라』Imf 저, 프롬북스, 2012 등 PUA의 서적을 심심치 않게 찾을 수 있다. 그러나 일부 유명 강사들이 수백만 원에 이르는 고액을 받고 연애기술을 전수하는가 하면, 하룻밤 잠자리를 위한 '일종의 속임수'로 사용하며 한 명의 이성이 아닌 동시에 여러 명의 이성과 만나고 난 후, 이를 자신들이 활동하는 카페에 글을 올려 서로 경쟁적으로 실적을 자랑하는 등 처음 목적과는 달리 사회적으로 큰 논란을 일으키고 있다. 실제로 한 PUA는 결혼을 한 이후에도 '비지니스' 등의 이유로 잦은 외박과 이성과의 만남을 지속해온 결과, 부인에게 거액의 위자료를 물고 이혼 당하기도 하였다.[21]

2012년, 연애 또한 바쁜 현대인들에게는 꼭 배워야 하는 하나의 기술이 되어 가고 있고 실제로 그러한 기술을 배우고자 하는 수요가 점차 늘고 있다는 점은 주목할 만하다. 학원을 통해 연애까지도 체계적으로 감정을 이론화시켜 성취하려는 점과 실패에 대한 과정 없이 효용성을 가지고 연애를 하려하는 점은 20대들의 연애와 사랑이 자칫 하룻밤 인스턴트 사랑만을 찾기 위한 도구로 전락할 수 있는 점은 매우 우려할 일이다. 그럼에도 불구하고 한편으로는, 연애의 기술을 통해 사랑의 감정에 대한 성숙도를 높임으로써 아름다운 연애를 꿈꾸는 20대도 있다는 것을 보여 주는 예이며, 이를 먼저 비난하기보다는 PUA의 등장과 함께 앞으로의 갈 길에 대한 방향을 보여주는 것이라 할 수 있다.

....

21. '픽업아티스트가 대체 뭐길래…', 「뉴스원」, 2012.4.20.

2013년 전망 : 연애춘추전국시대
"나이를 넘어, 소셜을 타고, 코칭까지"

"우리 집에서 라면 먹고 갈래요?"

영화 〈봄날은 간다〉에서 은수이영애가 가려고 하는 상우유지태를 잡는다. 한동안 이 대사는 쇼프로그램에서 여자가 남자를 유혹하는 데에 자주 등장하는 단골 대사로 회자되었다. 이성에게 던진 '라면'을 놓고 여자의 행동을 해석하는 의견이 분분한 가운데에 당시만 해도 파격적이었던 구성애식의 지상파 방송 열풍이 휩쓸고 지나간 지 10여 년. 이제 방송가에서 19금 '섹드립'섹스'와 '애드리브'의 합성어로 '야한 농담'을 지칭'은 자연스레 일상으로 파고들었다.[22] 실제로 '대학내일20대연구소'는 2012년 5월 18일부터 31일까지 전국 남자 대학생 760명을 대상으로 설문조사를 한 가운데에 남자 대학생들의 80%는 연애 경험이 있고 절반 이상54%은 성 경험이 있는 것으로 조사됐다. 남자 대학생들의 54%는 성 경험이 있다고 답했으며 동거 경험도 5%나 되는 것으로 드러났다. 동거에 대한 부정적인 의견은 28%였지만 동성애에 대

....
22. '20대의 性, 잘 하고 있습니까?', 「한겨레21」, 2012.10.15.

해서는 무려 66%가 거부감을 드러냈다. 이처럼 성에 대해서는 점차 개방적인 반면 성 지식 수준은 여전히 아쉬운 수준이다.[23] 보건복지부 연구사업으로 연구를 총괄한 이화여대 신경림 교수팀이 실시한 2012년 5~11월 전국 대학생 6,000명을 대상으로 성 지식, 성 경험, 성태도 등 '대학생의 성性'에 대해 조사한 결과, 남자 대학생은 2명 중 1명, 여대생은 5명 중 1명꼴로 성 관계 경험이 있다고 응답한 반면, 남자 대학생들의 성 지식은 6개 영역 중 5개 영역에서 여학생에 비해 점수가 낮았고, 피임을 항상 실천하는 비율은 남녀 모두 60%에 채 미치지 못했다. 또한 피임 실천 비율은 '항상 한다'가 57.9%였고, 주로 사용하는 방법은 콘돔이었다. 그 다음으로는 체외사정이 13.7%, 먹는 피임약 등이 11.7% 등이었다.[24]

실제로 성관계를 경험한 1,979명 중 9.4%가 임신을 한 적이 있거나 여자친구를 임신시킨 경험이 있다고 응답했다. 최근 우리나라 청소년의 첫 성 경험 연령이 14.2세남학생 14.0세·여학생 14.5세로 매년 낮아지고 있으며 이는 성에 대한 제대로 된 교육이 시급하다고 할 수 있다. 상대적으로 사랑에 대한 감정에 대해 객관적이고 이성적인 판단을 하기 어려운 청소년들이 감정에 치우친 선택으로 인해 자칫 돌이킬 수 없는 상처로 남을 수도 있다. 위로되지 못한 마음의 상처가 성인으로까지 이어질 수 있으며 사랑에 대한 소중한 감정을 자칫 부정적으로 변모하게 될 우려도 높다. 따라서 이에 대한 성 지식을 높이는 교육과 더불어 사랑하는 법에 대한 스스로의 깊이 있는 반성과 성찰이 필요한 시점이다.

23. '男 대학생 주요 관심사는?… '절반 이상 성경험 있어' ', 「한국경제」, 2012.7.4.
24. '여성 3명 중 1명 HPV감염… 빠른 성경험이 원인', 「MK뉴스」, 2012.10.26.

    2013년 대한민국 사회에서 20대들의 연애는 앞선 트렌드 분석을 통해 보았듯이 나이에 대한 고정관념이 급격하게 무너지며 과거 나이에 대해 보수적이었던 사회적 태도가 변모할 것이고 이를 통해 일상생활에서도 연상연하 커플이 더욱 늘어나고 보편화될 것이라 보여진다. 또한 소셜을 통한 부킹호프와 소셜 데이팅 업체의 경쟁이 보다 심화될 것이다. 특히 기존의 오프라인을 통해 데이트 매칭을 해주었던 결혼정보업체인 듀오 또한 2012년 소셜 데이팅 서비스인 '데이트북www.date-book.co.kr'을 런칭하며 본격적인 온라인 데이트 매칭 사업에 뛰어들었고 데이트 매칭에 대한 회원 유치를 위한 이벤트 및 차별적인 서비스 개발에 박차를 가하며 타 경쟁사와의 소셜 데이팅에서의 우선순위를 점하기 위해 시장에서의 경쟁을 본격화할 것이다. 데이트 코칭을 통해 수익을 얻는 픽업아티스트PUA가 지속적으로 성장할 것이며 이에 따른 부작용으로 일회성 만남을 통한 사회적 문제가 본격적으로 수면 위로 올라올 것이므로 사회적인 차원에서의 문제해결에 대한 예방과 대책이 필요하게 될 것이다.

    사랑을 이성적으로 분석하는 분류와 마음이 가는 대로 감성에 따라 행동하는 분류 간의 첨예한 의견 대립에서 2013년, 대한민국 사회의 20대들이 딱 하나 결코 변하지 않을 것이 있다면 절대로 '연애'와 '사랑'을 포기하지 않고 진정한 나의 인연을 찾기 위해 끊임없이 도전할 것이라는 점이다.

No Money But Fun

8. 부족한 돈, 최대한의 즐거움

"

20대는 돈 쓸 데가 많다. 높은 등록금 탓도 있지만 그것보다 20대의 일상이 지속적인 소비를 바탕으로 하고 있기 때문이다. 다양한 경험을 위해 학교 안을 벗어나야 하지만 그 순간부터 모두 지출이다. 커피숍에서 모임을 갖고, 술자리를 따라가고, 새로운 만남을 위해 자신을 적당히 꾸며야 한다. 의류부터 화장품까지 돈이 든다. 해외여행은 20대의 현실상 의무에 가깝다. 자신만 다녀오지 않을 경우 나중에 면접 때 할 말이 없어진다.

"우리 회사는 글로벌한 인재를 원합니다. 다른 지원자들은 모두 해외 경험이 있던데. 당신은 없는 것 같군요. 이유가 뭐지요?"

"……."

돈은 부족하지만 그렇다고 가만히 있을 20대가 아니다. 이들은 줄어든 비용 안에서 최고의 효율을 추구한다. 소셜커머스를 이용해 반값 데이트 코스를 찾아나서고, 스마트폰으로 할인쿠폰을 내려받아 점원에게 당당히 내민다. 저렴한 옷을 조합해 새로운 스타일을 창조하기도 하고, 고가의 브랜드엔 눈도 돌리지 않는다. SPA 매장은 20대의 주요 구입처다. 그런 동시에 웹툰이나 방송 같은 공짜 문화 콘텐츠를 최대한 누린다. 된장남, 된장녀는 더 이상 없다. 2012년의 20대는 한 푼이라도 줄이면서 즐거움을 찾는 유쾌한 '간장남녀'로 거듭났다.

"

이래저래 돈 들어갈 때가 많아

20대는 요즘 돈 부족에 시달린다. 높은 등록금 탓만이 아니다. 20
대들의 일상 자체가 지속적인 소비를 바탕으로 이뤄지는 탓이다. 작
게는 친구와의 만남부터 크게는 해외여행까지 돈이 들어가는 상황
이 계속된다. 20대 또래 사회의 시선 때문에 소비를 줄이기도 쉽지
않다. 기업은 채용 과정에서 다양한 경험을 해본 입사 지원자를 좋
아하는데, 이런 경험 역시 상당수가 소비를 바탕으로 이뤄진다. 그래
서 아르바이트를 통해 부족한 용돈을 보충할지언정 씀씀이를 줄이
긴 쉽지 않다. 2012년 10월 알바천국www.alba.co.kr이 전국 대학생 1,448
명을 대상으로 조사한 바에 따르면, 부모님이 등록금 전액을 지원
해 주는 상황에서도 아르바이트를 지속할 것이라는 응답이 1,054명
으로 72.8%를 차지했다. 아르바이트를 하고 싶은 이유로는 '용돈 등
부수입 마련'과 '기본생활비 마련'이 전체 응답 중 총 76%를 차지했
다. 조금이라도 더 벌어 더 쓰자는 생각이다.

90년대의 20대들에겐 돈이 들어가는 영역이 일정했다. 학교 안팎
의 저렴한 식당에서 친구들과 함께 밥을 먹고 술을 마셨다. 학교 밖

으로 놀러가는 일이라고 해봤자 인근 숙박업소로 떠나는 MT였다. 해외여행은 굉장히 드문 '사건'이었다. 공부는 도서관에서 했고, 술자리는 학교 주변 저렴한 주점과 친구의 자취방에서였다. 무엇보다 4년 내내 만나는 사람이 비슷했기에 자신을 특별히 꾸밀 필요도 없었다.

하지만 2000년대에 들어오면서 모든 게 변했다. 놀 거리는 점차 다양해지면서 지출이 발생하는 쪽이 됐고, 인간관계도 확대됐다. 가장 먼저 타 학과생들과 팀 프로젝트를 하는 경우가 늘었다. 처음 만나는 이들과 한 학기 동안 얼굴을 보며 지내게 된 셈이다. 기업 인턴, 연합동아리 등 학교 밖 활동 역시 많아졌다. 마음에 맞는 친구나 연인을 학교 밖에서 만날 가능성도 높아졌다. 인간관계가 확대되며 자신을 꾸미는 게 중요해졌다. 4년 내내 붙어 있는 친구들은 한 사람의 겉모습이 아닌 마음을 봐주겠지만, 단기적인 만남에선 호불호가 첫인상에 갈린다. 눈에 띄는 스타일이 첫인상에 큰 영향을 주기에 옷값이나 화장품 같은 '체면유지' 비용이 든다. 과거엔 일부 여학생들에게만 해당됐던 일이다. 고가의 스마트폰 역시 첫인상에 영향을 주는 아이템. 방송통신위원회와 한국인터넷진흥원KISA이 2011년 20대 스마트폰 보유율을 조사한 자료에 따르면, 20대의 69.6%가 스마트폰을 사용한다. 2012년 비율은 훨씬 높아졌을 것으로 예상된다. 비싼 비용을 주고 맥북, 아이패드 등을 사는 일도 어느 정도 자신을 꾸리려는 노력의 일환이다.

'대학생이라면 한 번쯤 해야 한다'고 알려진 다양한 경험도 지출 비용을 늘인다. 특히 해외여행은 20대라면 누구나 한 번쯤 다녀와야 하는 것으로 여겨진다.[1] 통계청이 2012년 7월 발표한 「2011년 국

---

1. 「2011년 국제인구이동 통계」, 통계청.

제인구이동 통계」에 따르면 20대 출국자 비율은 2001년 13만 6,000여 명에서 2011년 20만 9,000명으로 꾸준히 늘었다. 20대의 출국자의 비율은 전 세대 중 가장 높으며 경제력이 비교적 높은 30대의 11만 5,000명보다 2배 가까이 높았다. 배낭여행 등 저렴한 방법을 찾는다고 해도 해외로 나가는 일은 여전히 높은 비용이 든다. 해외 경험을 하지 않으면 나중에 기업 면접 등에서 불리하게 작용할 수도 있고 또래 집단에서 자신만 뒤처지는 느낌을 받아 이들은 휴학을 하고 아르바이트를 해서라도 돈을 모으게 된다.

그 외에도 카페에서 공부하는 습관, 고비용이 드는 기념일 이벤트 등으로 20대의 일상적 지출 비용은 어느 세대보다 올라갔다. 20대는 이런 상황에 최대한의 효율성을 추구하며 대응하기 시작했다. 놀 거리에서 비용을 줄일 수 있는 대로 줄이면서, 공짜로 즐길 수 있는 방법은 철저히 이용하는 식으로 말이다.

디지털 시대, 쿠폰의 귀환

이제 '발품'이 아닌 '손품'이 대세다. 이리저리 발로 뛰어 싸게 구입한다는 것은 옛말. 이제는 컴퓨터 키보드와 스마트폰 터치화면을 열심히 손으로 눌러 한 푼이라도 싸게 즐길 거리를 찾는다. 20대가 비용절감에 가장 즐겨 사용하는 방법은 웹사이트나 스마트폰 앱을 통한 할인혜택 찾기다. 2000년대 중반까지만 해도 할인을 위해 부산을 떠는 것은 부끄러운 일로 여겨졌다. 배우 김옥빈이 2006년 한 방송 프로그램에서 "남자가 할인카드 쓰는 것이 꼴불견"이라고 말했다가 홍역을 치른 일이 있었다. 분노한 남성 네티즌들이 맹비난을 하긴 했지만 여성 네티즌 중엔 "그게 자랑스러운 일은 아니지 않느냐"며 공감하는 이도 적지 않았다. 하지만 시대가 변해 이제 혜택을 못 찾아 먹는 사람이 바보 취급당할 정도로 할인은 익숙해졌다. 작은 할인을 위해서라도 기꺼이 웹사이트에 가입하고 쿠폰을 내려받는 노고를 감수한다. 2011년 소셜 커머스 업체 티켓몬스터가 자사 서비스 이용 실태를 공개한 내용에 따르면 한 해 발간된 1,800만여 장의 쿠폰 중 가장 많은 게 맥도날드 커피 할인쿠폰이었다.

쿠팡이나 티켓몬스터 같은 소셜 커머스는 이미 과반수의 20대가 사용 중이다. SK마케팅앤컴퍼니가 2012년 7월 13~15일 20대 이상 남녀 700명을 조사한 결과 응답자의 74.3%520명가 소셜 커머스를 이용한 적이 있다고 답했다. 소셜 커머스 이용 경험은 전 세대에서 고

티켓몬스터 홈페이지 캡쳐

루 높게 나타나지만 20대는 특히 '하드 유저'가 많았다. 소셜 커머스를 몇 번이나 이용했는지 묻는 질문에 30대와 40대는 '1~5회'가 가장 많았던 반면 20대는 '5~10회'가 가장 높게 나타났다. 상시적으로 소셜 커머스를 활용하는 20대가 높아지고 있다는 이야기다. 실제로 20대들은 일상적으로 소셜 커머스를 활용하는데, 이들 홈페이지에선 신촌, 홍대앞, 건대앞 등 20대가 자주 가는 지역을 따로 카테고리로 만들어 할인되는 맛집, 술집 등을 묶어 제공하기도 한다.[2]

스마트폰과 소셜 커머스의 결합은 집 밖을 부지런히 돌아다니는 20대에게 더욱 매력적이다. 소셜 커머스 앱을 이용하면 주변 음식점이나 주점 중 할인혜택을 받을 수 있는 장소가 바로 검색된다. 2012년 10월 30일 홍대 앞에서 갑작스런 모임을 갖는다고 치자. 티켓몬스터로 검색한 결과 이 지역에서 59개의 할인점을 찾을 수 있다. '싸다! 맥주!'란 가게에선 세계 각지의 병맥주 3병에 안주 1개를 원가 3만 원에서 1만 5000원으로 할인해 판다. 좀 더 고급스런 술을 찾는다면 'Darts Bar Bulls'란 곳에서 12만 원짜리 앱솔루트 블루 세트를 4만 4,900원에 즐길 수도 있다. 앱을 통해 쿠폰을 구입할 경우, 가게 상

2. '40대 이부장도 '소셜커머스'에 빠지다', 「헤럴드경제」, 2012.7.23.

카카오톡 플러스 친구 '유니클로', 'G마켓' 캡처

황을 보고 바로 스마트폰으로 취소할 수도 있어서 더욱 편리하다.[3] 티켓몬스터의 경우 전체 매출 중 약 25%가 스마트폰 앱을 통해 발생한다.

고객과의 커뮤니케이션을 위해 기업이 제공하는 카카오톡 플러스 친구 서비스도 20대 사이에선 할인혜택 방법으로 애용된다. 의류 브랜드 유니클로UNIQLO를 플러스 친구로 등록한 사람이 136만여 명, 신발 편집숍인 ABC마트도 120만여 명으로 할인혜택을 주는 플러스 친구는 친구 수가 100만 명을 가볍게 넘는다. 현대자동차 같은 대기업의 플러스 친구도 14만여 명 수준인 것을 고려하면 굉장히 높은 수치다. 카카오톡 플러스 친구를 통한 할인은 다른 서비스보다 사용이 간편하다. 따로 가입할 필요도 없이 자신이 좋아하는 브랜드를 친구 신청만 해놓으면 끝이다. 할인 기간이 되면 자연스럽게 쿠폰이 날아오니 바로 확인이 된다. 할인 폭은 소셜 커머스보다 낮다. 브랜드에 따라 5,000원짜리 쿠폰을 제공하거나 10%에서 30%까지 할인하는 수준이다. 하지만 유명 브랜드 제품이 많은데다 사용의 편리함 때문에 사용자는 점점 늘어간다.[4] 블로터닷넷www.bloter.net이 4월 18일 마련한 '스마트 모바일 마케팅 인사이트'에서 장성환 카카오 신규사업팀 본부장은 카카오톡 플러스 친구의 도달률이 42%에 달

3. '소셜커머스 'PC보다 스마트폰이 효자네' ', 「zdnet코리아」, 2012.4.23.

4. '쓸만할까 카카오톡 플러스친구', 「블로터닷넷」, 2012.4.19.

했다고 설명했다. 도달률은 메시지 내용을 열어 확인하는 것으로 친구 신청한 사람 10명 중 4명이 해당 내용을 읽었다는 뜻이다.

가난한 20대만 할인쿠폰을 찾는다면 오산이다. 해외여행이나 스키 같은 고비용 레저도 할인쿠폰의 인기 품목이다. 해외항공권과 숙박을 연계한 웹사이트 익스피디아 www.expedia.co.kr 는 20대 여행객의 필수 사이트로 알려져 있다. 이 사이트에서 사용자들은 숙박지부터 비행기 수준까지 비용에 맞춰 고를 수 있다. 보통 비행기는 환승을 택해 저렴하게 하더라도 숙박지는 어느 정도 괜찮은 곳을 고르는 이들이 많다. 항공편 티켓 할인 역시 소셜 커머스 사이트마다 따로 카테고리로 정리돼 있을 정도로 인기다. 해외여행 계획을 짠 20대들은 이런 항공편 할인만 몇 날 며칠이고 검색해 가장 저렴한 것을 찾는다. 겨울철 스키 시즌을 맞이해 소셜 커머스 업체들이 앞다투어 다양한 스키 리조트 상품을 내걸었다. 의외로 시즌권 할인 판매가 고객들에게 높은 반응을 얻고 있기 때문이다. 2011년 스키 관련 할인권 판매로 티켓몬스터는 15억 5,000만 원, 쿠팡은 13억 원의 매출을 각각 올렸다.[5]

할인쿠폰은 원래 기업의 가격차별화 정책의 일환으로 사용된다. 지출 여력이 높은 사람은 제값을 다 내는 반면, 지출 여력이 적은 사람은 일정한 노력을 들이되 구매할 수 있도록 하자는 게 할인 서비스의 핵심이다. 가격차별화는 기업으로서 수익을 최대한 내게 하는 장치다. 그래서 한때 쿠폰이라면, 억척스러운 아주머니들이 주섬주섬 모아서 내는 부정적 이미지를 가지고 있었다. 하지만 할인혜택을 당연시하고 웹서핑과 스마트폰에 익숙해진 20대가 쿠폰 행렬에 뛰

---

5. '알뜰 스키족, 소셜커머스로 활강하라', 「아시아경제」, 2012.10.22.

어들며 모든 게 바뀌었다. 지금 20대는 할인을 단순히 싸게 사는 게
아닌 스마트 쇼핑, 즉 똑똑한 쇼핑으로 생각한다.

소셜 커머스(Social commerce)

일정 수 이상의 구매자가 모일 경우 판매자 측과 협상을 맺어 박리다매의 형
식으로 가격을 낮추는 것을 '공동구매'라고 부른다. 이런 공동구매 계약을
전문업체가 맺어주고 구매자를 소셜네트워크서비스를 통해 모으는 게 소셜
커머스의 뜻이다. 요즘엔 딱히 소셜네트워크서비스를 쓰지 않더라도 구매자
를 모아 가격을 낮추는 업체 모두를 소셜커머스라고 부른다.
2008년 창립한 미국 온라인 할인쿠폰 업체 그루폰_{Groupon}이 공동구매형
소셜 커머스의 비즈니스 모델을 처음 만들면서 알려졌으며, 우리나라에선
2010년 티켓몬스터가 서비스를 시작하며 퍼졌다.

저렴한 자존심을 입다

[6]이원재 한겨레경제연구소장은 한겨레 칼럼 「5분 경영학」에서 스와치 시계의 인기를 설명하며 '저렴한 자존심'이란 표현을 썼다. 과거 시계 시장은 비싸고 좋은 시계와 싸고 나쁜 시계의 구도였다. 돈 많은 소비자는 롤렉스, 오메가 같은 시계는 수백만 원씩 주고 구매했다. 이들에게 시계는 단지 시간을 알려 주는 게 아닌 자존심을 표현하는 액세서리였다. 홍콩이나 일본에서 만들어진 값싼 시계는 진짜 시간만 보기 위해 만든 못 생긴 전자시계였다. 이렇게 양분된 시장에 평지풍파를 일으킨 브랜드가 '스와치'였다. 스와치는 플라스틱이란 값싼 재료와 공장식 생산을 택한 대신 최고의 디자이너를 고용해 6주마다 새롭고 멋진 디자인을 선보였다. 특별한 기념일엔 한정판도 생산했지만 여전히 가격은 쌌다. 스와치는 결국 '자신을 표현하는 3만 원짜리 액세서리'로 성공적인 포지셔닝을 했다.

2012년 20대의 의류 소비 역시 '저렴한 자존심'이란 단어가 들어

---

6. 이원재, 『이원재의 5분 경영학』, 한겨레출판, 2009.

맞는다. 20대는 인생 중 가장 아름다운 시기이자, 남에게 자신의 매력을 어필하는 시기다. 아무리 돈이 부족해도 그 안에서 자신만의 멋을 추구한다. 저렴하되 특이한 아이템 혹은 저렴한 아이템을 독특하게 조화시키기 등을 통해 나름의 꾸미기 방법을 강구한다.

20대의 의류 소비 총액은 정체 내지 감소세다. 하나SK카드가 2012년 자사 카드 결제 성향을 분석한 자료에 따르면 20대 고객의 각 품목별 소비금액 순위에서 의류는 2011년 9위에서 2012년 11위로 떨어졌다. 결제금액도 2011년의 130~150억 원에서 2012년 100억~110억 원으로 줄어들었다. 지식경제부가 매달 발표하는 유통업체 매출동향을 봐도 의류 및 잡화는 판매액이 지속적으로 줄어들었다. 지식경제부는 불경기로 고가 상품에 대한 수요가 감소했고 구매 채널이 많아져서라고 해석했다. 재밌는 것은 2011년 같은 달과 비교하면 오히려 구매 건수는 1.5% 올랐다는 사실이다. 구매 단가의 하락이 매출 감소로 이어졌다는 설명이 가능하다. 실제로 백화점은 할인행사가 있는 날만 사람이 붐빈다. 할인이 없는 날엔 눈요기만 하는 손님이 태반이다. 백화점 내에서도 저렴한 SPA 매장을 이용하는 일이 많아서다.

[7]롯데백화점 본점은 2012년 20대 타깃의 영플라자를 리뉴얼하며 20대 고객의 욕구를 그대로 반영했다. 대표적인 SPA 브랜드 유니클로, 자라 등을 재단장했고, 브라운브레스 같은 스트리트 패션 브랜드를 새로 입점시켰으며, 온라인 쇼핑몰로 유명한 '스타일난다'의 오프라인 매장까지 만들었다. 온라인 쇼핑몰이 백화점에 입점하는 것은 이번이 처음으로 많은 이들에게 충격을 줬다. 롯데 영플라자 개

7. '불황? 지갑 여는 곳은 따로 있다', 「이데일리」, 2012.10.15.

장 후기를 보면 "스타일난다가 입점해 있더라고요. 깜짝 놀랐어요" 라는 글이 매번 적혀 있다. 그동안 온라인 쇼핑몰은 가격은 저렴하지만 질은 떨어지는 의류를 파는 곳으로 인식됐다. 반면 백화점 브랜드 의류는 상대적으로 비싸면서 수준 높은 제품으로 취급받았다. 하지만 저렴한 의류를 원하는 20대들의 욕구는 온라인 쇼핑몰과 백화점 간의 경계마저 무너뜨렸다. 세속되는 비용 부족

에잇세컨즈, 유니클로 매장

으로 대안적인 소비재를 찾게 했기 때문이다.

　SPA 브랜드는 20대 사이에서 매 계절 아이템을 장만하는 필수 코스로 여겨진다. 젊은이들이 많이 다니는 거리마다 이들 매장이 빼곡히 자리 잡고 있다. 명동 거리에만 유니클로, 자라, H&M이 각각 2개씩 있다. 길 건너편 롯데백화점에 입점한 매장을 빼고도 말이다. 홍대 앞 거리에도 유니클로 매장이 홍대 정문과 지하철 앞에 각각 있다.[8] 유니클로는 2009년 1,226억 원에서 2011년 3,279억 원, 자라는 2009년 799억 원에서 2011년 1,673억 원으로 매출이 급상승했다. H&M은 국내에 처음 들어온 2010년 372억 원 매출이 2011년 632억 원으로 늘었다. 특정 브랜드만의 인기가 아니다. 국내 SPA 브랜드 탑텐도 2012년 6월 1호점을 낸 후 벌써 9개의 매장을 냈다.

8. '다품종·중저가… 패션가 SPA 바람', 「한국일보」, 2012.9.5.

유니클로, 탑텐 매장

대한상공회의소가 2012년 서울 수도권 소비자 500명을 대상으로 한 설문을 보면, SPA 브랜드에 대한 선호도는 전 세대에서 높게 나타난다. '다른 의류 브랜드보다 SPA 브랜드를 선호하느냐'는 질문에 20대 50.5%, 30대 34.8%, 40대 42.0%, 50대 이상 46.6%가 '그렇다'고 답했다. 눈에 띄는 건 젊은 세대의 선호가 높다는 점이다. 예전부터 나이든 세대는 가격 대비 품질을 정확하게 따지는 합리적인 소비자였다. 백화점 옷이 아닌 시장 옷을 한 푼이라도 더 싸게 사는 건 과거 어른들에겐 당연한 일이었다. 새로운 현상은 20대 역시 여기에 동참한다는 것이다. 대한상공회의소 조사 중 또 특이한 점은 월 평균 가구 소득이 높을수록 SPA 브랜드에 대한 선호가 더 높다는 역설적 사실이다. 돈이 적어 어쩔 수 없이 구입하는 게 아니라 저렴함 자체를 즐기는 것으로 해석된다.

20대들만의 특이한 패턴은 SPA 브랜드에서 기본 아이템 위주로 구입한다는 것이다. 면바지, 셔츠, 티셔츠, 단색 카디건 등 디자인이 과하지 않고 이곳저곳 매치하기 좋은 아이템이 매번 먼저 바닥난다. 시즌 말까지 남아 있는 것은 대부분 튀는 아이템이다. 재킷, 코트, 원피스처럼 디자인 차이가 뚜렷한 아이템은 기존처럼 고가 브랜드를 구매하는데, 이런 아이템을 SPA 브랜드 제품과 섞어 입는다. 최소비용 최대효과를 위한 노력이라고 볼 수 있다.

끼리끼리만 알아보는 우리만의 아이템

아예 기존 브랜드를 무시하고 나만의 제품을 찾겠다는 이들도 있다. 미국에서 유행했던 '힙스터hipster'하고도 비슷한데, 이들은 나른 사람들은 모르는 자신들만의 스타일 코드를 가지고 있다. 탐스 슈즈는 기존 신발 디자인과는 무관한 아이템인데도 마니아들에게 꾸준한 인기다. 한 켤레를 사면 한 켤레를 제3세계 아이들에게 기부한다는 메시지로 눈길을 끌었고, 에스빠드류espadrille라는 남미 전통 신발을 모티브로 한 거친 디자인과 과감한 색감으로 인기를 얻었다. 대중이 보기엔 그저 '실내화'로만 보이는 그 신발이 이들에게 가장 '핫'한 아이템이다. 계절마다 소재와 색깔을 바꾸어 나오는데 그때마다 인터넷엔 새로 산 신발을 자랑하는 블로그가 올라온다.

　빈티지 카시오 시계 역시 이들 사이에선 인기 아이템이다.신식 디자인의 카시오 시계는 높게 쳐주지 않는다 이 시계는 부품부터 재료, 디자인까지 어디 하나 고급스러운 구석이라곤 찾아 볼 수 없다. 70년대 SF영화에 나올 법한 키치한 디자인이다. 당연히 가격은 4~5만 원으로 비싸지 않다. '데이터뱅크'란 모델은 전자계산기가 시계 위에 떡 붙어 있어 기괴함을 더한다. 그럼에도 마니아들은 일본 배우 오다기리 죠가 무슨 영화에 차고 나왔다느니 하며 좋은 시계로 대접한다. 마니아에게 열렬한 지지를 받는 패션 브랜드 아메리칸 어패럴American Apparel이나 편집숍 A-Land 등에서 이 시계를 판매하고 있다.

부족한 돈, 꾸미고 싶은 욕망, 여기에 뉴미디어를 통해 학습된 패션 감각이 만나 지금 20대는 자신만의 스타일 비법을 찾고 있다. 그 비법의 모토는 '최저 비용의 최대 효용' 그리고 '저렴하게 꾸미는 나만의 스타일'이다. 높은 가격으로 고급스러운 이미지만을 추구하는 전략은 일부 명품 브랜드 외에는 이제 효과가 없다. SPA 브랜드로 바꿔 저렴한 제품으로 승부하든지, 독특한 스타일로 마니아층을 노리든지 20대 타깃의 패션 브랜드들은 선택의 기로에 섰다.

에이랜드 (A-Land)

독특한 스타일의 제품들을 소개하는 편집매장. 진짜 남이 입던 옷을 수리한 빈티지 의류, 어느 가게에서도 볼 수 없는 독립 디자이너의 튀는 아이템 등을 자신들만의 감성으로 선택해 매장에 비치해 놓았다. 일본의 하라주쿠 스타일과 미국 거리문화에 기반한 스트리트 패션, 심지어 영국에서 한때 유행한 모드족 스타일 등 온갖 스타일을 나름의 기준으로 매치한다. 대대적 광고 한 번 없이 오프라인 매장이 벌써 11호점까지 만들어졌다.

출처 : www.a-land.co.kr

가능하면 공짜, 문화 상품

문화 산업에 종사하는 이들에겐 나쁜 소식이겠지만, 20대들에게 음악, 영화, 책 같은 문화 상품은 나머지 상품을 어쩔 수 없이 구매한 후 여건에 따라 마지막에 소비하는 상품이다. 옷이나 음식은 공짜가 없지만, 문화 상품만은 디지털 기술의 발달로 공짜에 가깝게 즐길 수 있기 때문이다.

2012년 10월 구인구직 포털사이트 알바몬이 대학생 383명을 대상으로 한 설문조사 중 물가가 더 오른다면 가장 먼저 지출을 줄일 항목을 묻는 질문에서 대학생들은 식비 및 외식비 1위, 문화생활비 2위, 술값, 담뱃값 등 유흥비 3위, 의류 및 화장품 구입비 4위의 순서로 답했다. 외식비의 경우 학생들의 지출 중 가장 큰 영역을 차지하기에 선택한 것이지만, 문화생활비는 원래 쓰던 금액도 크지 않는데도 2위로 골랐다. 영화 티켓값, 책값, 음원 구입비 등을 다 포함해도 한 달 4~5만 원 수준이다. '대학내일 SNS 연구소'가 9월 21일 콘텐츠 구입비에 대해 대학생 500명을 설문한 결과, 방송 및 음원 콘텐츠에 남학생은 평균 9,811원, 여학생은 평균 6,031원까지 지불할 수 있다고 답했다. 영화의 경우 사실상 유료로 구입하는 학생이 거의 없기에 질문 자체에서 빠졌다. 20대 대다수에게 스스로 유료 구입하는 상품은 인기 방송의 다시보기 서비스와 음원 사이트 정액 내려받기 서비스 정도다.

2000년까지 20대에게 문화 상품은 엔터테인먼트인 동시에 교양이었다. 음악이나 영화를 깊게 좋아했다. 영화 마니아들은 감독의 필모그래피를 줄줄 외웠고. 음악 팬들은 숨어 있는 좋은 앨범을 찾기 위해 잡지를 찾아 뒤졌다. 〈KINO〉와 같은 난해한 영화잡지도 인기를 얻었다. 마니아들만의 이야기가 아니다. 대중들 역시 그냥 들을거리, 볼거리가 아닌 스토리와 고매한 태도를 원했다. 색다른 음악을 선보임과 동시에 사회적 메시지를 담았던 서태지와 아이들, NEXT 등은 20대에게 폭발적인 인기를 얻었다. 지나치게 상업적인 영화와 댄스 가수만 좋아하는 것은 몰취향으로 취급됐다. 당시 섹시한 콘셉트로 등장하던 댄스그룹 베이비복스는 미아리복스라 불리며 비난을 받기도 했다. 가수 현아가 '제2의 싸이'라며 치켜세워지는 것과는 딴판이다. 이때 문화 상품은 높은 소유욕을 불러일으켰다.

2000년대 중반이 지나며 문화 상품에 대한 인식이 바뀌었다. 이제 문화 상품은 그냥 엔터테인먼트다. 이제 20대는 그저 스트레스를 풀기 위해서 문화 상품을 소비한다. 가장 큰 이유는 두 가지로, 첫째 문화 상품 말고도 즐길거리가 많아졌다는 점이다. 해외여행, 캠핑, 춤 등 취미가 다양해지고 이런 외향적인 취미들이 긍정적으로 인식되면서 영화나 음악, 책에 몰입할 이유가 적어졌다. 두 번째 이유는 문화 상품이 디지털 콘텐츠화된 것인데 쉽게 말해 다운받거나 스트리밍 서비스를 통해 공짜로 즐길 수가 있기에 유료 구입해 '간직'하고 싶다는 욕망이 줄어들었다. 20대들이 쓸 수 있는 돈은 한정돼 있는

데 '외향적인 취미'는 돈이 들어갈 수밖에 없기에 문화 상품에 들이는 소비는 더욱 줄어들 수밖에 없다. 극장엔 여전히 20대 관객이 많지만 그것은 문화 상품 차원이 아니라 오히려 데이트 비용의 문제로 봐야 한다. 영화 관람은 2시간가량을 보낼 수 있는 가장 저렴한 방법이다.

가장 쉽게 싸게 볼 수 있는 텔레비전 방송 프로그램은 20대가 가장 많이 즐기는 문화 상품이다. 지상파 방송부터 케이블 방송까지 선택의 폭도 커져서 다양한 취향의 소비자를 모두 만족시킨다. 〈무한도전〉, 〈런닝맨〉, 〈1박2일〉 등의 지상파 예능프로그램은 모든 세대에서 시청률이 높지만 특히 20대에선 이들 프로그램을 보지 않고는 대화가 힘들 정도로 인기다. 시청률 조사회사 TNmS의 10월 27일 방영한 〈무한도전〉 301회의 세대별 성별 시청률 조사를 보면 20대 여성의 시청률18.3%이 가장 높다. 프로그램 중 가장 인기기 높은 〈무한도전〉의 경우 매 에피소드가 20대에게 큰 영향을 끼친다. 〈무한도전〉의 진행자들이 쓴 신조어는 20대에서도 유행하고. 그들이 방문한 장소는 금세 20대 관광객들로 북적인다. 진행자와 현직 가수가 힘을 합쳐 자기만의 노래를 만들었던 에피소드 〈서해안 고속도로 가요제〉에선 창작된 노래는 각종 음원차트 1위를 차지하는 등 가요계를 휩쓸었다.

지상파 프로그램에 만족 못하는 20대들은 특화된 취향에 맞춘 케이블 방송 프로그램을 찾는다. 2012년 20대의 관심을 끈 프로그램으로 tvN의 〈응답하라 1997〉, On Style의 〈도전! 슈퍼모델 코리아〉 등이 있다. 특히 〈응답하라 1997〉은 아이돌 초기 팬 문화와 유치찬란한 젊은이들의 모습을 다루며 20대 사이에 선풍적인 인기를 끌었다. 20대의 방송 프로그램 소비 행태에서 또 하나 눈에 띄는 건 상당수가 '본방사수방송 시간에 실제로 프로그램을 시청하는 것'를 못하고 '다시보기 서비스'를 이용한다는 점이다. 바쁜 일상 탓에 방영 시간을 지키기 힘들기 때문에 방송사 홈페이지에서 원하는 프로그램의 다시보기 서비스를 이용하며 다른 분야에선 지출을 꺼리던 학생들도 이 서비스에 대해선 유료로 결제한다. 방송당 몇 백 원 수준이라서 효용 대비 큰 지출은 아니라고 생각하기 때문이다.[9] 〈오픈서베이〉와 〈대학내일〉이 10월 17일 전국 20대 남녀 대학생 500명을 설문조사한 바에 따르면, 방영 시간을 맞춰 보는 비율보다 다시보기 서비스를 이용하는 비율이 높았다. '본방사수'로 유명한 〈무한도전〉의 경우도 방송을 직접 보는 비율이 39.8%, 다시보기 서비스를 이용하는 비율이 30.4%, 영상 자체를 다운로드해서 보는 비율이 19.2%였다.

　음악은 주로 음원 형태로 웹사이트나 스마트폰으로 즐긴다. 음악 CD를 사는 사람은 거의 없다고 봐도 된다. 유일하게 판매되는 음악 CD는 아이돌 그룹 앨범으로 오히려 10대의 구매가 더 많을 것으로 예상된다. 음악은 멜론, 벅스, 올레뮤직 같은 음원 서비스 업체를 통해 소비한다. 현재는 멜론의 독주로, 멜론의 2012년 가입자 수 1,600만여 명, 유료 가입자 수는 약 130만 명이다. 이런 서비스들은 보통 웹사이트와 앱이 연동돼 일단 결제만 하면 자기 컴퓨터와 스마트폰 등 아무 기기나 동일하게 음악 서비스를 즐길 수 있다.

　음원 서비스의 가격은 매우 낮아 부담이 덜하다. 가장 많이 쓰이는 멜론의 경우 2012년 10월 31일 기준으로 다운로드는 되지 않고 해당 프로그램에서 들을 수만 있는 스트리밍 서비스가 3,000원, 150곡 다운로드만 가능한 가격이 9,000원, 둘 다 가능한 가격이 11,000원이다. 최근 무선 인터넷 서비스 가능 지역이 많아지면서 스트리밍

---

9. ' '숫자의 함정' 시청률', 〈대학내일〉 627호.

서비스를 이용하는 이들이 많아졌다. 곡당으로 나눠도 한 곡에 60원이다. 미국의 약 1,000원99센트에 비교한다면 무척 싼 편이다. 굳이 서비스를 이용할 필요도 없다. 20대가 좋아하는 음악은 커피숍마다 흘러나오고 블로그를 방문해도 자동으로 플레이된다. 그런 과정에서 음악은 공부하거나 길을 걸으면서 듣는 일종의 '배경음악'이 되어 버렸다. 〈지산록페스티벌〉이나 〈그랜드민트페스티벌〉 같은 음악 축제도 있지만 아직 소수 트렌드세터들의 행사다.

웹툰의 선풍적 인기

인터넷에서 출판되는 만화, 웹툰webtoon은 20대들에게 일상이다. 월화 수요금토일 매일 그날의 웹툰을 보면서 하루를 시작하고 마감한다. 개그부터 스릴러, 순정, 스포츠까지 장르도 다양해 남녀 연령대에 따라 자신이 원하는 웹툰을 고르면 된다.[10] 네이버 웹툰의 월 평균 방문자는 1,400만 명, 네이버 웹툰 앱은 1,000만 다운로드를 넘었다. 〈이끼〉, 〈이웃사람〉처럼 완성도 높은 웹툰은 영화화되기도 했다. 20대들이 웹툰에 열광하는 이유는 무료라는 점 외에도 짧은 시간에 자신이 원하는 방식으로 볼 수 있다는 편리함 덕이다. 지하철 안에서 짬짬이, 공강 시간에 틈틈이 에피소드 한 개씩 보면 된다.

만화라고 해서 시간때우기용으로 생각해선 곤란하다. 인생을 바둑의 한 수, 한 수에 비유해 설명하는 〈미생〉, 징기스칸의 일대기를 대하드라마로 담아낸 〈말에서 내려오지 않는 무사〉, 일제시대 조선 민중을 구해 내는 영웅이야기 〈수사전〉 등은 웬만한 소설 못지

---

10. '포털 한복판 차지한 '간판 스타'', 「머니위크」, 2012.10.27.

않은 깊이를 보여 준다. 한편 웹툰 〈치즈인더트랩〉은 자취방 구하기, 학점 문제 등 평범한 여대생이 겪는 대학생활을 만화로 그려내 20대의 공감을 얻기도 했다.

〈대학내일〉 웹툰 열풍 기사 이미지

2013년 전망 :
20대의 지갑을 여는 비밀, 꽤 괜찮은 저가

요즘 일본 사회를 나타내는 '若者の車離れ와카모노노 구루마바나래'란 말이 있다. 직역하면 '젊은 사람의 자동차 멀어짐 현상'인데, 일본의 청년들이 더 이상 자동차에 관심을 보이지 않게 됐다는 뜻이다. 2007년 [11]「니혼게이자이」 신문이 도쿄의 20대 1,207명을 조사한 결과 자동차 보유 비율이 13%였다고 한다. 2000년 23.6%의 비교하면 거의 반토막 난 셈이다. 일본 장기불황 탓에 구매력이 떨어져서겠지만, 더 눈길을 끄는 건 20대가 자동차에 대한 매력 자체를 잃어버렸다는 데 있다. 어느 나라나 그렇듯 젊은이에게 자동차 한 대는 단순히 탈 것이 아닌 멋진 삶의 상징이다. 그럼에도 가난한 상황이 끝없이 이어지며 '신 포도'처럼 스스로 소비 욕구를 잃어버린 것이다.[12] 일본의 마케터 마츠다 히사카즈松田久一는 저서 『'혐소비' 세대의 연구』2009에서 같은 이유로 일본의 20대를 '혐소비 세대'로 정의 내리기도 했다.

....

11. '칼럼 동서남북, 節制의 시대', 「조선일보」, 2012.7.17.
12. '日, 경기침체 난적 '혐(嫌)소비 세대' 부상', 「머니투데이」, 2010.12.9.

아직 일본만큼은 아니지만 우리나라 20대도 낮아진 지출 여력에 자신의 취향을 맞추는 움직임이 일고 있다. 한때 빚을 내서라도 백화점의 고가 제품 매장을 들락거리던 분위기는 이제 자취를 감췄다. 20대들은 저렴한 제품에도 독특한 의미를 부여해 만족감을 느끼고, 공짜 상품에서도 가치를 찾는다. 싼 옷을 겹겹이 레이어해 새로운 패션을 창조하고, 웹툰과 방송 프로그램을 책이나 영화보다 좋아한다.

동시에 20대 소비자들은 유료 혹은 높은 가격에 대한 반발심을 키우고 있다. 〈무한도전〉의 출연진이 진행했던 〈무한도전 슈퍼7 콘서트〉가 고가의 티켓 판매로 네티즌의 반발 끝에 무산된 것도 팬층이었던 20대의 반발심 때문이다. 〈무한도전〉의 많은 팬들은 방송 프로그램이 공짜였던 것처럼 공연도 공짜여야 한다고 주장했다.

[13]『롱테일 경제학』랜덤하우스코리아, 2006으로 유명한 경제학자 크리스 앤더슨Chris Anderson은 저서 『FREE』랜덤하우스코리아, 2009에서 마케터들에게 "가치 있는 공짜"의 시대가 왔다고 주장했다. 예전 세대는 세상에 공짜는 없다고 생각했다. 그들에게 공짜는 사기꾼을 의미했다. 하지만 디지털 콘텐츠의 영향으로 새로운 세대는 공짜 상품이란 개념을 중립적으로 받아들이기 시작했다. 게다가 장기불황의 여파로 돈에 민감해진 소비자들이라면 "신경 쓰지 않을 정도로 저렴한 가격", 즉 공짜로 접근하는 비즈니스가 성공할 가능성이 높다는 게 크리스 앤더슨의 설명이다. 구체적인 방법 중 하나로 그는 FREE와 PRIMIUM의 합성어인 '프리미엄FREEMIUM'을 제시했다. 공짜로 접근하되 부가 고급 서비스는 유료로 받는 서비스다. 무료 버전과 정식 버전을 따로 만들어 무료 버전을 우선 퍼뜨리는 것, 혹은 상품 자체는

13. 크리스 앤더슨, 『FREE』, 랜덤하우스코리아, 2009.

무료인데 추가 아이템을 구매할 경우 유료인 것 등이 프리미엄의 예다. 이미 이런 서비스는 스마트폰 앱스토어에서 잘 구현되고 있다.

2013년 역시 20대들의 주머니 사정은 달리지지 않을 것이다. 일상적으로 드는 지출은 많고, 높은 돈벌이는 찾기가 어렵다. 이들의 소비문화는 낮은 비용을 중심으로 형성될 것이다. 커피숍이나 영화관처럼 시간 대비 비용이 저렴한 문화 공간, 웹툰과 방송 프로그램 같은 무료 문화 상품. 그러면서도 상품의 수준은 괜찮고, 독특한 가치를 부여할 상품들이 인기를 끌게 될 것이다. 똑똑한 기업들은 '가치 있는 저가'란 이미지를 심어 줄 수 있는 상품으로 소비자를 휘어잡을 것이다.

To Build what I'm by myself

9. 20대, 스스로를 브랜딩하다

"

‘브랜딩 Branding’이란 브랜드의 이미지를 명확히 만들고 이를 지속적으로 표출해 고객에게 경쟁 브랜드와 차별화된 가치를 제공하는 활동이다.[1] 브랜딩은 기업에서만 일어나는 게 아니다. 무한경쟁시대에서 살아남기 위해서 브랜딩은 개인적인 차원에서도 필수적인 일이 되어 버렸다. 요즘 20대는 자신을 브랜딩하기 위해 미디어를 활용하고, 미디어를 통해 세상에 내보내는 콘텐츠를 모아 잡지나 책을 출판하기도 한다. 대외활동이나 여행, 또는 자신만의 특별한 경험 자체를 브랜드화시키기도 한다. 앞으로도 20대의 셀프 브랜딩은 계속 이어질 것이다. 또한, 20대들만의 콘텐츠가 오랫동안 살아남으려면 진정성을 확보해야 한다.

"

지금은 셀프 브랜딩 시대

우리는 어릴 때부터 끊임없이 경쟁에 내몰린다. 보다 나은 엄마친구의 아들·딸이 되기 위해, 친구보다 나은 내가 되기 위해 경쟁한다. 초등학생 때부터 대학생 때까지 각종 시험을 보며 끊임없이 경쟁하며 자란다. 대학을 졸업할 때쯤엔 바늘구멍보다 좁다는 취업시장을 통과하기 위해 남보다 나은 내가 되어야 한다.

브랜드 컨설턴트인 매튜 힐리Matthew Healey는 저서 『무엇이 브랜딩인가』고려닷컴, 2009에서 급격한 세계화가 진행되고, 하루에도 상상할 수 없을 만큼 많은 수의 제품들이 쏟아져 나오는 치열한 경쟁 속에서 브랜드를 만드는 것이 무엇보다 중요하다고 말한다. 브랜드는 고객들에게 신뢰를 얻고, 그들에게 특별한 가치를 부여할 수 있어야 한다. '브랜드brand'라는 말의 어원은 '낙인찍다burn'는 의미의 고대 스칸디나비아어 혹은 게르만어에서 유래된 것으로, 가축의 소유주를 표시하거나 와인 라벨에서 생산자를 나타내기 위해 사용되었다. '거래

1. '브랜딩(branding)은 고객에게 사랑받고 가치 있는 브랜드를 만들기 위한 활동', 「중앙일보」, 2012.8.27.

의 대상'을 넘어 소비자 아이덴티티 구축의 연장으로 사용되기도 하며, 브랜드의 아이덴티티와 소비자의 아이덴티티가 하나가 되는 관계를 구축하는 활동을 '브랜딩'이라 정의하기도 한다.[2]

2012년, 거리에서 가장 핫한 패션 중 하나는 '하의실종'이었다. 하의실종이란 아주 짧은 반바지에 긴 셔츠나 미니 원피스 등을 입어, 하의를 입었는지 안 입었는지 알 수 없는 여성 패션을 뜻한다. 연예인들이 자주 입고 TV에 등장하면서 하의실종 패션이 붐을 일으켰다. 전문가들은 이런 패션이 유행한 이유가 경기 불황 같은 사회적 요인, 폭염 등 계절적 요인, 연예인을 따라하려는 습성 등이라고 분석하고 있다.

이런 하의실종 현상은 '주목 경제'로도 해석이 가능하다. '주목 경제Attention Economy'란, '튀는 것이 경제적, 사회적으로 미치는 영향'을 뜻한다. 정보 과잉의 시대이자 관심 결핍의 시대를 살아가고 있는 현대인들의 심리를 이용해 경제에 접목시킨 것이다.[3] SNS를 기반으로 한 다양한 매체가 급증하고 대중문화의 영향력이 커지면서, 개성 강한 '주목 세대'들의 활약이 두드러지고 있다. 이들은 타인의 시선을 즐기며 그 속에서 쾌감을 느낀다.

20대는 여러 가지 방법으로 자신의 이야기를 한다. 2012년에 만난 20대들은 모두 하나같이 자신만의 특별한 이야기를 하고, 특별한 지식을 쌓으며, 독특한 경험과, 스페셜한 활동을 했다. 20대는 생각보다 더 많이, 다양한 방법으로 셀프 브랜딩을 하고 있었다.

....

2. 《유니타스브랜드 Unitas BRAND》 Vol.13.
3. '홍순철의 트/렌/드! 문화평론가 홍순철과의 대화 중', 《CBS 라디오 좋은 아침 김윤주입니다》, 2011.7.1.

나를 가장 잘 나타내어 주는 1인 미디어

지금의 20대는 디지털 문화 속에서 성상했고, 미디어 생산의 주체로 활동한다. 온라인을 기반으로 다양한 정보와 콘텐츠를 소비하고 이를 재구성해 자신만의 콘텐츠로 만들어 낸다.[4]

자신을 스스로 '대학생 강연가' 라고 칭하는 한 20대 파워블로거의 본인 소개 문구

지금은 누가 뭐래도 소셜 미디어의 시대다. 블로그, 미니홈피, 페이스북, 트위터 등 이른바 SNSSocial Networking Service는 인터넷망이 발달하면서 자리를 잡았고, 너도나도 스마트폰을 가지고 다니기 시작하면서 그 파급효과는 수십, 수백 배로 뛰었다.

요즘 주위를 둘러보면 블로그를 하는 대학생들이 참 많다. 이유도 가지가지인데, 단순히 일기나 개인적인 이야기를 기록하려는 블로

---

4. 대학문화연구소, 『2012 캠퍼스 트렌드북』, 대학문화연구소, 2011.

거가 있는가 하면, 다른 데서는 볼 수 없는 자신만의 콘텐츠를 쌓아가는 블로거들도 있다. 그렇다면 왜 이렇게 20대들은 너도나도 블로거가 되고 싶은 것일까?

> 대학생 S군은 몇 년째 블로그를 운영 중이다. 포털에서 매년 정하는 파워블로거가 된 적은 없지만, 그의 블로그엔 정기적으로 올라온 콘텐츠들이 가득하다. 여행을 좋아하는 S군은 직접 찍은 사진과 함께 여행기를 올리고, 책을 읽다 감명받은 구절을 올려놓기도 한다. 웹서핑을 다니면서 이웃을 맺은 사람들과 감동을 나누기도 하고, 학교 친구들과 일상적인 이야기도 나눈다.
> 대학생 A양은 여행을 좋아한다. 처음엔 나만의 여행기를 정리한다는 차원에서 블로그를 시작했다. 그런데 친구, 친구의 지인, 그 지인의 지인, 또 검색을 통해 블로그를 찾은 사람들에게 입소문이 나기 시작하면서 그녀는 하루에 수천 명의 사람들이 찾는 블로그를 운영하는 파워 블로거가 됐다.

2012년 현재, 대한민국에서 일어나고 있는 일이다. 한국만의 일이 아니다. 지금 전 세계는 SNS 열풍에 빠졌다. 그렇다면 사람들은 왜 이렇게 블로그에 열을 올리는 것일까?

대학 입학 전으로 돌아가 보자. 지금의 20대는 대부분 12년 동안 초등학교, 중학교, 고등학교까지 의무적인 교육과정을 거친다. 그리고 이 12년은 단 하루의 '대학수학능력시험'으로 평가된다. 물론 일부의 학생은 수시나 특기자 선발 등으로 자신이 원하는 대학과 학과에 입학하지만, 대부분의 학생은 자신의 수능 점수에 맞춰서 대학과 전공을 선택한다. 그러다 보니 자신이 원하는 학교나 학과에 진학하지 못하는 경우가 많고, 전공에 대한 불만이 많다.

한 취업포털사이트의 2011년 조사 결과, 대학생의 절반은 기회만 주어진다면 자신의 전공을 바꾸고 싶어 하는 것으로 나타났다. 설문에 참여한 약 600여 명의 학생 중 약 52.4%가 "기회만 주어진다면 다른 전공을 택하고 싶다"고 답변했다. "현재의 전공을 어떻게 선택했느냐"는 질문에는 '성적에 맞추다 보니 선택하게 됐다'는 응답이 27.4%로 1위를, '부모님, 선배, 교수님 등 주변의 권유로 선택했다'는 응답이 24.9%로 2위를 차지했다. '진로, 장래희망에 도움이 될 것 같아서'라는 응답은 14.7%에 그쳤고, 10.2%의 대학생은 아예 전공을 선택할 때 이미 '취업'을 염두에 두고 있었다고 답했다.

반면, 새로운 전공을 선택하고 싶어 하는 이유는 대체로 '적성'과 '진로' 때문인 것으로 나타났다. '취업에 더 도움이 될 만한 다른 전공으로 가고 싶다'는 응답이 28.0%로 1위에 올랐다[5]

원하는 대학과 학과를 선택했어도 상황은 언제든지 바뀔 수 있다. 재미있을 것 같아서 선택했던 전공이 공부를 하다 보니 적성에 안 맞을 수도 있고, 내가 무얼 좋아하는지 몰라서 고민인 대학생도 있을 것이다. 그래서 대학이 내놓은 대안이 전과, 복수전공, 부전공 이수제다. 다양한 학문을 공부할 기회를 좀 더 주겠다는 취지인데, 이 것만으로 전공에 대한 대학생들의 불만족을 해소하기엔 무리가 따른다. 전공 자체를 아예 바꿀 수 있는 명수가 매우 제한적이기 때문이다. 복수전공과 부전공의 기회는 많지만 이것 역시 완벽한 해결책이 될 수 없다. 예를 들어 공대에 입학한 한 학생이 공학보다는 마케팅 쪽에 관심이 많아 경영학을 복수전공했다고 가정해 보자. 이 대학생은 자신의 원하는 마케팅 공부를 할 수 있게 됐지만, 원하지 않는

----

5. '대학생 52% "기회 되면 전공 바꿀 것" 이유는?', 「경향신문」, 2011.10.21.

전공공부도 계속해야 하기 때문에 오히려 부담만 가중될 뿐이다.

대한민국엔 위의 고민을 하고 있는 대학생들이 많다. 문제는 이들이 취업을 할 때다. A 공대생은 국내의 유명 화장품 회사 마케팅팀에 입사를 원한다. 그런데 그가 이력서에 쓰게 될 전공은 전기전자공학. '전기전자공학을 전공한 사람이 화장품 마케팅팀에 근무하고 싶다고?' 기업의 인사담당자는 그의 이력서를 보고 고개를 갸우뚱하게 될 것이다.

하지만 1인 미디어인 블로그를 활용한다면 얘기는 달라진다. 이공대생이 관심 있는 마케팅이 화장품 쪽이었다면, 우선 관련 콘텐츠들이 담긴 블로그를 찾아 다니면서 관련 지식을 쌓을 수 있다. 어느 정도 지식이 쌓이면 다른 블로그에서 다루고 있지 않은 '코스메틱 마케팅'에 대한 글을 쓸 수도 있다. 콘텐츠들이 쌓이면 쌓일수록 그의 블로그를 찾는 사람들이 많아질 것이고, 그는 더욱 포스팅에 몰두한다. 그가 신입생부터 이 작업을 계속 해왔다면 졸업할 때쯤 그의 블로그는 코스메틱 마케팅에 관련된 양질의 정보가 쌓인 블로그가 되어 있을 것이고, 그의 블로그를 본 기업 담당자는 흔쾌히 그를 채용할 것이다.

이렇게 블로그는 자신을 대변해 주는 강력한 홍보수단이다. 블로그와 같은 1인 미디어는 이제는 일종의 포트폴리오가 되었다. 상황이 이렇게 되자, 지원서에 SNS 주소를 요구하는 기업들도 많아졌다.

1인 미디어, 온라인을 넘어 오프라인으로

1인 미디어가 지극히 개인적인 이유와 목적에 의해 만들어졌다면, 잡지는 20대들이 모여서 20대들의 이야기를 하기 위해 만들어졌다고 볼 수 있다.

> 평범한 대학생들을 위한 '친절한' 매거진.
> 처음 그들의 목표는 딱 그 한 가지였습니다.
> – 20대들이 만드는 잡지 〈르데뷰〉 홈페이지, 'who we are' 중에서

2012년, 1인 미디어 관련해 일어난 또 하나의 현상은 1인 미디어가 집단화되고, 온라인에서 오프라인까지 활동영역을 넓혔다는 것이다. 온라인을 통해서 차곡차곡 쌓였던 콘텐츠들은 책으로 출판되기도 하고, 20대들이 모여 만드는 잡지는 꾸준히 증가하는 추세다.

2008년 '평범한 대학생을 위한 친절한 패션 매거진'이라는 모토를 앞세운 〈르데뷰〉는 스타일 중심의 패션지다. 경희대학교 예술디자인 전공자인 학생들이 만든 〈NO NAME〉과 남학생을 겨냥한

디자인 매거진 〈디노마드〉 vol.14

패션지 〈HOLIKERS〉도 있다. 〈디노마드D'NOMAD〉라는 디자인 매거진도 있고, 20대 문화 잡지를 표방하며 발행되는 〈FRONT〉라는 잡지도 발행된다. 〈고함20〉이라는 인터넷 언론도 있다. 캠퍼스 안에서 발행되는 교지와 학보는 큰 주목을 받지 못하는데 비해 이들 잡지는 꾸준히 선전 중이다.

2012년 2월에는 가난뱅이를 위한 잡지 〈록셔리〉가 등장했다. 창간호를 만든 사람은 20대. 편집장은 『88만원 세대』 우석훈·박권일 저, 레디앙, 2007나 『가난뱅이의 역습』 마쓰모토 하지메 저, 이루, 2009 같은 책을 보면 공감하면서도 나만의 방식으로 웃겨주고 싶었다"고 말한다. 기존 패션지를 닮은 이 잡지는 '가난뱅이를 위한 뒷산 여행 안내'나 '우유팩으로 만든 욕조' 등을 소개한다. 〈당신의 속셈학원〉이라는 잡지는 청년실업네트워킹센터 희망청의 지원을 받았는데, 희망청의 청년 6명이 만든 잡지다. 그들이 보는 시각으로 사회의 돈벌이 구조를 파헤친다.

이런 독립잡지 발간은 최근 사회 트렌드와도 맞물린다. 독립잡지를 전문적으로 판매하는 서울 홍익대 앞 서점 '유어마인드'. 서점 대표 이로 씨는 "창간호를 포함해 매달 20~40종의 독립잡지가 새로 나온다"고 전한다. 서울 마포의 서점 '북소사이어티' 임경용 대표는 소량 생산하는 예술잡지지만 2012년 들어 독립잡지 출판 문의가 잦아졌다고 말한다. 최근 몇 년 전과 비교해 2~3배는 늘어난 수치라고 한다. 1인 미디어가 지극히 개인적인 이유와 목적에 의해 만들어졌다면, 잡지는 20대들이 모여서 20대들의 이야기를 하기 위해 만들어졌다고 볼 수 있다. 이들은 가난하고 불안한 자신들의 모습을 있는 그대로 나타낸다.[6]

6. '독립잡지, 소리없이 분주한', 「한겨레21」 제903호, 2012.3.26.

20대의 스토리, 책의 소재가 되다

『날개가 없다 그래서 뛰는 거다』 김도윤, 제갈현열 저, 쌤앤파커스, 2012
『늦지 않았어 지금 시작해』 노경원 저, 시드페이퍼, 2012
『꿈으로 세상을 바꾸다』 장대진 저, 소금나무, 2012

20대가 쓰고 2012년에 출판된 책 몇 권이다. 내용은 이렇다.

1. 날개가 없다 그래서 뛰는 거다 – 지방대 출신의 두 남자가 변변한 영어성적 없이 오직 노력과 실력 만으로 국내 굴지의 광고회사와 다국적 기업에 취직한 과정이 고스란히 담긴 이야기

2. 꿈으로 세상을 바꾸다 – 네이버 웹툰 파워블로거를 거쳐, 21살에 한양대 입학사정관제 합격생인 저자가 전국의 수험생들에게 공감과 웃음을 전해주는 이야기

3. 늦지 않았어 지금 시작해 – 누적 방문자 수가 1,300만에 달하는 파워블로거이자, 가난했던 가정환경을 비관하던 문제아가 자신의 삶을 스스로 개척해 나가는 과정을 담은 이야기

이 밖에도, 『여기서 보자』^{권지담·김지영·윤성}

민·진현주·황다진 저, 꿈의지도, 2011처럼 5명의 대학생이 서울을 5군데로 나눠서 맛집을 분석한 책을 쓰기도 한다.

지방대 출신 대학생의 고군분투 취업기
『날개가 없다 그래서 뛰는거다』

온·오프라인을 통해 20대들이 이야기를 하기 시작했다. 이들은 SNS라는 초강력 플랫폼과 잡지를 통해 자신들의 생각을 콘텐츠화시켰다. 진솔하고 톡톡 튀는 이들의 이야기에 20대가 반응했고, 이제는 기성세대들도 반응하기 시작했다. 20대의 이야기는 출판시장에서 핫한 콘텐츠가 되었다. 20대들은 저마다 다른 자신만의 득빌한 이야기를 한다. 한 권의 책은 1인 미디어와 더불어 자신을 표현하는 강력한 수단이 된다. 하나의 분야에 대한 지속적인 관심을 가졌다는 뜻이고, 책으로 만들 만큼 전문성이 보장된다는 뜻이기 때문이다.

특별한 경험을 하고 특별한 지식을 쌓는
20대 셀프 브랜딩족

자신의 경험으로 얻은 지식을 토대로 만든 책,
『청춘, 내일로』

자신만의 특별한 이야기를 하려면 적어도 남들과 다른 한 가지가 있어야 할 것이다. 그것이 여행일 수도 있고, 봉사활동일 수도 있고, 동아리 활동일 수도 있고, 대외활동 경험일 수도 있다.

『청춘, 내일로』박솔희 저, 꿈의지도, 2011의 저자 박솔희 양이 '내일로' 여행자들의 위한 책을 내기로 결심한 건 스물한 살 무렵이다. "내일로 여행을 하면서 주변 사람들이 정보가 없어 헤매는 걸 많이 봤어요. 내일로 티켓이 만 25세 이하를 위한 거라 출판사도 잘 모르고 있었기 때문에 가이드북이 필요하겠다는 확신이 들었죠." 박솔희 양의 모교의 학보사 인터뷰에서 책 발간 이유를 이렇게 말했다. 그녀는 어떤 잡지 기자가 책 한 권을 내기 위해 백 군데가 넘는 출판사를 찾아다녔다는 글을 읽은 적이 있었다. 그래서 처음 한두 군데 출판사에서 거절당했을 때도 좌절하지 않았다고 한다. "저는 제가 하고 싶은 일과 관련된 많은 경험들을 해왔어요. 「오마이뉴스」 시민기자를 3년 동안 해오면서 글을 많이 썼고 그만큼 실력도 늘어서 글쓰기에 대해 자신이 있었어요. 또 잡지 〈대학내일〉의 학생리포터를 통해 트렌드를 보는 감각, '독자의 입장에서 어떻게 받아들이겠구나' 하는 감각을 익힌 것도 도움이 됐죠."[7]

박솔희 양은 자신이 잘 알고 있는 것, 그래서 알려 주고 싶은 것에 포인트를 뒀다. 끈질기게 몰두한 결과 그녀는 결국 책을 낼 수 있었고, 지금은 그것이 그녀를 나타내는 수식어가 됐다.

> 2011년 10월부터 세계 4대 극지대를 달리기 시작했다.
> 중학교 때 다리를 다쳐 긷는 게 부자연스러웠고, 이 콤플렉스를 극복하기 위해서였다. 하지만 자금이 필요했다. 그는 '소셜 펀딩 Social Funding'으로 자금을 모았다. 그의 사연을 접한 많은 사람들이 후원을 해줬기 때문이다.
> 그는 현재 극지 마라톤에 도전 중이다.

극지 마라톤 그랜드슬램에 나서 유명해진 윤승철 군의 이야기다. 윤승철 군은 2008년 글쓰기 소재를 찾던 중 우연히 극지 마라톤에 대해 알게 됐다. 그는 중학교 때 부상을 당해 걷기 불편한 다리가 콤플렉스였고 극지 마라톤으로 이를 극복하고자 했다. 남산 산책로를 걷는 것을 시작으로 본격적으로 극지 마라톤을 준비했다. 400만 원이라는 참가비를 마련하기 위해 100여 곳의 기업에 직접 극지 마라톤과 자신을 홍보하는 자료를 만들어 보냈고, 결국 한 아웃도어

---

7. '나의 길을 찾는 여정 '청춘, 내일로'' 저자 박솔희 학우 인터뷰 기사 중. 「틴즈숙명」, 2012.2.7.

소셜펀딩을 통해 극지마라톤 참가 비용을 마련한 윤승철 군

용품 회사에서 극지 마라톤에 필요한 장비를 모두 제공하겠다는 연락이 왔다. 소셜 펀딩을 통해서도 참가비 마련은 계속됐다. 소셜 펀딩 사이트 '펀듀 fundu.co.kr'에 '대학생 윤승철, 꿈을 안고 사막과 남극을 달립니다'란 프로젝트를 올려 나흘 만에 28명으로부터 126만 원을 후원받았다.[8]

동국대 국어국문학 11학번인 김무준 군은 캠퍼스 내에서 마음이 통하는 사람들을 모아 소모임 활동을 하기도 한다. 그가 만든 '글 쓰고 싶은 사람들끼리 이야기하고 노는' 서사학 모임은 과친구, 타 학과생, 타 학교생, 취업자 등이 모여 이야기를 하고 글도 쓴다고 한다. 김무준 군도 출판에 뜻이 있었지만 이루지는 못했다. 군인시절 쓴 글들을 모아 책을 출판하고 싶어 여러 출판사에 글을 냈는데, "이렇다 할 수상 경력도 없고 등단 실적도 없는, 거기에 학력도 없는, 아무런 보장 없는 글쟁이의 글을 출판할 만큼 우리 출판사는 역량이 되지 않는다"는 답변을 들었다고 한다. 그는 대신 새로운 일을 벌이고 있다. '인디작가리그'라 이름 붙인 이 활동은, 어플리케이션으로 구성원들이 쓴 글을 내는 방식이다. 인디작가리그는 '탈저작권'. '탈권위'. '우리의 여러 가지 이야기를 한다'는 것, '다양성'에 초점을 두고 진행할 계획이라고 한다.[9]

8. '극지 마라톤 그랜드슬램 세계 최연소 도전 윤승철 씨 지구촌 오지서 외로운 사진과의 싸움 '인간승리' ', 〈매일신문〉, 2012.7.9.
9. 〈대학내일〉 615호 student 칼럼.

2013년 전망 :
진심을 브랜딩하다. 리얼콘텐츠로 승부하라.

배경 부분에서 인용한 설문조사 이야기로 다시 돌아가 보자. 그 설문조사에선 '진로, 장래희망에 도움이 될 것 같아서'라는 응답은 14.7%에 그쳤고, 10.2%의 대학생은 아예 전공을 선택할 때 이미 '취업'을 염두에 두고 있었다고 답했다. 반면, 새로운 전공을 선택하고 싶어 하는 이유는 대체로 '적성'과 '진로' 때문인 것으로 나타났다. '취업에 더 도움이 될 만한 다른 전공으로 가고 싶다'는 응답이 28.0%로 1위에 올랐다.[10]

2012년 박성호 의원새누리당의 '대학생 취업준비 실태 설문조사'에 따르면, "대학 진학의 이유가 무엇이냐"는 질문에 46.1%가 '더 좋은 직장에 취업하기 위해'라고 답했다. 28.6%는 '부모님이 원해서 혹은 남들이 가니까'라고 응답했다. 전공 공부를 위해 진학했다고 응답한 대학생은 21.6%에 불과했다.[11]

....

10. '대학생 52% "기회 되면 전공 바꿀 것" 이유는?', 「경향신문」, 2011.10.21.
11. ''취업준비에 올인' 대학4학년, 일주일에 1.7일 등교', 해당 기사는 박성호 의원(새누리당)의 '대학생 취업준비 실태 설문조사' 인용, 「아시아경제」, 2012.11.5.

생각해 보면 20대들이 이토록 셀프 브랜딩에 열성적인 이유는 '취업'이라는 관문을 통과하기 위한 몸부림 중 하나로 풀이된다. 경쟁자보다 나은 내가 되기 위해 20대는 오늘도 블로그에 포스팅을 하고, 잡지를 발행하며, 남들이 하지 않는 어떤 경험을 하고 지식을 쌓는다. 물론, 이런 활동의 목적이 취업이 아닌 20대들도 많다. 하지만 공통적으로 그들은 모두 이름 석자라는 브랜드로 자신을 브랜딩한다.

교육 수준이 올라가고 고스펙이 평준화되면서 어학이나 학점, 한두 개의 대외활동, 공모전 수상 경력만으로는 자신이 어떤 사람인지 인사 담당자에게 어필하기 어렵다. 인사 담당자들도 마찬가지다. 그래서 인사담당자들은 지원자들의 끼나 열정을 보기 위해 스펙 대신 다양한 항목들로 관찰한다. 5분간의 자기소개, 인문학 책 읽고 토론하기 등이다. 인사 담당자는 지원서에 써 있는 글보다는 취미나 특기, 지원자가 오랫동안 했던 활동을 주목한다.[12]

주목 경제 시대에 자기 브랜드의 가치는 더욱 중요해질 수밖에 없다. 지속적인 관심을 끌리 위해서는 새로운 매력이 필요하다. 여기서 새로운 매력은 반드시 '진정성'을 기반으로 한 것이어야 한다.

최근에 대학생 대외활동 프로그램을 운영하는 몇몇 지인에게 들은 이야기다.

자기소개서 취미란에 '우쿨렐레 연주'라고 써 넣은 지원자들에게 면접에서 연주를 시켜 보면, 진짜 취미로 우쿨렐레 연주를 하는 지원자들보다는 지원서에 써 넣기 위해 연주를 배우거나 거짓으로 써 넣은 지원자들이 있다는 것이다. 본인의 성격을 외향적이고 적극적이라고 썼지만 면접에서 보면 소극적이고 차분한 성격의 지원자들도 있다

12. '달라진 채용 풍토 '매력이 경쟁력' … 고달픈 구직자', 「MBC뉴스」, 2012.9.8.

고 했다. 대외활동, 기업의 입사를 위해 거짓 정보를 써 넣은 것이다.

　'내가 이런 것들을 잘 합니다. 혹은 잘 압니다'라고 말하기는 쉽다. 한 줄의 글을 써 넣기도 쉽다. 그런데 이걸 증명하는 것은 쉽지 않다. 대학생들의 지원서에 가장 많이 등장하는 말 중 하나가 바로 '열정'이다. 열정을 어떻게 증명해 내느냐가 바로 셀프 브랜딩의 핵심이 되어야 할 것이다. 중요한 것은 그 열정이 얼마나 지속적이고, 진실하냐는 것이다. 블로그의 방문자 수가 중요한 게 아니다. 페친이 몇 명이고 팔로워가 몇 명이냐가 중요한 게 아니다. 그 블로그 속에 어떤 콘텐츠가 숨어 있는지가 중요하다.

　평생 직장이 아닌 평생 직업을 찾아야 하는 시대, 셀프 브랜딩은 자신을 탐구하고 미래를 결정하는 데 있어 훌륭한 수단이 되어 줄 것이다. SNS를 기반으로 한 1인 미디어 열풍도 계속 이어질 것이다. 원래 영향력을 가지고 있던 1인 미디어들은 그 영향력을 더욱 공고히 할 것이고, 새로운 1인 미디어들과 뉴미디어도 앞다퉈 주목을 받기 위해 총공세를 펼칠 것이다.

JOB fair

2012 취업/채용 트렌드 들여다보기

"

2012년 채용시장은 글로벌 경제위기의 여파와 국내 경기 위축으로 인해 기업들의 채용 규모가 축소됨과 동시에, 위기로부터 벗어나 미래를 먹여 살리는 데 필요한 핵심 인재를 보다 다양한 방법을 동원하여 적극적으로 찾으려는 기업들의 노력이 두드러졌다. 반면, 이와 같이 가중되는 취업난 속에서 갈 곳을 잃고 방황하는 취업준비생들의 스트레스가 높아졌으며, 20대에겐 이제 일상 속에 더욱 깊숙이 파고든 SNS가 취업시장 전반에서도 적극 활용되고 있음을 살펴 볼 수 있었다. 2012년 한해 취업/채용 트렌드를 다음과 같이 5가지 정도로 정리해 본다.

2012년 취업/채용시장의 5가지 트렌드
1. 채용 프로세스의 버라이어티화
2. 기업이 찾는 인재상: 변태와 진화중
3. 인재가 살길이다, '인재확보 경쟁에서 인재활용 경쟁으로'
4. 취업시장 불황 가속화, 총체적인 취준생 난국
5. 취업도 SNS를 타고, '소셜 리쿠르팅'

"

1. 채용 프로세스의 버라이어티화

2012년 한 해 취업/채용 시장에서 가장 쉽고 자주 확인할 수 있었던 트렌드는 바로 기업들의 채용 진행방식에 있어, 이전에 비해 훨씬 다채롭고 새로운 시도가 많이 이루어졌다는 점을 들 수 있다. 이는 채용과정 자체를 일종의 기업 마케팅 툴로 활용함으로써, 채용 브랜드 구축을 통해 이를 기업 전체의 브랜드 자산으로 활용하려는 전략이 본격적으로 시도되고 있다고 풀이할 수 있다.

각 주요 기업별로 새롭게 시도된 채용 진행방식의 변화를 살펴본다면, 먼저 현대자동차에서 진행한 'JOB Fair'를 들 수 있다. 기존의 지루하고 일방적인 채용 설명회에서 탈피하여, 보다 창조적이고 역동적으로 자신의 가능성을 함께 찾아가는 새로운 형태의 취업박람회를 도입하였으며, 2012년 네 번째 시즌을 맞이하여 서울과 부산에서 진행되었다. 5분 자기PR과 자기소개서 1:1 클리닉, 영어면접 체험, 직무별 선배사원과의 만남, 인턴 상담프로그램 등으로 구성되어 있으며, 참가하는 취업준비생들에게 자존감을 심어 주고 취업에 보다 실질적인 도움을 줌으로써 많은 대학생들의 인기를 얻고 있다.

ⓒ현대자동차

SK그룹에서는 2012년 채용설명회를 축제의 형태로 진행하였는데, 그것이 바로 'SK Talent Festival'이다. 9월 이틀간 홍대 상상마당을 축제공간

ⓒSK

으로 재구성하여, 임원 및 신입사원들과의 Life Story, 블라인드 형식으로 진행되는 5분 PT Passion Show, 신입사원들이 직접 가르쳐주는 자소서 작성과 면접요령, SK의 다양한 대학생 관련활동 소개 등의 프로그램을 제공하였다. 특정 분야에서의 넘치는 끼와 열정을 바탕으로 기득권을 포기하면서까지 새로운 도전을 즐기는 인재를 'Viking형 인재'라 새롭게 정의하고, 이것이 SK그룹의 새로운 인재상이라는 메시지를 효과적으로 전달하는 데 성공하였다.

제일기획은 보다 더 특이하게 딱딱한 부스와 줄서기, 그리고 지

ⓒ제일기획

ⓒCJ

ⓒSK텔레콤

루한 이야기들로부터 벗어나 콘서트 공연을 방불케 하는 'Recruiting Showcase'를 진행하여 아이디어를 중시하는 광고회사다운 채용설명회라는 호평을 받았다. 국내 최초 쇼케이스 형식으로 온라인과 모바일을 통해 동시 생중계되는 신개념 채용설명회였으며, 광고인들의 삶을 엿볼 수 있는 Discovery Session과 취업과 관련된 궁금증을 해결할 수 있는 Q&A Session 등으로 구성되었다.

이 밖에도 CJ그룹은 영상 시사회, 선배들과의 멘토링, 축하가수 공연 등으로 구성된

영화 시사회 같은 채용설명회 'CJ Culture Recipe'를 개최하였으며, LG전자는 구직자 500명을 초대해 선배들의 취업스토리, 모의면접 등 맞춤형 멘토링을 진행하였다. 기아자동차는 최신 영화 상영과 함께하는 '시네마데이'를 서울과 광주에서 진행하였으며, 삼성물산은 최근 비보이 공연과 함께하는 채용설명회로 화제를 모았다. 아예 야외 소풍 형태로 채용설명회를 진행한 경우도 있는데, 종합광고대행사 이노션월드와이드는 경기도 포천의 국립수목원에서 '꿈을 나누는 소풍'이라는 주제로 대학생을 초청해 채용설명회를 진행하기도 했다.

기존의 권위적이고 일방적인 방식에서 탈피하여 '버라이어티'해지고 있는 기업들의 채용설명회는 쌍방향적으로 취업준비생들의 궁금한 부분을 정확하게 소통함으로써 채용 타깃에게 기업에 대한 소개를 보다 효과적으로 진행함과 동시에, 유효한 미래 잠재고객인 20대에게 차별화된 기업 브랜드 가치를 전달하는 데 큰 역할을 하고 있다.

한편, 채용설명회뿐만 아니라, 채용전형 과정에서의 변화도 새로운 방식의 도입이 많이 늘어났다. SK텔레콤은 5월 국내 기업 최초로 SNS를 채용의 모든 과정에 적용해 소셜 미디어 전문 인턴사원 소셜매니저를 선발하면서 2명 선발에 1,000명이 훨씬 넘는 지원자가 몰리는 등 화제를 낳았다. 이 밖에도 롯데백화점은 인턴십을 통과한 응시자를 대상으로 비즈니스 시나리오 테스트를 실제 점포 내에서 진행하여 유통업에 적합한 보다 실무적인 인재를 선발하기도 하였으며, 샘표식품의 신입사원 공채 면접에서는 팀으로 요리를 만들고 설명하는 요리실습면접을 도입하여 주타깃인 주부들의 마음을 헤아릴 줄 아는 인재를 선발하고자 하였다. 외환은행에서 진행한 2012 상반기 합숙면접에서는 〈토이스토리〉, 〈박물관이 사라졌다〉 등 유명 영화와 애니메이션의 무성화면에 여러 가지 도구를 이용해 대사와 효과음을 입히는 폴리아트를 팀 단위로 진행하여 참가자들로부터의 호평을 받았으며, 신한은행의 하반기 합숙면접에서는 면접 시작 전에 응시자들을 위한 미니콘서트를 2시간가량 진행한 후 본격 면접을 시작하기도 하였다.

이와 같이 2012년 더욱 두드러진 전형방식에서의 새로운 시도는 다양한 방법으로 적합한 인재를 뽑겠다는 기업들의 의지가 강하게 반영되었으며, 동시에 이색적인 채용과정 자체를 통해 기업 이미지를 보다 젊고 참신하게 소구하는 효과도 함께 얻을 수 있었다.

2. 기업이 찾는 인재상 : 변태와 진화 중

2012년 채용시장에서 기업들이 찾는 인재상이 변화하고 있었다. 먼저 상/하반기 주요 기업들의 채용전형을 살펴보면 이른바 '스펙 붕괴' 현상이 두드러지게 나타나고 있었다. 과거처럼 굳이 4년제 대학을 졸업하지 않아도, 꼭 한국 사람이 아니어도 입사할 수 있는 길이 열리고 있는 것이다. 오랫동안 지원서류에서 빠지지 않고 작성되어 왔던 학력, 성별, 국적, 신체조건 등의 필수조건 들이 불문에 부쳐지고, 어학점수나 자격증 등의 스펙보다는 창의성이나 도전정신, 실무능력, 성실성 등이 기업들이 찾는 인재상을 검증하는 데 중요한 기준으로 등장하였다. 삼성그룹의 경우, 디자인과 소프트웨어 직군 등에 한해 서류필기의 절차를 모두 없애고, 최종 면접으로만 채용을 진행하였으며, KT는 대졸 이상이었던 응시자격을 철폐하고 고교 졸업장만 있으면 누구든 지원할 수 있도록 변경하였다. 현대자동차 상반기 인턴 채용에서도 학교, 전공, 학점, 영어점수 입력 없는 입사지원서를 완성하는 미션을 부여하고 자기소개서와 과제 평가만으로 1차 합격자를 선발하는 등 오직 실력으로만 승부할 인재를 찾아 나서기도 하였으며, CJ E&M, 넷마블과 CJ게임즈에서도 상반기 인턴사원을 학력 제한 없이 모집한 바 있다. OB맥주도 영업·관리직 채용 응시자격에서 4년제 대졸 이상 조건을 없애기로 하였으며, 한국자산관리공사

현대자동차 2012 하반기 인턴채용 공고

KAMCO 역시 학력, 전공 등 스펙 대신에 인문소양을 바탕으로 스스로 생각하고 문제를 해결할 수 있는 창의력 있는 통섭형 인재를 선발하겠다는 방침을 하반기 공개 채용 전에 밝힌 바 있다.

이와 같은 '脫 SPEC탈스펙' 트렌드는 이전에 고스펙 보유자들을 중심으로 채용을 진행해 왔던 기업들이 스펙만이 지원자들의 채용 이후 업무능력을 결정하지 않는다는 점에 대해 이해하기 시작하였으며, 이에 따라 능력과 실력, 태도 등을 중심으로 인재 판별의 기준을 옮겨 가고 있는 것으로 볼 수 있다. 대한상공회의소에서 수도권 305개 기업을 대상으로 실시한 조사 결과, 신입사원을 채용할 때 스펙보다는 기업의 핵심가치와 인재상에 부합하는 성품과 실무능력을 더 중시하는 기업이 89%로 나타났으며,[1] 최근 2년 미만의 경력을 보유한 직장인 1,873명을 대상으로 한 조사 결과, 다른 기업에 신입사원으로 지원할 의향이 있다고 답한 비율이 73.6%나 되는 현상은 결국

....

1. '상반기 취업 기상도… '스펙' 보다 '인재상' ', 「한국정책방송」, 2012.2.28.

지원자와 기업문화와의 적합성, 적극적인 태도, 특정 직무수행에 실제 필요한 능력을 보유하는 것이 겉보기에만 괜찮은 스펙보다 입사 이후 적응과 성과에의 기여에 훨씬 더 중요한 기준임을 보여 주는 실례라 할 수 있겠다.[2]

다음으로 기업들의 열린 채용이 보다 확대된 점 또한 2012년 기업이 찾고 있는 인재상의 변화를 살펴볼 수 있는 중요한 현상이다. 그동안 채용시장에서 비교적 약자의 입장에 있었던 지방대 및 저소득 계층, 장애인 등의 우수 인재들에 대해 보다 관심을 가지며, 기존의 학벌과 연공서열로만 인력을 검증하던 방식에서 벗어나고 있었다.

삼성그룹은 2012년 하반기 전체 채용인원 중 5%를 저소득층에서 선발하고, 기초수급 대상자 및 차상위 계층 대학생 중 대학 총장의 추천을 받은 지원자를 대상으로 특별전형을 실시하며, 지방대생 채용 비율도 전체 채용인원의 35%까지 높이는 계획을 수립하였다. 현대자동차그룹은 향후 10년간 마이스터고 출신 고졸 신입사원 1,000명을 채용할 방침이라고 밝혔으며, LG그룹의 경우 LG전자, LG 이노텍, LG디스플레이 등에서 각각 100~150명의 장애인을 채용한다는 계획을 발표하였다. 이처럼 기업들의 지방대 공채가 늘면서 2011년 20대 기업들이 뽑은 비수도권 지방대 출신은 10명 중 4명꼴인 42%에 달하고 있다.[3]

국책은행과 일부 금융공기업을 중심으로 비수도권 대졸자의 채용 비율도 점차 높아지고 있다.[4] 산업은행은 당초 하반기 채용만 실시했으나 2012년 들어 10년 만에 상반기 채용을 실시했다. 특히, 지

2. '신입사원 직장생활 행태조사 결과' 일부 참조, 「사람인」, 2012.4.
3. '지난해 대기업 신규 채용 40%가 지방대 출신', 「KBS」, 2012.7.23.
4. '금융권 하반기 채용… 지방대에 '활짝'', 「아주경제」, 2012.8.15.

방점포 신설 전략 등에 맞춰 지방대 출신만 전체의 50%를 채용해 눈길을 끌었다. 기업은행의 2012년 상반기 채용에서도 지방대 출신 비중이 전체의 26.4%의 차지했으며, 서울뿐만 아니라 수도권도 지방대 출신에서 배제하는 등 엄격한 기준

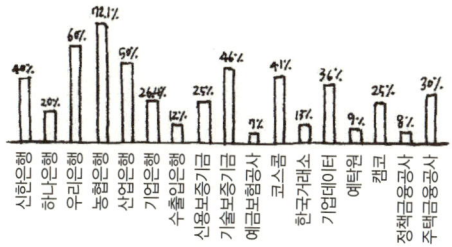

금융권 지방대 출신 채용 비중

(은행 – 2012년 6월 말 기준 / 공기업 – 2011년 12월 기준)

출처 : 각 은행 및 공공기관 경영정보공개시스템

을 적용하고 있다. 주택금융공사의 경우 지역할당제를 실시하고 있으며, 2012년 상반기 18명을 신규 채용하면서 7명을 지방대 출신 인재로 뽑았으며, 6월 이후 실시한 신입직원 공채에서도 최종 합격자 35명 가운데 수도권 출신이 24명, 지방대가 11명이었다.

스펙을 가리지 않고 인재를 검증하고 선발하는 트렌드와 함께, 채용전형 시 동등한 출발점을 제공하고 뒤처지거나 일찍 실패를 경험한 이들에게 재도전의 기회를 마련해 준다는 측면에서 채용시장에서의 이와 같은 열린 채용의 움직임은 취업난으로 인해 고통받고 있는 많은 20대 대학생들에게 긍정적인 반응을 얻고 있으며, 중장기적으로 사교육에의 치중과 과열된 양상을 보이고 있는 고등교육의 여러가지 문제점을 해소시킬 수 있는 중요한 시도라 볼 수 있다. 열린 채용을 통해 선발한 인력들의 업무역량이 기존의 스펙 중심의 채용 방식을 통해 선발한 인력들과 크게 차이가 없거나 오히려 더 낮다는 점도 점차 실증되고 있어 이와 같은 열린 채용은 향후 그 비중과 범위를 더욱 확대해 나갈 것이라 예측해 본다.

3. 인재가 살 길이다, '인재확보 경쟁에서 인재활용 경쟁으로'

기업이 인재를 찾고 모시기 위해 다양한 노력을 전략적으로 기울이고 있는 양상은 이미 수년 전부터 살펴볼 수 있었다. 하지만 2012년에는 단순히 인재를 확보한다는 측면에서 좀 더 나아가 실제 활용 가능한 인재를 확보하여 그들의 능력이 성과창출로 제대로 이어지게 하는 데 보다 초점을 맞추려는 노력이 많아졌다.

주요 대기업들의 채용시스템은 업무능력과 조직적응력을 보다 실체적으로 평가하기 위해 채용을 전제로 한 인턴십을 증가시켰다. 국내 매출 500대 기업 중 318개를 대상으로 한 조사 결과, 2011년 한 해 인턴채용을 실시한 기업은 48%를 차지하였으며, 이 중 39.1%가 일정 기준을 통과한 우수 인턴을 정규직으로 전환했다고 응답하였으며, 채용 전제 인턴십 규모도 총 12,539명으로 2009년 대비 36.5%나 증가하였다.[5]

삼성그룹은 인턴십이 주 기반이 되는 채용시스템인 '채용2.0'을 도입하였으며, 포스코그룹 또한 인턴십 통과자만을 대상으로 한 신규채용을 진행하였다. '다음 2012 썸머인턴십'에서는 다음의 창의적인 기업문화를 체험하고, 실전 프로젝트 진행을 통해 검증된 인턴을 대상으로 정규적 채용 기회를 제공한 바 있으며, 동원그룹 역시 하계 인턴십 과정에서 8주간의 해당 계열사 근무기간을 거친 후 평가 합격자에 의해 정규직 채용면접 기회를 제공하였다.

다른 회사에서의 경력을 보유한 지원자들을 다시 신입사원으로 채용하는 경우도 상당수 있었다. 이와 같이 신입 채용에 다시 도

....

5. '[취업비책]본격 공채 준비 전 워밍업! 2012 취업 트렌드 읽기', 「인크루트 스토리」, 2012.1.31.

전하는 경력자들을 일컬어 '올드루키'라고 하는데, 이는 기업에서 보다 실무능력을 갖춘 인재를 선호하기 때문에 나타나는 또 하나의 현상이라고 볼 수 있겠다. 조직과 업무를 경험한 사람일수록 현업에 바로 투입하기가 쉬우며, 짧은 조직경험 역시 경력으로 인정하는 분위기가 확산되고 있고, 가중되는 취업난 속에서 일단 다니면서 더 높은 연봉이나 희망업종으로 재도전하겠다는 구직자들의 경향도 이러한 올드루키의 등장과 강세 현상을 설명하

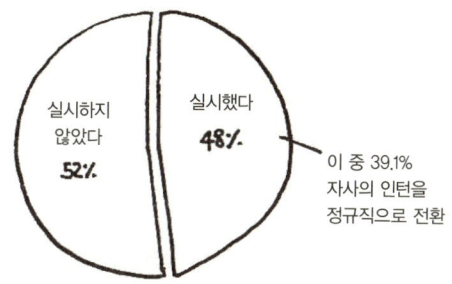

올해 인턴 채용을 실시했습니까?

매출 500대 기업 318개 대상

실시하지 않았다 52%

실시했다 48%

이 중 39.1% 자사의 인턴을 정규직으로 전환

출처 : 인크루트 스토리

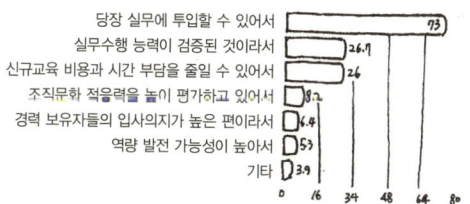

경력 보유 여부가 평가에 영향을 미친 이유

(단위 : %)

당장 실무에 투입할 수 있어서 73
실무수행 능력이 검증된 것이라서 26.7
신규교육 비용과 시간 부담을 줄일 수 있어서 26
조직문화 적응력을 높이 평가하고 있어서 9.2
경력 보유자들의 입사의지가 높은 편이라서 6.4
역량 발전 가능성이 높아서 5.3
기타 3.9

출처 : 인크루트 스토리

는 이유라 볼 수 있다. 또한, 기업 인사담당자 372명을 대상으로 한 설문조사 결과, 신입 채용 시 경력 보유 지원자를 선발한 경험이 있다고 응답한 비율이 75.5%로 나타났다.[6]

기업이 학비를 내고 졸업과 동시에 채용하는 '채용조건형 계약학과'를 통한 인재활용 전쟁 양상도 살펴볼 수 있다. 채용조건형 계약학과는 학비 지원뿐 아니라 기업 임직원이 교육 과정을 수립할 때나 강의에도 참여하는 것이 일반적인데, 기업은 개별 회사 실정에 맞는 맞춤형 인재를 확보하고 대학은 최신 산업 트렌드를 곧바로 교

6. '기업 10곳 중 8곳 '올드루키' 채용, 만족도는 얼마?', 「경향신문」, 2012.6.25.

과 과정 등 교육 현장에 도입할 수 있는 장점이 있으며, 학생 입장에
선 전액 장학금에 생활비 보조까지 받을 수가 있어, 2008년 본격적
으로 시행된 이후 2012년 처음으로 재학생 1,000명을 돌파하기도 했
다. 국내 전체 계약학과 재학생은 1만 2274명105개 대학 426개 학과, 2012년 4월
기준으로 작년보다 9.9% 늘었다.[7]

채용조건형 계약학과 현황(학사과정)

대학	학과	신입정원	재학생	계약기업
경남과기	스포츠산업	20	9	경남체육회
경북	모바일공학	30	39	삼성전자
고려	사이버국방	30	30	육군본부
성균관	반도체시스템	100	344	삼성전자
세종	국방시스템	30	30	해군본부
충남	해군학	30	30	해군본부
가천	게임프로젝트	20	20	한국콘텐츠진흥원
한림	유비쿼터스게임	40	40	한국콘텐츠진흥원
고구려*	그린에너지	40	33	영광군

*는 전문학사
자료 : 교육과학기술부(2012년 4월기준)

한편, 대기업과 공기업 중심의 채용 경쟁구도에서 상대적으로 인
재확보에 어려움을 겪고 있는 중소기업들 역시 이와 같은 인재활용
전쟁에 뛰어들고 있다. 제주지역 민간기업들이 전국 자치단체 중 처음
으로 통합 공개채용 방식을 통해 53개사를 대상으로 251명을 채용
하기로 하여 많은 구직자들의 관심을 모으기도 했다. 대기업이나 공
기업·공공기관에 비해 구직자들의 관심을 끌기도 어렵고, 채용규모

....

7. '채용조건형 '대학' 계약학과 자리 잡았다', 「한국경제」, 2012.7.11.

도 작으며, 채용시기도 수시로 진행되다 보니, 우수인재 확보에 실패하는 경우가 많았는데, 새로운 통합 공개채용 방식을 통해 우수자원의 확보, 채용과정의 투명성 제고와 더불어 채용에 따른 시간적·비용적 효율성도 꾀할 수 있게 되었다.

채용 방식이나 프로세스의 다변화와 함께, 기업문화와의 적합성과 실전 업무능력을 겸비한 인재를 채용함과 동시에 적극적으로 활용하기 위한 여러 가지 노력들 역시, 인재가 장기적 관점에서 기업의 미래 성장동력을 책임지는 핵심근간이라 보는 최근의 경영 트렌드를 비추어 볼 때, 앞으로 다양한 산업분야에서 더 새로운 형태의 모습으로 등장할 것이라 내다본다.

4. 취업시장 불황 가속화, 총체적인 취준생 난국

2012년 동안 각종 기관에서 진행된 대학생들의 고민과 관심사에 대한 설문조사 결과의 대부분에서 1위를 차지한 답변은 바로 '취업과 진로 고민'이었다. 이는 2011년에도 동일한 결과로 나타나, 취업은 분명 요즘의 보편적인 대학생들에게 주어진 제1 해결과제라 할 수 있겠다. 각종 조사 결과들을 살펴보면, 등록금·학비 등의 경제적인 부담이나 학업에의 부담보다 졸업 후 진로에 대한 불안감이 더 높은 응답비율을 나타내고 있다.

이러한 대학생들의 취업에

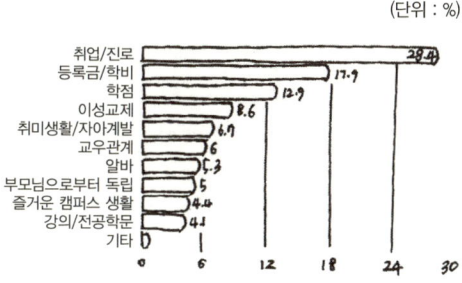

대학생활 최대의 관심사

(단위 : %)

출처 : 알바몬 2012.4. 대학생 856명 대상, 복수응답

대학생들을 정신적으로 힘들게 하는 최대 고민거리로는 '취업과 불확실한 미래에 대한 불안감'(20.0%)이 꼽혔다. 다음으로 △ 학업/시험 등에 관한 문제(17.4%) △ 아르바이트를 하며 겪는 문제(16.4%) △ 기타(14.1%) △ 이성간의 연애문제(11.9%) △ 친구, 선배 등 대인관계에 따른 문제(8.5%) 등이 뒤를 따랐다.

대학생의 고민거리를 학년별로 분석한 결과도 흥미롭다. 분석결과, 1학년부터 4학년 모두 '취업과 불확실한 미래에 대한 불안감'이 가장 큰 고민거리로 꼽혔다. 이 결과로 대학의 갓 입학한 새내기들도 취업에 대한 압박이 심하다는 걸 알 수 있었다.

출처 : 알바몬 2011.11, 대학생 550명 대상

아르바이트 전문포털 알바천국(대표 최인녕 www.alba.co.kr)이 전국 대학생 남녀 2,180명을 대상으로 '여름방학 사교육비 지출 현황'을 조사한 결과 전체 응답자의 77%(1,685명)가 사교육비를 지출할 예정이며, 이들이 지출하는 비용은 1인당 월평균 32만 1천 원으로 연간 비용은 385만 원인 것으로 조사됐다.

이 같은 지출비용은 2010년 겨울방학의 평균 27만 1천 원보다 5만 원가량 늘어난 액수로 2년 동안 19% 증가했다.

여름방학 한 달 사교육비 지출 분포를 살펴보면 '30~40만 원'이 29.4%로 가장 많았고, 다음으로 '20~30만 원'(26.3%), '10~20만 원'(15.7%), '50~100만 원'(14.5%), '40~50만 원'(7.4%), '100만 원 이상'(4.2%), '10만 원 미만'(2.5%) 순으로 나타났다.

특히 눈에 띄는 특징은 '30~40만 원'이 6.5%에서 29.4%로 5배 가까이 큰 폭으로 증가했다는 점이다. 또 '50만 원 이상'의 고비용 지출 응답자도 4.4%에서 18.7%로 4.3배 늘어 전체 사교육비 지출 증가를 견인했다. 반면 '10~20만 원' 지출 응답자는 33.1%에서 15.7%로 절반가량 줄었다.

학년별 사교육비 지출 비용은 취업활동에 가장 민감한 고학년에서 높게 나타났다. 특히 3학년이 34만 2천 원으로 가장 높았으며, 4학년도 34만 1천 원으로 비슷한 수준으로 조사됐다. 이어 2학년은 31만 8천 원, 1학년은 30만 2천 원 순으로 나타났다.

출처 : 알바천국, 2012.6, 대학생 2,180명 대상

대한 고민은 취업 준비에 지출하는 사교육비 수준을 통해 더욱 잘 드러나고 있는데, 연간 비용이 385만 원이며 이는 2010년에 비해 약 19% 증가한 수치이다.

6월 취업자 증가규모 9개월 만에 최저치로

경기둔화 우려가 높아지고 있는 가운데 지난달 취업자 증가 규모가 9개월 만에 가장 낮은 수준으로 떨어졌다. 20대 취업자가 감소하면서 청년층 취업난이 특히 약화된 것으로 나타났다. 또 안정적인 일자리로 꼽히는 제조업 취업자는 11개월째 감소한 반면 베이비부머 은퇴 창업 등의 영향으로 자영업자는 크게 증가했다.

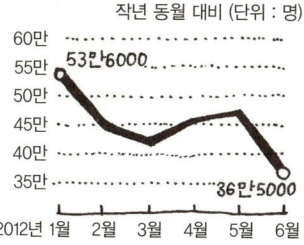

취업자 증가 추이
작년 동월 대비 (단위 : 명)
53만 6000
36만 5000
2012년 1월 2월 3월 4월 5월 6월
자료 : 통계청

통계청의 '2012년 6월 고용동향'에 따르면 취업자는 2,511만 7,000명으로 지난해 6월보다 36만 5,000명(1.5%) 늘었다. 2011년 동월 대비 취업자 증가폭은 2월 44만 7,000명, 3월 41만 9,000명, 4월 45만 5,000명, 5월 47만 2,000명 등 높은 수준을 유지하다가 6월에 큰 폭으로 하락했다. 취업자 증가폭이 40만 명 밑으로 떨어진 것은 2011년 9월(26만 4,000명) 이후 9개월 만이다.

2012년 상반기(1~6월) 취업자는 2011년 같은 기간보다 44만 9,000명 늘어나 2004년 상반기(45만 6,000명) 이후 최대치를 보였지만 6월 들어 취업자 증가세가 눈에 띄게 둔화된 것이다. 한편 6월 실업률은 3.2%로 지난해 6월보다 0.4%포인트 하락했으며 고용률은 60.4%로 0.1% 포인트 올랐다.

반면 20대 취업자는 작년 동월 대비 3만 4,000명, 30대 취업자는 7만 명 줄었다. 30대는 해당 연령대 인구 감소를 반영하면 실제 취업자는 1만 5,000명 늘어난 것으로 분석됐지만 20대는 인구 감소 효과를 반영해도 취업자가 5,000명 줄었다. 20대의 취업 부진은 세계 경제의 불확실성 증가와 국내 경기둔화로 기업들이 신규 채용을 꺼리는 데 따른 현상으로 분석됐다.

산업별로 보건업 및 사회복지서비스업(9만 1,000명·6.7%), 전문과학 및 기술서비스업(7만 8,000명·8.1%) 등 서비스업 일자리는 늘었지만 제조업은 5만 1,000명(-1.2%) 줄어 11개월 연속 감소세를 이어 갔다. 은퇴한 '베이비부머'(1955~1963년생)의 자영업 창업이 확산되면서 지난달 자영업자는 583만 7,000명으로 2011년 동월보다 16만 9,000명(3.0%) 증가했다.

출처 : 통계청, 2012.6, '2012년 6월 고용동향' 참조

이와 같이 취업에 대한 대학생들의 고민이 더욱 깊어지는 이유는, 무엇보다도 전반적인 국내외 경기 침체와 그에 따른 채용시장의 위축을 가장 큰 원인으로 꼽을 수 있다.

더욱이 2012년 하반기 기업별 채용 동향을 살펴보면, 대기업 채용만 작년 대비 4.1%로 소폭 상승하였을 뿐, 공기업은 2011년 대비 30%, 외국계 기업은 49%나 감소한 것으로 나타나는 등, 채용시장

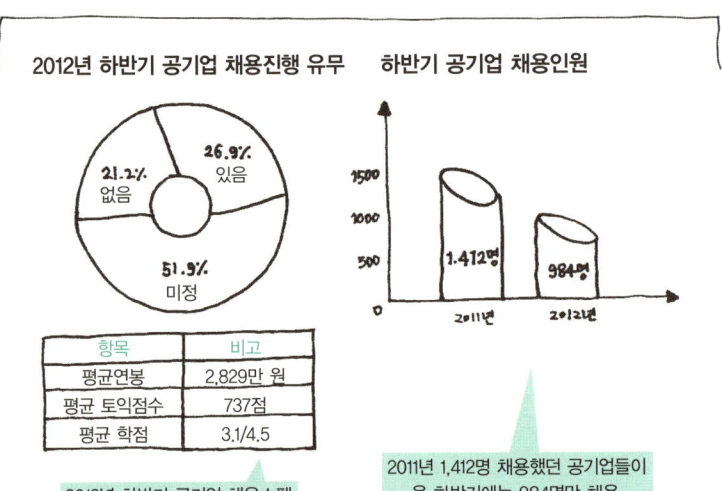

2012년 하반기 공기업 채용진행 유무
- 26.9% 있음
- 21.2% 없음
- 51.9% 미정

항목	비고
평균연봉	2,829만 원
평균 토익점수	737점
평균 학점	3.1/4.5

2012년 하반기 공기업 채용스펙

하반기 공기업 채용인원
- 1,412명 (2011년)
- 984명 (2012년)

2011년 1,412명 채용했던 공기업들이 올 하반기에는 984명만 채용.

2012년 하반기 외국계 기업 대졸 신입직 채용 규모

업종	2011년 하반기 채용인원	2012년 하반기 채용 예상 인원	채용규모 증감율	기업 1곳 평균 채용인원
외국계 기업 (66개사)	538명	271명	−49.6%	13.6%

출처 : 알바천국 채용동향 분석보고서

전반의 위축 추세가 두드려졌다고 볼 수 있다.[8]

　이처럼 심각한 20대의 취업난은 2012년에도 별다르게 나아질 기미를 보이지 못하였다. 이렇게 가중되는 취업에 대한 부담 속에서 취업준비생들은 총체적인 난국에 빠져 허우적대고 있었다.

　먼저, 취업을 포기하고 쉬는 대학생들이 더욱 늘어났다. 통계청이 발표한 2011년 11월 고용동향에 따르면 15~29세 청년실업률이 6.8%로 1년 전보다 0.4% 포인트 올랐으며, 청년실업자 수는 27만 9,000명이었다. 하지만, 2011년 말 현대경제연구원에서 집계한 15–29세 연령층의 사실상 실업자 수는 110만이 넘는 것으로 나타났는데, 여기서 말하는 사실상 실업자수는 공식적으로 집계되는 실업자 외에 취업준비자와 구직단념자, 취업무관심자까지 포함한 개념이다.[9] 즉 이와 같은 제감실업률의 증가는 좋은 일사리가 부족해 계속 취업준비를 지속하거나, 취업을 아예 포기한 사람이 그만큼 많다는 것을 뜻

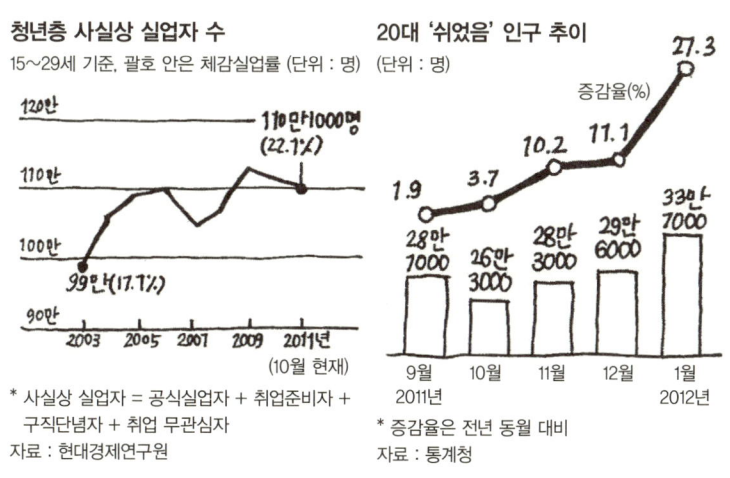

청년층 사실상 실업자 수
15~29세 기준, 괄호 안은 체감실업률 (단위 : 명)

* 사실상 실업자 = 공식실업자 + 취업준비자 +
　구직단념자 + 취업 무관심자
자료 : 현대경제연구원

20대 '쉬었음' 인구 추이
(단위 : 명)

* 증감율은 전년 동월 대비
자료 : 통계청

8. '2012 하반기 채용동향 분석보고서', 「알바천국」, 2012.9 참조.

9. [공감… 그저 일하고 싶다] 인턴 모집에도 박사, 유학생… 취업포기 알바족 28만 명', 「조선일보」, 2012.1.4.

취업 의욕을 잃거나 무기력증 겪고 있는 이유

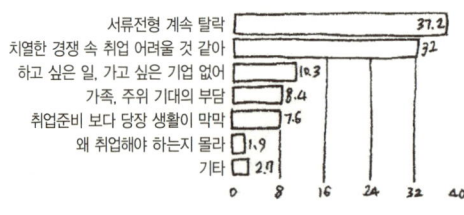

서류전형 계속 탈락   37.2
치열한 경쟁 속 취업 어려울 것 같아   32
하고 싶은 일, 가고 싶은 기업 없어   10.3
가족, 주위 기대의 부담   8.4
취업준비 보다 당장 생활이 막막   7.6
왜 취업해야 하는지 몰라   1.9
기타   2.9

0   8   16   24   32   40

출처 : 데이터뉴스

한다. 더욱이 20대 중 취업 경험이 전무한 취업 무경험 실업자 또한 작년 대비 24.1% 급증한 것으로 나타나[10], 청년실업이 장기적으로 고착화되면서 20대 장기 실업자 또한 증가하고 있음을 알 수 있다.

이처럼 20대 취업난이 가중되면서, 20대들이 겪는 취업 스트레스 또한 더욱 심화되고 있었다. 신입구직자의 82%가 서류전형에서 연이어 쓴맛을 보거나 취업을 못할 것 같은 불안감에 무기력증을 겪고 있는 것으로 나타났다. 무기력함을 겪고 있는 이유로는 '서류전형 연속 탈락37.2%'이 가장 큰 비중을 차지했다. 또, '치열한 경쟁에 어떻게 해도 취업이 어려울 것 같다32%'는 생각에 취업 의욕을 상실했고 '하고 싶은 일, 가고 싶은 기업이 없다10.3%'는 응답도 있어[11], 좌절감을 느끼거나 고스펙 경쟁자들 사이에서 취업문을 뚫기가 어렵다는 불안감에 시달리고 있음을 알 수 있다.

또한, 이러한 취업난의 가중과 스트레스 심화는 취업준비생들로 하여금 이른바 '하향취업'을 선택할 수밖에 없게 하고 있다. 취업이 어려워지자 젊은이들은 자신이 받은 교육수준보다 낮은 수준의 일자리에 취업하는 하향취업을 선택하고 있는 것이다. 한국직업능력개발원에 따르면 첫 직장 기준 대졸 하향취업 비중은 1982년 24.1%, 1992년 27.7%, 2002년 31.0%로 최근 10년간 상승세를 보이고 있다.[12]

---

10. '취업포기 20대 33만 명 "그냥 놀아요"', 「동아일보」, 2012.2.17.
11. '구직자 82% 취업 무기력증 겪어', 「데이터뉴스」, 2012.10.17.
12. '갈 곳 없는 젊은이들… 하향취업·졸업연기 늘고 있다', 「뉴스토마토」, 2012.7.18.

대졸 출신이 고졸 일자리까지 차지하면서 고졸 출신들은 더 낮은 수준의 일자리를 찾는 악순환이 반복되고 있는 것이다. 그리고 대졸자들의 생산직 취업이 점차 늘고 있어 구직난으로 인한 하향취업 경향이 더욱 뚜렷해지고 있었다. 2012년 9월 발표한 통계청의 '경제활동인구조사_{경활}'에 따르면 전체 청년 15~29세 생산직 근로자 중 4년제 대학을 졸업한 비율은 2005년 4.4%, 2007년 4.8%, 2009년 6.1%, 2011년 6.8%로 꾸준히 증가하고 있는데 반해, 전체

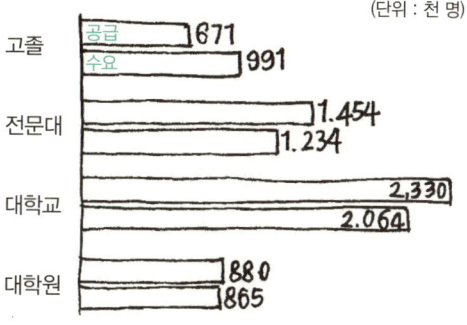

2011~2020년 학력별 신규인력 수급자
(단위 : 천 명)

자료 : 고용부

하향 취업자 응답 비율

출처 : 한국고용정보원

청년 생산직 근로자 중·고등학교 졸업 이하의 비율은 2005년 78.8%, 2007년 73.9%, 2009년 72.7%, 2011년 70.0%로 감소세를 보였으며 그 수는 2005년 79만 6,000명에서 2011년 49만 3,000명으로 크게 줄었다. 이러한 현상은 고졸자 숫자가 줄어들면서 생산직의 대부분을 차지했던 고졸 이하 블루칼라의 자리를 대학 졸업자가 담당하게 된 것이 근본 원인이긴 하나, 학력과잉이나 취업난 등으로 고학력자들의 하향취업 경향도 적지 않게 반영된 것으로 볼 수 있다.[13]

구직자들의 하향취업 현상이 가속화되면서, 기대와는 다른 임금

13. '대졸자 '생산직 취업' 점점 는다', 「문화일보」, 2012.9.5.

을 받게 되는 임금 미스매치 현상 또한 심화되는 악순환이 반복되고 있다. 취업준비생이 기대하는 임금수준과 실제 기업의 초임이 서울 소재 4년제 대학의 경우, 약 590만 원까지 격차가 나는 것으로 조사되고 있었다.[14] 이러한 일자리 및 임금의 미스매치 현상은 개인적으로는 교육투자 수익률을 저하시키고 사회적으로는 인재 활용의 비효율성을 초래해 결국 국가경쟁력을 악화시킬 수 있는 중대한 문제라 할 수 있다.

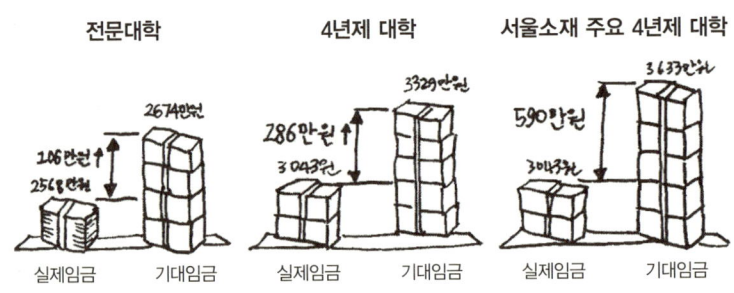

출처 : 한국경영자총협회

앞서 살펴본 취업준비생들이 처한 총체적 난국은 많은 기업들이 인력 채용을 줄여 나가려는 글로벌 양상을 볼 때, 단기간에 해결하는 것은 어려워 보인다. 청년 취업난의 문제가 비단 취업시장에의 공급과 수요의 불균형에서만 원인을 찾을 것이 아니라, 대학교육의 비정상화, 사교육 부담의 지나친 가중, 채용시장 내의 시장기능 상실 등의 다양한 문제가 복합적으로 얽혀 있음을 전제로 할 필요가 있다고 본다. 미래 사회를 리드할 젊은 인재를 어떻게 육성하고 어떻게 적재적소에 배치하느냐라는 장기적인 국가경쟁력의 관점에서 청년 실

14. '청년실업과 시대간 일자리 갈등에 관한 인식조사', 한국경영자총협회, 2012.5 결과 참조.

업난 해결을 위한 실마리를 찾아야 할 것이다.

5. 취업은 SNS를 타고, 소셜 리쿠르팅

역시 채용시장에서도 SNS는 중요한 소통수단이었다. 20대들의 SNS 활용 비중이 매우 높아지면서, 각 기업의 인사담당자들은 구직자들의 네트워킹·소통 능력이나 평판보다 솔직한 추천내용을 파악하는 데 SNS를 적극 활용하고 있었다. 국내 500대 기업의 17.1%는 채용을 위한 SNS 계정을 운영 중이다. 또한, 2012년 2월 취업포털 사람인이 인사담당자 397명을 대상으로 설문조사한 결과 206명52%이 채용 때 구직자 SNS를 참고한다고 답했다. 이들 중 94%는 인재 선발에 SNS가 도움된다고 했고 30%는 매우 도움이 된다고 응답했다. 구직자가 SNS 활동을 하지 않는 것을 확인하면 좋지 않은 인상을 받게 된다는 응답도 18%에 이르렀다. 특히, 구직자 SNS를 참고하는 인사담당자 중 88%가 앞으로 SNS 평가 비중을 확대하겠다고 답했다.[15] 더욱이, 많은 기업들이 지원서에 SNS 계정이나 블로그 주소를 적도록 하여, 서류나 면접을 통해 확인하기 힘든 평소의 관심사나 성향, 대인관계 등을 파악하는 데에 적극 활용하고 있었다.

잡코리아의 조사 결과 역시, 기업 인사담당자의 50.4%가 지원자의 SNS를 방문한 경험이 있다고 답했으며, 41.1%는 지원자의 SNS 내용이 당락 결정에 영향을 미쳤다고 조사되었다.[16]

앞서 다양한 버라이어티한 채용방식의 변화에서 예를 들었던 SK

---

15. '당신도 모르게 치러진 'SNS면접' ', 「매일경제」, 2012.2.21.
16. '[SNS세상은 지금] 김군, 요즘 여자친구와 사이 안 좋나?', 「매일경제」, 2012.5.25.

인사담당자가 보는 SNS 항목

(단위 : %)

지원 직무 관심도	58.0
평소 언행·가치관	38.0
인맥 등 대인관계	28.0
프로필	20.0
지원회사 인지도	16.0
취업 고민과 준비	14.0
다양한 사회 활동	14.0
디자인 활용 능력	12.0

자료 : 사람인

텔레콤의 오직 SNS를 통한 소셜 매니저 선발 과정 역시 이와 같은 SNS를 적극 활용하고 있는 채용시장을 잘 보여 준다. 베가구 스카이에서 운영한 세일즈 매니저 육성 프로그램인 'Vega Sales School' 채용과정에서는 지원자의 역량을 증명하는 추천글과 동료를 태그할 수 있는 인쿠르트소셜 이력서를 활용하기도 했다.

이와 같이 SNS가 기업의 채용기준으로 중요하게 부각되면서 구직자들은 SNS를 통해 취업정보를 얻거나, 본인만의 매력과 장점을 표현하는 데 열을 쏟고 있다. 모바일과 SNS를 통해 실시간으로 채용공고를 확인하고 입사지원을 하며 온라인 인맥상에서 자신의 이미지를 관리하는 것이 또 다른 취업경쟁력의 요소가 된 것이다. 구직자 10명 중 7명은 취업 전문 인맥구축서비스가 필요하며 채용공고와 연봉정보에 가장 관심이 많은 것으로 나타났다.[17] 또한 각종 취업 대비 강좌에서도 취업을 위한 SNS 관리 및 활용법 등을 적극적으로 강조하고 있다.[18]

한편, 취업준비생들이 SNS를 통해 취업정보를 보다 신속하고 정확하게 얻을 수 있도록 다양한 정보와 인맥을 실시간으로 편리하게 제공하는 서비스들이 많이 등장하였다. 커리어나 사람인 등 채용정보 서비스 업계에서는 2012년 처음으로 소셜 리쿠르팅 서비스를 도

---

17. '구직자 70.4% "취업전문SNS 필요"', 「파이낸셜뉴스」, 2012.7.18.
18. ' '위장 SNS' 권하는 사회… SNS 관리 대학강좌도 생겨', 「동아일보」, 2012.2.4.

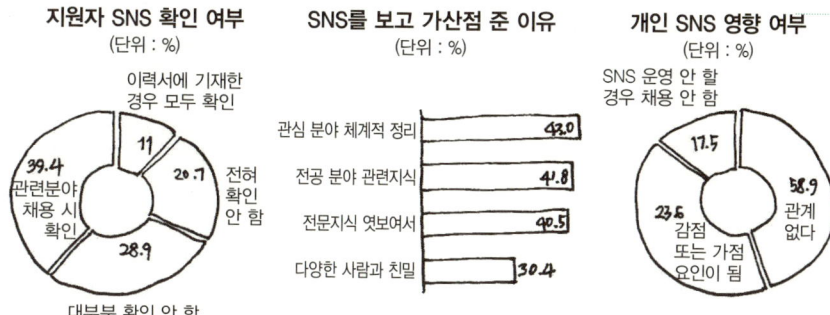

지원자 SNS 확인 여부
(단위 : %)

이력서에 기재한
경우 모두 확인

11

39.4
관련분야
채용 시
확인

20.7
전혀
확인
안 함

28.9

대부분 확인 안 함

SNS를 보고 가산점 준 이유
(단위 : %)

관심 분야 체계적 정리 ──── 42.0
전공 분야 관련지식 ──── 41.8
전문지식 엿보여서 ──── 40.5
다양한 사람과 친밀 ──── 30.4

개인 SNS 영향 여부
(단위 : %)

SNS 운영 안 할
경우 채용 안 함

17.5

23.6
감점
또는 가점
요인이 됨

58.9
관계
없다

* 복수응답, 자료 : 잡코리아

입하여, SNS 활용에 익숙한 20대 취업준비생들이 기업 관계자나 취업 컨설턴트와의 인맥을 효과적으로 쌓는 데 도움을 주고 있다. 커리어의 잡링크는 채용정보를 온라인상에서 실시간으로 받아 볼 수 있으며 기업의 채용을 담당하는 인사담당자에게 기업 정보나 채용조건 등 궁금한 사항에 대해 의사소통할 수 있다는 장점을 갖고 있다. 또한 링크드인처럼 채용을 위한 SNS가 국내에도 등장하고 있는데, 비즈니스 인맥 서비스 링크나우www.linknow.kr는 미국의 링크드인과 유사한 서비스로 2012년 5월 15만여 명을 돌파했다. 소셜 헤드헌팅 네트워크 '홉스beta.whoops.co.kr'는 추천인이 구직자에 대한 정보와 평가, 추천사유 등을 입력해 기업에 추천하는 서비스로, 페이스북과 연동돼 다른 친구들과의 관계와 해당 구직자의 평소 생각 등도 확인할 수 있으며, 기업은 일반 헤드헌터들에 주는 수수료의 10분의 1 수준만 운영자에게 지불하면 된다.

출처 : 동아일보

주요 인맥관리 비즈니스 SNS

구분	국적	가입자 수	설립시기	특징
링크트인	미국	1억 5,000만 명 이상	2002년	사용자 수 가장 많음, 비즈니스 정보 내용 풍부
비아데오	프랑스	3,000만 명 이상	2004년	프랑스 정부서 2,400만 유로 투자
싱	독일	1,000만 명 이상	2003년	비즈니스 SNS 업체 중 최초로 2007년 상장
링크나우	한국	15만 명 이상	2007년	명문대생 초대 서비스로 시작, 인물 검색 강점
후즈라인	한국	미공개	2009년	국내 130만여 개 기업 정보 내용 제공

출처 : 매일경제

커리어 잡링크 서비스 화면

링크나우 홈페이지 화면

　이제 취업준비생들은 지원서류와 적성검사, 면접뿐만 아니라, SNS를 통한 자기 관리와 인맥 형성까지 챙겨야 한다. SNS에 본인의 관심사와 경험을 드러낼 수 있는 콘텐츠를 쌓아 놓는 것이 본인의 소통능력과 전문성을 보여 줄 수 있는 훌륭한 경쟁력이 되었다. 종이 이력서 한 장보다 온라인에 정리된 프로필 한 줄이 더 인정받는 시대가 온 것이다. SNS가 채용 주타깃인 20대들에게 가장 익숙한 커뮤니케이션 수단으로 습관화된 만큼, 이와 같이 채용시장과 SNS가 접목되는 양상은 앞으로 더욱 가속화되리라 내다 본다.

NG(No Graduation)족

새로운 학기가 시작되면 대학교에는 변화가 일어난다. 대학생활의 꿈에 부푼 신입생들이 들어오고 사회의 출발선 앞에선 졸업생들이 학교의 품을 떠난다. 하지만 요즘은 사회로 진출하는 대학 졸업생들의 수가 줄어들고 있다. 졸업대상자들이 졸업을 고의적으로 연기하고 학교 울타리 안에 남길 원하기 때문이다. 특히 취업에 대한 여러 가지 어려움이 가중되면서 이러한 고의적 졸업유예 현상이 캠퍼스 내에 늘어나고 있다. 이러한 현상이 늘어나는 이유는 높아지는 취업의 문턱을 넘기 위한 대비책을 마련하기 위함과 동시에 백수상태에서 구직활동을 하게 되는 상황을 학생들이 두려워하기 때문이다. 그런데 이러한 현상이 일부 소수의 학교나 학생들에게만 국한된 것이 아니라 전국적으로 퍼지고 있으며, 고의적으로 졸업을 늦추는 학생들을 일컫는 'NG족No Graduation: 졸업유예'이라고 하는 말이 생겼을 정도로 그 수가 늘어나고 있다.

고의적 졸업유예에 관한 문제는 비단 최근의 문제가 아니다. 교육과학기술부에 따르면 NG족은 2003년에 이미 60만 명을 넘어섰고 2008년 99만 명, 2010년에는 100만 8,157명에 이른다고 밝혔다. 이는 전체 대학생의 30%에 해당하는 수치로서, 대학 및 대학원생 10명 중 3명은 정상적인 시기에 졸업을 하지 않는다고 추정할 수 있다.

서울 주요 대학들을 살펴보면 동국대의 경우 2012년 1학기에 졸업생은 2,994명인 반면에 졸업연기자가 3,706명으로 당해 졸업자 수를 넘어섰다. 그 외에도 서울대, 이화여대의 경우 각각 1,852명, 1,539명으로 졸업생 대비 49%의 학생들이 졸업유예를 선택하였으며, 홍익대(1,500명), 성균관대(970명), 숭실대(960명), 한양대(955명) 등 많은 학교의 학생들이 졸업연기를 선택하였다.

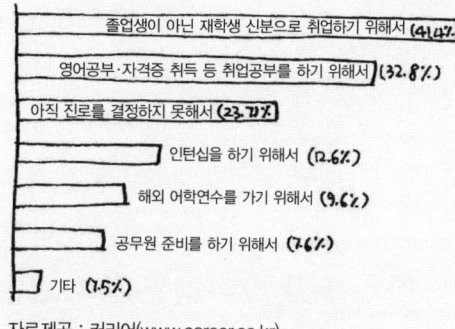

졸업을 연기하는 이유

- 졸업생이 아닌 재학생 신분으로 취업하기 위해서 (41.4%)
- 영어공부·자격증 취득 등 취업공부를 하기 위해서 (32.8%)
- 아직 진로를 결정하지 못해서 (23.77%)
- 인턴십을 하기 위해서 (12.6%)
- 해외 어학연수를 가기 위해서 (9.6%)
- 공무원 준비를 하기 위해서 (7.6%)
- 기타 (1.5%)

자료제공 : 커리어(www.career.co.kr)

NG족을 양산하는 주요 원인은 청년들의 취업과 관련되어 있다. 취업시장이 갈수록 악화되면서 많은 학생들이 취업에 어려움을 겪고 있다. 전반적으로 구직자의 스펙이 상향평준화되어 가고 구직기간은 길어졌으며, 구직자들은 자신들이 원하는 직장에 단번에 취업하기가 어려워졌다.

이러한 가운데 삼성을 비롯한 몇몇 기업에서 나이가 많은 구직자나 취업재수생들을 기피하면서 당 학기 졸업자 또는 졸업예정자에게만 입사지원 자격을 부여하였다. 이는 곧 취업시장 전반에 취업재수생들에 대한 부정적인 인식을 퍼뜨리는 결과를 낳았고, 자동적으로 기졸업자와 고령자들의 취업 기회는 위협을 받게 되었다. 이러한 사회적 시선 때문에 취업에 실패한 졸업예정자들을 위주로 고의적 졸업연기를 하는 현상이 생기게 되었다.

하지만 이러한 사회적 시선은 취업재수생 및 졸업예정자들뿐만 아니라 당장 취업에 급하지 않은 학생들에게도 불안감을 심어 주는 데 충분한 역할을 하였고 자연스레 대학생들은 졸업에 대한 막연한 불안감과 부담감을 가지게 되었다. 결국 백수로 취업 전선에 뛰어들기보다는 어학연수나 인턴 경력 등 스펙을 쌓아 취업준비를 더욱 확실하게 하기 위해 졸업연기를 선택하게 되었다.

그렇다면 이러한 선택이 학생들의 취업에 마냥 도움이 된다고 할 수 있을까?

결론부터 말하자면 이루고자 하는 명확한 목표나 눈에 보이는 성과가 없다면 오히려 취업에 독이 될 수도 있다. 취업·인사 전문 포털 인크루트 홍보팀 강정화 연구원은 "단지 취업난을 피하거나 뚜렷한 목표 없이 '졸업유예'를 택하는 것은 현명하지 못한 선택"이라고 일침을 놓았다. 아직까지 연령이나 졸업연도를 제한하는 기업들이 많고, 대부분 기업들이 나이 많은 신입사원을 부담스러워 하는 경향이 있기 때문이다. 게다가 취업정보 전문업체 사람인의 기업 인사담당자들을 대상으로 한 조사연구 결과에 따르면 취업을 위해 휴학·졸업유예를 하는 구직자에 대해 50.7%의 인사담당자들이 부정적으로 생각한다고 밝혔다. 이들 중 17.3%는 실제로 졸업유예 때문에 구직자를 탈락시킨 경험이 있다고 밝히면서 '특별한 계획 없이 시간을 낭비한 것 같아서', '취업을 위한 편법을 사용하는 것 같아서', '사회 진출에 대한 두려움이 있어 보여서', '취업에 대한 눈이 높아 보여서' 등을 이유로 꼽았다.

게다가 학생들은 고의적으로 졸업을 연기함으로써 취업에 대한 압박감과 추가 등록금에 대한 경제적 부담을 동시에 짊어지게 된다. 현재 서울 소재 대학 중 유일하게 숭실대는 졸업 논문을 제출하지 않을 시 추가 등록금이나 학점 신청 부담 없이 졸업이 유예되고 있지만, 고의적 졸업유예가 늘어나면서 이러한 학생들에게 등록금을 받을 방침을 결의했다. 실제로 숭실대를 제외한 서울 소재의 대부분 대학들은 8학기 초과 등록 학생들에게 1학점 이상의 수업을 의무적으로 듣도록 강제하고 있으며 60~80만 원의 등록금을 받고 있다.

이렇듯 명확한 목표를 세우지 않고 막연한 불안감 때문에 졸업유예를 선택하게 된다면 그 결과는 여러모로 좋지 않은 영향을 가져올 가능성이 높다.

학생 본인은 취업을 위해 잠재적 소득을 포기하고 추가 등록금을 부담하며 자신의 경쟁력을 높이려 한 선택이겠지만, 정작 기업의 입장에서는 고의적 졸업유예를 곱게 보지 않고 있다. 이는 개인적·사회적으로 경제적 손실 및 인력낭비로 이어질 가능성이 높다. 이러한 부정적인 악순환을 끊기 위해서는 어떠한 노력이 필요할까?

가장 근본적인 해결책은 취업재수생을 바라보는 사회적 시선을 바꾸는 것이다. 구직자들을 채용하는 기업들이 취업재수생을 무조건 꺼려하지 않고, 개개인의 역량에 따라 인재들을 평가하는 분위기와 제도가 정착되어야

올해 1학기 각 대학 9학기 이상 등록자

(단위 : 명)

대학	졸업연기자	졸업생
동국대	3706	2994
서울대	1852	3745
이화여대	1539	3324
홍익대	약 1500	2386
성균관대	970	4261
숭실대	960	2546
한양대	955	3712
서울시립대	879	1622
중앙대	834	2996
국민대	660	3066
한국외대	560	1628
건국대	547	3007
숙명여대	463	2062
서강대	419	1737
서울여대	163	1738
연세대	자료공개 거부	4212
고려대	자료공개 거부	4275
경희대	자료공개 거부	2749

한다. 이 외에도 구직자 및 대학생들의 불필요한 휴학이나 졸업유예를 막기 위해서는 학생들 스스로 저학년 때부터 체계적으로 경력개발을 시작하고 명확한 진로를 설정하는 것이 중요하다. 또 한 가지 방법은 학생들이 스스로 눈높이를 낮추는 것이다. 이러한 졸업유예 현상은 학생들이 주로 대기업 입사에 몰두하기 때문이라고 할 수 있다. 학생들 스스로 조금만 눈높이를 낮추어 자신에게 적합한 기업체에 취직을 한다면 사회적으로 인력낭비를 막을 수 있으며 개인적으로 시간적·경제적 낭비를 줄일 수 있는 현명한 대안이 될 수 있다.

참고문헌

D.I.O (Do It Ourselves) 대학생들, 자발적으로 나서다

김정태, 『스토리가 스펙을 이긴다』, 갤리온, 2010.
비빔밥 유랑단, 『비빔밥 유랑단』, 담소, 2012.

" '슈퍼챌린저', 취준생들을 위한 서바이벌 '스펙 필요 無' ", 티브이데일리, 2012.7.18.
" '하고 싶은 일' 배우는 열정대학", 연합뉴스, 2012.7.8.
"나를 찾아 떠나는 취업페스티벌 주목", 새전북신문, 2012.9.24.
"대학생들이 기획한 취업박람회 열린다", 동아일보, 2012.11.2.
"비빔밥 유랑단, 美-英 명문대 돌며 홍보", 동아일보, 2012.7.12.
"장예원 SBS 최연소 아나 알고보니… 대외활동神 대학생 강사출신", 뉴스엔, 2012.10.25.
"지방대생 울리는 취업설명회, '열린 채용' 은 빈말?", 헤럴드 경제, 2012.9.11.

R20 http://cafe.naver.com/represent20/
드림포레스트 http://www.dreamforest.co.kr/
비빔밥 유랑단 http://plusminers.blog.me/
유니브엑스포 http://www.univexpo.net/
청년봉GO 프로젝트 http://blog.naver.com/gobonggo
청년장사꾼 http://blog.naver.com/youngseller

Where is Healing? / All that Healing 청춘힐링의 모든 것

김태형, 『불안증폭사회』, 위즈덤하우스, 2010.
바버라 에런라이크, 『긍정의 배신』, 부키, 2011.
안치용 외, 『청춘은 연대한다』, 프로네시스, 2011.
조윤호, 『개념찬 청춘』, 씨네21북스, 2012.
최유정 외, 『청춘을 반납한다』, 인물과 사상사, 2012.

" '소통' 아이콘으로 떠올라… 강연 생태계 '구축 중' ", 한국경제, 2012.6.30.
" '웰빙을 넘어…' 힐링산업, 판이 커졌다", 아시아경제, 2012.10.8.
" '힐링' 과 스마트 폰 열풍 타고 강연 프로그램 약진", 아시아투데이, 2012.8.21.
" 'CJ힐링시티' 취업 토크쇼 빅 히트", 뉴스핌, 2012.10.19.
"2012 올해의 브랜드 대상", 한국경제, 2012.9.26.
"20대 남녀 산으로 간 까닭은? 젊은 단풍여행객 급증!", 뷰티한국, 2012.10.25.
"20대 젊은 보수 윤주진과의 인터뷰", 고함20, 2012.9.19.
"거센 '힐링열풍' … 국민 절반 '힐링 필요' ", 한국정책방송, 2012.10.8.
"건국대 학생상담센터, 대학생활 고민해결 '또래상담' 운영", 경향신문, 2012.8.28.
"김두관 후보 대학생과 함께 하는 힐링 캠프", 이뉴스투데이, 2012.8.18.

"대학 캠퍼스에서 '독서힐링캠프'", 뉴시스, 2012.10.12.
"대한민국 '힐링'에 빠졌다", 이데일리, 2012.8.2.
"문재인 후보 대학생들과 간식토크", 민주통합당, 2012.10.24.
"서울여대, '힐링캠퍼스' 가을축제", 아시아투데이, 2012.10.23.
"세상은 왜 힐링에 목말라 하는가", 경향신문, 2012.9.26.
"아프냐? 나는 '힐링'이다", 한겨레, 2012.6.18.
"여행도 이제 '힐링'이 대세… 관련 상품 '봇물'", 뉴스토마토, 2012.8.28.
"일반인도 심리학에 열광… 치유 카페 20~30대로 가득", 매일경제, 2012.10.15.
"청춘에게 위로가 아닌 충고의 돌직구가 필요해", 한겨레뉴스, 2012.11.10.
"캠퍼스 리쿠르팅은 가라… 기업들 튀는 채용설명회", 한국경제, 2012.9.3.
"혜민스님의 인생 잠언『멈추면, 비로소 보이는 것들』10주 연속 1위 저력", 예스24 소식.
"황우여 새누리당 대표 여수에서 힐링토크콘서트", 광주일보, 2012.7.13.

나꿈소 http://dream.jobkorea.co.kr/
노무현재단 청년 서포터즈 http://cafe.naver.com/2yb
마이크임팩트 http://www.micimpact.com/
삼성전자 멤버십 BLUE강연회 http://www.samsungblue.co.kr/blue/bluemb/event/
blueEventView.do?currentPage=1&cmd=02&eventSeq=1209050201
열정락서 http://passiontalk.youngsamsung.com
정호승시인 힐링강연(세종문화회관 꿈의숲 아트센터) http://www.dfac.or.kr/
Performance/view.asp?idx=461
평화재단 청춘콘서트 '김제동의 어깨동무' http://cafe.daum.net/chungcon/8FOi/7
힐링백 http://www.greensharing.or.kr/product/product.asp#none
힐링슈즈-원모먼트 http://www.onemoment.co.kr/

20's Turning on to Politics 정치, 20대를 주목하다

박연주, 『잘한다 청춘』, 리더북스, 2011.

"[논쟁]20대 정치인 발탁, 어떻게 볼 것인가?", 한겨레, 2012.1.6.
"[대한민국 20대 리포트]정치현장 뛰어드는 20대", 한국일보, 2012.1.2.
"[취재파일]청년 일자리 해결, 적임자는?", SBS 뉴스, 2012.10.26.
"20대 정치인 도전은 계속된다", 헤럴드뉴스, 2012.4.17.
"고물가-전세난이 등록금 투쟁 불렀다", 프레시안, 2012.9.3.
"대선 핵심 키워드는 '중도'와 '20대'", 조선비즈, 2012.10.1.
"대선후보들, 20대와 어떻게 소통하고 있나", 고함20, 2012.10.23.
"대한민국 20대, 그래도 희망을 갖게 한다", 한국경제, 2012.10.17.
"등록금, 취업-문제는 정치야 자각… 20대 투표율 50% 예측도", 한국일보, 2012.1.2.
"여야 20대 정치신인 향후 행보는?", 뉴스토마토, 2012.4.18.
"힘겨운 사회 첫발… 서러운 20대", 서울경제, 2012.10.24.

Homo Boundless 경계없는 신인류의 탄생

마크 페 외, 『마이크로트렌드』, 해냄, 2008.
틸 뢰네베르크, 『시간을 빼앗긴 사람들』, 추수밭, 2011.
한국트렌드연구소, 『2012 메가트렌드 인 코리아』, 중요한현재, 2011.

"고카페인 에너지 드링크의 위험성", 코메디닷컴, 2012.10.31.
"새로 줄임말을 맹그노니 사람마다 수이 여겨 널리 쓰시괴?", 대학내일, NO. 611 NEWS.
"스마트한 폰 멍청해진 관계", 대학내일, NO. 616 NEWS.
"시험 외에도 우리가 잠 못 드는 이유", 대학내일 NO. 626 NEWS.
"에너지음료에 빠진 학생들… 판매량 1년새 20배 폭증", 헤럴드경제, 2012.6.14.
"잉여퀴 업댓몬", 대학내일, NO. 606 NEWS.
"커피전문점, 24시간 OPEN… 잠못드는 서울", 이투데이, 2012.10.4.

We generation! BE SOCIAL! 디지털 네이티브, 진화된 '참여'와 '공유'

[위키미디어 시대가 열린다] 시리즈 1~5, ETNEWS.

"[SNS 세상은 지금] 정보홍수 속 '소셜 큐레이션' 뜬다", MK뉴스, 2012.10.26.
"베일 벗겨진 'T24 소셜 페스티벌', 뭔가 달랐던 이유", 아시아경제, 2012.9.9.
"빅데이터 시대 각광받는 큐레이션… 빅데이터를 돈 되는 정보로", MK뉴스, 2012.5.29.
"소유하는 'me 제너레이션' 넘어, 공유하는 'we 제너레이션' 시대 왔다", 한국경제, 2012.10.19.

90 Retro 1990년대를 지나온 이들, 황금기를 추억하다

김현식, 『의외의 선택, 뜻밖의 심리학』, 위즈덤하우스, 2010.

김나경 선임연구원, "90년대와 通한 2012년의 복고형 감성코드", 『LG Buisiness Insight』, 2012.9.17.
'新 복고 트렌드 90년대 문화' 중 문화평론가 진종훈 박사의 의견 인용, 『MBC Economy』, 2012년 10월호.

"[X세대! 397의 귀환] 90년대 복고문화 '바람~ 바람~ 바람~'", 국민일보 쿠키뉴스, 2012.9.28.
"90년대 복고열풍, 패션·게임기까지 번졌네", 한국일보, 2012.9.18.
"90년대 스타를 소환하라, 방송가 복고 붐", 연합뉴스, 2012.8.30.
"돌고 도는 복고문화 '응답하라! 어린 시절이여'", CNB NEWS, 2012.10.22.
"들리는가, 들린다면 응답하라 나의 90년대여", 신원호 PD 인터뷰, 대학내일 (625호), 2012.10.8.
"세월을 견디는 90년대 음악", 서울신문, 2012.10.25.
"신소율, 응답하라 1997 스페셜 영상 내레이션 맡아", 국민일보 쿠키뉴스, 2012.10.24.
"아이돌도 푹 빠졌다… 90년대 노래 신드롬", 중앙일보, 2012.9.12.

"中企된 90년대식 주점 '밤과 음악사이'", 한국경제, 2012.9.21.
"추억의 90년대 패션, 복고문화로 살아나다", 세계일보, 2012.8.23.
"팔아라 1990… 이스트백·다마고치 등 복고열풍", 조선비즈, 2012.10.9.
"X세대, 그들은 왜 시계를 거꾸로 돌리나", 이데일리, 2012.10.12.
"지금 우리는 90년대 복고에 푹 빠져 있다",「리빙센스」, 2012년 9월호.

Casual Love 쉽고, 편하게 우리의 사랑을 이야기하다.

"남학생 50% 성경험이 있다" 문화저널21, 20120.5.14
"즉석만남도 첨단기기 시대… 아이패드 이용 만남 주선 술집", 뉴스원, 2012.6.29.
" '내 짝이 없어요' 남자들 아우성… 3년 후 '결혼대란' 온다", 세계일보, 2012.10.3.
"20대의 性, 잘 하고 있습니까?", 한겨레21, 2012.10.15.
"男 대학생 주요 관심사는?… '절반 이상 성경험 있어'", 한국경제, 2012.7.4.
"남녀의 더치페이에 관한 고찰", 중앙일보, 2012.10.13.
"남자 대학생, 여대생보다 성경험 많아… 피임 지식은 양쪽 다 낙제점", 뉴스웨이브,
2012.5.25.
"낯선 사람과의 연결… 펜팔 그리고 위치기반 SNS", 한국경제, 2012.5.18.
"대학생 데이트비용 평균 4만원 시대, '줄일 수 있는 방법 없나?'", MK뉴스, 2012.8.24.
"대학생 평균 데이트 비용, '1회 3~5만원, 식사 영화 코스'", 뉴스웨이, 2012.8.16.
"대학생 평균 데이트 비용은 얼마?", 동아일보, 2012.8.16.
"데이트 여성들 83%, '더치페이 글쎄…'", OSEN, 2012.10.8.
"블랙파티 '눌러주세요, 손님'… 대박났다", 아시아경제, 2012.9.11.
"사랑에 울고, 돈에 울고… 사랑은 돈이다", 경향신문, 2012.10.14.
"사랑은 '빠져드는 것'이 아니라 '배워야 하는 것'", 경향신문, 2012.10.26.
"쌀쌀해진 날씨, 드라마 속 진득한 사랑이 그립다" 오마이스타, 2012.10.30.
"여성 3명중 1명 HPV감염… 빠른 성경험이 원인", MK뉴스, 2012.10.26.
"여자를 유혹하는 기술? 픽업 아티스트?", KBS1, 2012.5.10.
"연상의 여인", 경향신문, 2012.4.20.
"연애기술, 직접 상대해보니…", 시사IN, 2012.8.2.
"연애의 기술을 가르쳐 주는 픽업아티스트", 경제투데이, 2012.8.24.
"우리는 사랑하는 법을 너무 모른다", 중앙일보, 2012.10.27.
"우후죽순 소셜데이팅, 문제는 없을까?", 헤럴드경제, 2012.6.15.
"이제 연애도 배우는 시대… 픽업 아티스트", 폴리뉴스, 2012.8.23.
"칼퇴없는 직장인들의 솔로탈출 방법은?", 아르코팬, 2012.10.30.
"픽업아티스트가 대체 뭐길래…", 뉴스원, 2012.4.20.
"픽업아티스트의 뜻과 현재", 남자의 삶 그리고 패션, 2011.6.24.
"픽업아티스트의 수준이 되는데 걸리는 시간과 비용", 남자의 삶 그리고 패션, 2010.10.26.
"한국 성평등 135개국 중 108위", 메디컬투데이, 2012.10.24.
"헤어지면 곧 여친 생길거라더니 이럴수가!", 아시아경제, 2012.4.21.

"후즈히어", 파이낸셜뉴스, 2012.4.15.
"SNS시대… 즉석만남 주선 앱 '북적'", 국민일보, 2011.7.11.

No Money But Fun 부족한 돈, 최대한의 즐거움

크리스 앤더슨, 『FREE』, 랜덤하우스코리아, 2009.

"'숫자의 함정' 시청률", 대학내일 (627호).
"다품종·중저가… 패션가 SPA 바람", 한국일보, 2012.9.5.
"불황? 지갑 여는 곳은 따로 있다", 이데일리, 2012.10.15.
"소셜커머스 'PC보다 스마트폰이 효자네'", zdnet코리아, 2012.4.23.
"쓸만할까 카카오톡 플러스친구", 블로터닷넷, 2012.4.19.
"알뜰 스키족, 소셜커머스로 활강하라", 아시아경제, 2012.10.22.
"日, 경기침체 난적 '혐(嫌)소비 세대' 부상", 머니투데이, 2010.12.9.
"칼럼 동서남북, 節制의 시대", 조선일보, 2012.7.17.
"포털 한복판 차지한 '간판 스타'", 머니위크, 2012.10.27.

To Build what I'm by myself 20대, 스스로를 브랜딩하다

대학문화연구소, 『2012 캠퍼스 트렌드북』, 대학문화연구소, 2011.
모라비안유니타스, 유니타스브랜드(Unitas BRAND) Vol.13.

"'취업준비에 올인' 대학4학년, 일주일에 1.7일 등교", 아시아경제, 2012.11.5.
"극지 마라톤 그랜드슬램 세계 최연소 도전 윤승철 씨", 매일신문, 2012.7.9.
"나의 길을 찾는 여정 '청춘, 내일로'", 저자 박솔희 학우 인터뷰 기사 중, 틴즈숙명,
2012.2.7.
"대학생 52% "기회 되면 전공 바꿀 것" 이유는?", 경향신문, 2011.10.21.
"독립잡지, 소리없이 분주한", 한겨레21(제903호), 2012.3.26.
"브랜딩(branding)은 고객에게 사랑받고 가치 있는 브랜드를 만들기 위한 활동", 중앙일
보, 2012.8.27.
"지구촌 오지서 외로운 사진과의 싸움 '인간승리'", 대학내일(615호) student 칼럼,
2012.7.9.
"채용담당자 '취미 특기' 항목 주시", YTN, 2011.3.30.
〈홍순철의 트/렌/드!〉 문화평론가 홍순철과의 대화 중", CBS 라디오 좋은 아침 김윤주
입니다, 2011.7.1.

집필진 소개

신익태 | (현) 대학내일20대연구소 소장
| (현) 서울시 청소년문화교류센터 기획위원 / 국제보건NGO 메디피스 전문위원
| (현) 대학생 커뮤니티 아웃캠퍼스 운영자 / 유니브엑스포 조직위원회 대표 멘토
| (전) 국제YMCA ICCP 담당 간사
| (전) 종합광고대행사 HSAD 기획담당

박진수 | (현) 대학내일20대연구소 수석연구원
| (전) KT 개인마케팅전략담당

신현정 | (현) 대학내일 마케팅팀 근무
| (전) Creative# 카피라이터
| (전) EBS 지식채널e/스페이스공감, KBS 미디어비평 조연출

김지혜 | (현) 대학내일 마케팅팀 근무
| (전) 2010 펜타포트 페스티벌 마케팅PM

윤선아 | (현) 대학내일 마케팅팀 근무

이정섭 | (현) 대학내일 수석기자 및 칼럼니스트
| 대학내일 내 인문학 칼럼 'think' 연재 중

육진아 | (현) 대학내일 편집팀 기자
| 대학내일 선라이즈 캠프 PM : 저소득층 대학생을 위한 꿈찾기 프로젝트

안희진 | (현) 대학내일 편집팀 기자

신청 | (현) 대학내일 컨텐츠마케팅팀 에디터

김효선 | (현) 대학내일 컨텐츠마케팅팀 에디터

임영화 | (현) 대학내일 컨텐츠마케팅팀 에디터

집필진 후기

6개월 전 즈음이었다. 2012년 연말, 한 해를 돌아보며 20대들만의 트렌드가 무엇인지를 한번 정리해 보고 20대들의 취향과 특성에 관심있는 더 많은 분들에게 잘 전달하여, 우리가 평소 자주 만나고 나누고 있는 20대들이 주인공 노릇을 보다 톡톡히 해낼 수 있게끔 우리 사회에 미치는 영향력을 더 키워 보고 싶었다. 그래서 대학내일 내 20대를 둘러싼 모든 현상에 관심 많은 마케팅 매니저님, 컨텐츠 에디터님, 그리고 주간지 편집팀 기자님, 20대연구소 연구원님들과 함께 20대 트렌드에 대해 정기적으로 찾아보고 분석하고 공유하는 'Trend Unit'을 결성하고 올 한 해 그들의 특징을 찾아보기 시작했다.

과연 20대들을 어떻게 정의할 수 있을까? 그들이 무엇에 관심이 있고 좋아하고 열광하는 지를 알고 싶어 '20대연구소'를 통해 그들에 대해 고민하고, 'Trend Unit'과 함께 정기적으로 스터디해 보면서, 20대들의 특징과 트렌드를 규정하기가 얼마나 어려운 작업인지를 확실하게 알 수 있었던 것 같다. 2012년 한 해를 나름 공들여 정리해 보았으니, 이것이 쌓이고 잘 소화되고 축적된 내년과 그 다음엔, 지금보다 조금 더 20대들의 눈높이에서 그들을 바라보고 이해할 수 있을 것이라 믿어 의심치 않는다.

대학내일 편집팀의 든든한 기둥으로서 많은 조언과 날카로운 분석/견해를 주신 이정섭 기자님, 타 연령층과 구분되는 20대들만의 특성을 균형감 있게 잡아내 주신 육진아 기자님, 20대 문화에 대해 이 분을 빼놓고 논할 수 없게 한 안희진 기자님, 보다 정교한 트렌드 캐치를 위해 Trend Unit 외의 많은 대학생들과 전문가분들의 의견을 청취하는 데 고생해 주신 신청 에디터님, 매번 Trend Unit 모임 때마다 빠지지 않고 참석하시며 20대들 이야기를 열정적으로 해 주신 김효선 에디터님, 예리한 분석력과 강한 필력을 갖고 계시면서도 늘 겸손해 하시는 임영화 에디터님, 연애 전문가로서의 기지를 유감없이 발휘해 준 윤선아 매니저님, 대학생 대외활동에 대한 오랜 경험으로부터만 나올 수 있는 범상치 않은 20대들에 대한 이해력을 보여 주신 김지혜 매니저님, Trend Unit에서 진행된 다양한 과제들을 가장 성실히 책임감 있게 완성해 주신 신현정 사원님, 그리고 2012년 한 해 대학생 대외활동 트렌드를 말끔하게 정리해 주신 연구소 윤정심 인턴님, 평소 주위의 사소한 소재로부터 캠퍼스 트렌드를 잘 찾아 주고 정리해 준 유니파일러 2기분들 모두에게 감사의 마음을 전한다. 또한, 모자란 저희 구성원들에게 이토록 값진 경험의 기회를 제공해 주시고 믿어 주신 20대연구소 신익태 소장님 및 대학내일 김영훈 대표님께 감사드리고 또 감사드리고 싶다.

박진수_ 대학내일20대연구소 수석연구원

사실 트렌드 유닛을 시작하게 된 동기는 부끄러워서였다. '20대 전문가' 혹은 '20대 전문가를 지향하는 집단'에서 내 자신이 현재의 20대를 잘 이해하고 잘 알고 있을까라는 자책감에서 시작된 활동이었다. 20대에 대해 '더 알고 싶다'라는 호기심과 '알아야겠다'라는 의무감도 어느 정도는 섞여 있었다.

결론은 전문가만큼은 아니지만 그래도 20대에 대해서 그들의 생각에 대해 조금 더 알아갈 수 있는 좋은 기회였다고 생각한다. 사실 나도 대학생의 신분에서 벗어난 지 그리 오래되지는 않았지만 역시 트렌드는 하루가 다르게 변화하니까 말이다.

올해를 짚어 보면 20대에게 긍정적인 반가운 변화도 많았지만 안타깝게도 바뀌어야 할 건 그대로인 것들도 있었다. 예를 들어 꿈을 잃고, 현실에 순응하는 대학생들. 등록금 문제 등 경제적 이유로 미래를 저당 잡혀야 하는 그들의 삶 등이다. 부디 내년에는 이런 소식들은 들리지 않기를 하는 작은 바람을 가져본다

신현정_ 대학내일 마케팅1그룹3팀 사원

사실 직장이라는 곳에 몸을 담고 있으면, 내가 하고 싶은 일이란 거의 주어지지 않는다. 하지만 신기하게도, 이번 트렌드북 작업은 '하고 싶다'는 생각이 들었다. 하지 않으면 후회할 것 같았다. 그렇게 야심차게 해보겠다고 선언을 했고, 트렌드북의 '헬게이트'는 열리고 말았다. 말 그대로 1년 가깝게 진행된 트렌드북 프로젝트는 결코 만만하지 않았다. 솔직히 털어놓자면 미약한 내 능력 탓에 아이디어는 메말랐고, 이런저런 이유로 회의에 빠지는 일도 있었으며, 원고 작업 속도는 왜이리 지지부진한지. 이놈의 트렌드북만 끝나면 훌훌 털고 내 황금 같은 주말을 돌려받을 수 있으리라 생각했다. 하지만 단언컨대 결코 허투루 하진 않았다(이 책에 참여한 모든 이들이 그랬을 것이다). 그들의 삶을 가장 가까이서 관찰하고(관찰한다는 표현이 좀 그러니 지켜본다로 바꾸자), 응원할 수 있다는 사실에 감사했다. 그리고 이런 기회를 준 이수이 팀장님 이하 우리 팀원들(이것 땜에 징징거렸다지), 함께 고생한 트렌드북 TFT느님들(우리가 해냈어요!), 조언을 아끼지 않으신 신익태 소장님, 그리고 무엇보다 이 프로젝트를 이끌어 가느라 정말 고생했을 박진수 연구원님께 진심으로 감사의 말을 전하고 싶다.('땡스투' 이런 거 한 번 해보고 싶었다!)

이제 막 20대를 벗어난 나는, 시간이 얼마나 빠른지도 알고 지나간 기회는 다시 오지 않는다는 것도 안다. 하지만 또 하나 알게 된 것도 있다. 바로 최고의 순간은 아직 오지 않았다는 것. 나도, 이 땅의 20대도 생애 최고의 날을 맞을 준비를 지금부터 톡톡히 하면 되는 것이다. 기억하자, 가장 아름다운 노래는 아직 불리지 않았다. 가슴 속 깊은 곳에서부터 응원의 메시지를!

김지혜_ 대학내일 마케팅2그룹2팀 매니저

2012년은 개인적으로 저에게는 도전의 한 해였지 않았나 싶습니다.

혼자서는 망설였던 이 작업들을 연구소 팀원들의 응원 덕에 부족하지만 열심히 써내려 갈 수 있었고 드디어 이렇게 책으로 발간하게 되어 기분이 참으로 묘합니다. 처음이 시간들이 참으로 길게 느껴졌는데 생각해 보니 저에게는 개인적으로 20대를 정리하는 기회였고 본업에서 해왔던 일과는 별개로 20대들의 이야기를 다양하게 듣고 생각해 볼 수 있었던 시간이었습니다.

그동안 바쁜 일정 가운데에서도 매달 빠짐없이 모여 20대들이 좋아하고 즐거하고 있는 것은 무엇인지 그리고 그러한 것들이 과연 20대의 트렌드라고 할 수 있는지에 대해 고민하고 연구했던 팀원들에게도 감사드리며 작지만 이 책이 20대들의 고민과 희망을 엿볼 수 있는 장이 되기를 바랍니다. 또한 앞으로도 계속 20대와 함께 이야기하고 나눌 수 있는 트렌드북이 매년 발간되도록 계속해서 귀 기울이겠습니다.

윤선아_ 대학내일 마케팅1그룹1팀 매니저

장 보드리야르는 '소비의 사회'에서 현대 사회는 사람들에게 소비를 교육한다고 말했다. 계속 새로운 상품을 생산하고 판매하지 않으면 안 되는 자본주의 시스템에선 새로운 물건, 비싼 물건을 소비하게끔 만들도록 소비자에게 정보, 취향 혹은 유행 등을 지속적으로 알려준다는 것이다. 당연하겠지만 새로운 상품들은 소비자에게 꼭 필요한 물건이 아니다. 자동차가 한 대 생기면 매우 편리하지만, 그 자동차를 버리고 새 스포츠카를 사게 하는 것은 '필요'가 아닌 '이미지'다.

예전엔 20대의 소비문화를 보면서도 이런 주장에 절감했다. 미디어를 통해 쏟아지는 수많은 소비거리에 20대가 압도되는 느낌을 받은 적이 많았다. 미디어가 안내해주는 대로 그대로 소비하는 게 과거 20대의 모습이었다. 하지만 장기 불황과 쌍방향 미디어의 발달은 이런 20대를 바꿨다.

물론 더 많이 소비할 돈도 없지만, 그보다 부족한 돈에서 자기들만의 소비 행태를 만들어간 것이다. 누가 하나 그렇게 알려주지도 않았는데 20대들은 저렴한 SPA 브랜드의 의류를 구입해 자신을 꾸민다. 매장에 가보면 알겠지만 저렴한 옷가지 사이를 누비는 젊은이 중엔 꽤나 잘 꾸민 멋쟁이들도 많다. 저렴한 상품들을 이리저리 매치해 가며 SPA 의류로 상상이 안 될 정도로 다양하게 꾸민다. 대기업 고가 브랜드가 제아무리 고급스러운 재질 운운해도 씨알도 먹히지 않는다.

이제 20대 대상으로 장사하는 기업은 쉽지 않겠다는 생각이 든다. 어느 세대보다 합리적인 20대와 씨름을 해야 하니까. 예전 마르크스가 '하부 구조(생산 시스템)가 상부구조(문화)를 좌지우지한다'고 했던가? 불황 10년, 취업난 10년이 사람들을 참 많이도 바꾸어 놓았다.

이정섭_ 대학내일 편집팀 기자

치열한 회의 끝에 이 학명(學名, 응?)을 발견했을 때 우리는 얼마나 기쁘고 샤이(shy, 우리가 과연 학명을 정해도 될까 하는 생각에)했던가! 나의 확신은 내 주변에 포진하고 있는 말그대로 괴물같이 열정적인 이들, 나의 대학생 친구들이 있었기에 가능했다. 이들은 학교 생활 외에도 학교 밖 생활을 끊임없이 새롭게 상상하고 기획하고 실행했으며 시간과 장소까지 변형하여 사용했다. 이 일군의 집단을 가만히 지켜보노라면 새로운 히어로 시리즈물이라도 나올 것 같았다. 이러한 현상은 특별한 인물에게 국한된 것이 아니라 후배에서 선배에게로, 멘토에게서 멘티에게로 후계 혹은 전달됐으므로 올해의 키워드가 될 수 있다고 확신했던 것이다.

우리가 이제껏 울고 웃으며 봤던 히어로 시리즈물을 떠올려 보면, 두 가지 매력에서 캐릭터들을 애정했다는 것을 알 수 있는데 하나는 초인간적 히어로의 능력, 나머지 하나는 그럼으로 발생하는 탈인간적 고뇌와 숙명적인 태생의 비밀 등등에서 유래하는 비극성이다. 직접 작성한 'Homo Boundless-경계없는 신인류의 탄생' 결론 부분을 쓰고 얼마 지나지 않아 20대의 수면부족을 다룬 뉴스를 짧게 스쳐 지나갔다. 나는 친구였으므로 '천 번 흔들리는 아픈 청춘'이나 '88만원 세대'와 같은 거창한 키워드로 그들을 떠올리지는 않았지만 문득, '무언가와 누군가를 사랑할 때 너무 불안하고 피곤해서 그 무언가와 누군가를 제대로 바라 볼 여유가 없는 슬픔'에 대한 생각이 올라왔다. 하지만, 히어로 시리즈물에는 새드 엔딩이 없다. 우리 모두는 애인을 잘 구해서 잘 먹고 잘 살 것이다. 밭을 매든 장사를 하든 말이다. 마지막으로 대학내일 기획팀에게 감사의 말씀을 드린다. 이들의 취재가 없었다면 글을 완성하기 어려웠을 것이다.

육진아_ 대학내일 편집팀 기자

누구도 섣불리 희망하지 않고 긍정하지 않는 시기다. 그러나 지난 일 년여간 트렌드 리포트 팀의 일원으로서 나는 2012년을 사는 20대에게서 밝은 힘을 보았다. 그들은 즐기는 것이 곧 자신임을 의심하지 않고, 설령 오지 않더라도 내일을 유쾌하게 기다리는 청춘이다. 그들을 관찰하고 공감할 기회를 주신 점 깊이 감사한다. 많이 배운 시간이었다.

안희진_ 대학내일 편집팀 기자

두 번째 발간하는 트렌드북이지만 올해 원고는 작년보다 훨씬 힘들게 느껴졌다. 키워드를 여러 개 선정하여 그 키워드에 맞는 내용만 짧게 정리해서 냈던 작년 원고와는 달리, 올해는 여러 개의 키워드를 카테고리별로 분류하고 그 분류를 포함하는 하나의 방향성을 잡아 거대한 흐름을 읽어내야 했기 때문이다. 수십 개의 사례 중에 20대에게 의미가 있는 것들을 골라내고, 그것들을 하나의 주제로 묶어 정리하는 일은 생각했던 것보다도 훨씬 더 만만치 않은 작업이었다. 원고를 다 작성한 후에도 '정말 이렇게 해석하는 게 맞나' 불안해서 몇 번이고 주변 전문가들에게 원고를 보여주며 감수를 받았지만 아직도 여전히 부족한 점이 많은 것 같아 세상에 내놓기가 부끄러울 따름이다. 개인적으로는 자료를 찾으면서 몰랐던 것들을 많이 알게 되고 공부도 하게 되어서 뜻깊은 시간이었는데, 글을 읽는 독자들에게도 조금이나마 도움이 되었으면 하는 바람이다. 미래를 예측하는 통찰력이나 예리한 인사이트까지 담아냈다고 자신 있게 말할 수는 없지만, 2012년 한 해 있었던 여러 일들을 한눈에 읽을 수 있게 정리했다는 점에서 의의가 있다고 생각해 주시면 좋을 것 같다. 마지막으로 짧지 않은 원고를 읽어 주고 조언을 아끼지 않았던 손호, 이윤경, 차정기님과, 공부할 수 있는 좋은 기회를 만들어 주신 20대연구소에게 지면을 빌어 감사의 마음을 전한다.

신청_ 대학내일 CM팀 에디터

개인적으로 20대를 마무리하는 해에 20대 트렌드를 정리하는 기회를 갖게 되어 뜻깊은 시간이었습니다. 아직 나이 앞머리에 '2'자가 붙어 있지만, 빠르고 다양하게 변하는 20대 트렌드를 따라가기에는 역부족인 부분이 많았습니다. 6개월 남짓 20대를 나타낼 수 있는 키워드를 찾고 그 현상을 분석하고 방향을 예측하는 작업이 굉장히 어렵고, 난해했지만 함께 고민하고 의견을 나눈 공동 집필진이 있었기에 가능한 작업이었다고 생각합니다. 급변하는 사회에서 생존을 위해 고군분투하는 20대들을 심층적으로 들여다보면서 느낀 쓸쓸함이 1년 후, 2013년 트렌드북에서는 조금 더 희망적인 키워드로 변화하길 바라봅니다.

김효선_ 대학내일 CM팀 에디터

트렌드북을 만들기 위해 트렌드 유닛이 조직되고, 2012년 봄부터 시작해 하나둘씩 찾아내고 분석했던 자료들이 모여 이렇게 한 권의 책으로 만들어졌습니다. 대학생들의 트렌드를 분석하고 예측하는 과정은 생각했던 것보다 쉽지 않았습니다. 올해 처음으로 나타난 트렌드가 있는가하면 몇 년 전부터 꾸준히 일어났던 현상이 심화된 것들도 있었습니다. 책을 만들면서 앞으로 사회를 이끌고 나갈 20대들에게 더 많은 관심이 필요하다는 생각을 했습니다. 하루가 다르게 변하는 사회적 환경 속에서 치열하게 하루하루를 살아내는 청춘들에게 어른들의 따뜻한 격려와 관심이 필요한 때입니다. 여러모로 부족한 점이 많지만, 이 책이 대학생들과 20대를 이해하는 자료로 소중히 쓰였으면 하는 바람입니다. 이 책을 만들기 위해 애쓰신 모든 분들께 수고 많으셨다는 말씀 다시 한 번 드립니다.

임영화_ 대학내일 CM팀 에디터